CUERPOS DE GÉNERO Y CUERPOS POLÍTICOS

Un estudio de españoles y de US latinos conversos al islam

Marta Boris Tarré
University of Idaho

Bridging Languages and Scholarship

Serie en Sociología
VERNON PRESS

Copyright © 2025 Vernon Press, una marca de Vernon Art and Science Inc. en nombre de la autora.

Todos los derechos reservados. Ninguna parte de esta publicación puede ser reproducida, ni almacenada en un sistema de recuperación de datos, ni transmitida de ninguna forma ni por ningún medio, ya sea electrónico, mecánico, fotocopiado, grabado u otro, sin el permiso previo por parte de Vernon Art and Science Inc.

www.vernonpress.com

En América:
Vernon Press
1000 N West Street, Suite 1200,
Wilmington, Delaware 19801
United States

En el resto del mundo:
Vernon Press
C/Sancti Espiritu 17,
Malaga, 29006
Spain

Bridging Languages and Scholarship

Serie en Sociología

Número de control de la Biblioteca del Congreso (EEUU): 2023943856

ISBN: 979-8-8819-0147-9

También disponible: 978-1-64889-769-6 [Tapa dura]; 979-8-8819-0041-0 [PDF, E-Book]

Los nombres de productos y compañías mencionados en este trabajo son marcas comerciales de sus respectivos propietarios. Si bien se han tomado todas las precauciones al preparar este trabajo, ni los autores ni Vernon Art and Science Inc. pueden ser considerados responsables por cualquier pérdida o daño causado, o presuntamente causado, directa o indirectamente, por la información contenida en él.

Se han hecho todos los esfuerzos posibles para rastrear a todos los titulares de derechos de autor, pero si alguno ha sido pasado por alto inadvertidamente, la editorial se complacerá en incluir los créditos necesarios en cualquier reimpresión o edición posterior.

Diseño de portada: Vernon Press, con elementos de Freepik.

Contenido

Lista de figuras y tablas	i
Reconocimientos	iii
Prefacio	v
Introducción	vii
PARTE I: EL CONTEXTO SUBYACENTE DE LA CONVERSIÓN	1
Capítulo 1 **Entendiendo los factores facilitadores de la conversión al islam**	3
PARTE II: GÉNERO E ISLAM	39
Capítulo 2 **De María a *Mariam*: identidades de género, feminismos, subalternidades y resistencias de las conversas**	41
Capítulo 3 **De José a *Hassan*: masculinidades alternativas y resistencias al patriarcado**	89
Capítulo 4 **Identidades de los conversos como sujetos de género: afinidades y discrepancias**	119
PARTE III: CIUDADANÍA E ISLAM	141
Capítulo 5 **Yo también soy español/US latino: nación, ciudadanía e identidades político-religiosas en el converso**	143
Capítulo 6 **Conclusiones**	161
Bibliografía	165
Índice	177

Lista de figuras y tablas

Figuras

Fig. 0.1	Edad de la conversión al islam para las mujeres españolas.	xxii
Fig. 0.2	Edad de la conversión al islam para los hombres españoles.	xxii
Fig. 0.3	Forma de conocimiento del islam para las mujeres españolas.	xxiv
Fig. 0.4	Forma de conocimiento del islam para los hombres conversos españoles.	xxiv
Fig. 0.5	Nivel de estudios para las mujeres españolas conversas.	xxv
Fig. 0.6	Nivel de estudios para los hombres españoles conversos.	xxv
Fig. 0.7	Situación laboral de los hombres conversos españoles.	xxvi
Fig. 0.8	Situación laboral de las mujeres conversas españolas.	xxvi

Tablas

Tabla 0.1	Preguntas sobre islam y género.	xxi
Tabla 0.2	Preguntas sobre ciudadanía y nación en el islam.	xxi

Reconocimientos

Me gustaría reconocer públicamente a varias personas que han contribuido, en el frente de batalla o en la retaguardia, a que este libro sea una realidad. Primero de todo, dar las gracias a *University of Idaho* por la concesión económica (*grant*) que obtuve para llevar a cabo el estudio etnográfico emprendido en este libro. Segundo, debo agradecer a los evaluadores de Vernon Press por su tiempo y dedicación en proporcionar las evaluaciones necesarias para que la publicación de este libro haya sido posible. Tercero, me gustaría de una forma muy personal dar las gracias a todas las personas que accedieron a ser entrevistadas. Sin ellas, no hubiera sido posible llevar a cabo esta empresa editorial. También, quiero reconocer a una serie de personas dentro de mi círculo laboral, pero también personal por su apoyo y confianza en mí. Éstas son, Dr. Halverson, la Chair de Study of Global Studies de *University of Idaho* por haber instigado en mí la idea de este libro; y mi familia más cercana, mi madre, mi hermana Ana, mi compañero de vida, Karim, y nuestros hijos, Sara e Ismael. Finalmente, quiero dar las gracias a mi Señor y Salvador Jesucristo, por ser la luz, el camino y la verdad de mi vida.

Prefacio

Este libro es el resultado de unas experiencias biográficas muy cercanas a mí que quise materializar académicamente. No obstante, es, asimismo, la experiencia de toda una sociedad que, de una forma u otra, lidia con hombres y mujeres musulmanes, ciudadanos con los que se comparte un mismo territorio, especialmente desde que se iniciaran las migraciones masivas de musulmanes en Occidente. A raíz de tales, la importancia geopolítica del islam ha crecido exponencialmente, como también lo ha hecho la geosocial, de la cual han emanado unos discursos de género y de ciudadanía.

Adicionalmente, las mismas narrativas que se han atribuido a unos migrantes musulmanes han sido homogeneizadas a todo un grupo de conversos al islam occidentales, los cuales difieren de los primeros en un trasfondo biográfico, que incorpora unos mismos valores occidentales, pero que ahora, a raíz de la conversión al islam, son desechados o transformados de forma voluntaria. Tal acto de volición es importante porque es cuestionado y demonizado. Cuestionado, al atribuir que aquélla se produce de una forma pseudo forzada; demonizado, por atribuirles a estos conversos la etiqueta de traidores a la nación.

No obstante, todos los conversos entrevistados para este estudio enfatizaron que la conversión y adhesión a un estilo de vida musulmán fue algo totalmente personal e individual a pesar de que el factor social –normalmente mediante una pareja musulmana– fuera clave en el evento de la conversión al islam. Asimismo, y con respecto a una visión de ciudadanía, todos ellos resaltaron que el islam no tiene por qué ser incompatible con Occidente. Más bien al contrario, Occidente es el que necesita ampliar la idea de género, ciudadanía y nación, mediante el respeto y la incorporación de un elemento religioso si los gobernantes de estos territorios quieren sociedades realmente democráticas tal y como predican. La estereotipación, discriminación e islamofobia, las cuales son una realidad diaria en la vida de estos conversos al islam no constituye un elemento disuasorio a la conversión. Por el contrario, estos individuos han reportado continuamente que el islam constituye el acto biográfico más importante, significativo y con más consecuencias que cualquier otro evento que hayan podido experimentar. En el centro de estas experiencias, yace un discurso de género que contrasta con unos feminismos occidentales actuales y que incorpora lo religioso (el islam), que no lo privatiza como ha hecho el cristianismo en las últimas décadas y que se materializa con signos externos (ej. El velo). Las reacciones ante tales hechos –la conversión, pero también la visibilidad de ésta mediante símbolos, no son actos neutrales, lo cual constituye una paradoja a unas sociedades occidentales en las cuales la relatividad moral e ideológica es la norma. Es, por ello, que a lo largo del libro me propongo examinar cuáles son las convergencias que se producen entre conversión al islam, género, nación y ciudadanía por parte de dos grupos poblacionales occidentales –españoles y US latinos–, para examinar cómo la visión de género que aquéllos sostienen representan nuevas formas identitarias de género, las cuales constituyen instrumentos políticos de género que resisten los estereotipos del hombre musulmán como opresor y de la mujer musulmana como oprimida, entre otros. Tales narrativas les otorga agencia para ser religiosos en un territorio no religioso. Últimamente, esto es importante porque ayuda a redefinir una nueva noción de "españolidad" y de "latinidad" que contrasta con la de unos homólogos ciudadanos al incorporar un factor religioso islámico.

En resumen, la visión de identidad nacional en la cual la cultura, la lengua y la historia constituyen parámetros exclusivos de cohesión nacional representa la narrativa sesgada de una sociedad que acepta minorías LGTBQ tanto legal como socialmente, pero que no hace lo mismo con unas minorías religiosas. No obstante, el cada vez mayor número de afiliados al islam hace que se tenga que incorporar la religión como parte de unos debates sociopolíticos, y que se tenga que ampliar la visión de lo que significa ser español y US latino en el siglo XXI. Este libro pretende proporcionar el contexto para tales conversaciones, en las cuales el género y la práctica de una ciudadanía que incorpora la religión, constituyen sus bases.

Introducción

La problematización del islam

La presencia cada vez mayor del islam en distintas sociedades occidentales, de la mano de inmigrantes económicos que se han instalado de forma permanente en aquellas, es un hecho incuestionable. Ello ha dado como resultado la existencia de nuevos paradigmas ideológicos, así como de estilos de vida, lo que ha sido percibido como un problema social en lugar de como parte de una diversidad social y religiosa.

Si a esto se añade el componente geopolítico del islam en conexión a los ataques terroristas perpetrados en las últimas décadas –especialmente el del 11 de septiembre–, así como la ignorancia a nivel general de una religión que no ha sido parte del tejido social y religioso de Occidente, no es difícil de entender la imagen de estigmatización que esta religión ha adquirido. No obstante, esta no es la visión que el grupo de conversos al islam –españoles (en España) y US latinos de este estudio[1]–, sostiene, los cuales, atraídos por este sistema ideológico, han experimentado transformaciones a nivel social, familiar, ideológico, económico, y por supuesto, religioso. Por esto mismo, y a causa de los contrastes ideológicos que se producen posteriormente a la conversión, es necesario que el mismo concepto de Occidente y de valores asociados a este territorio, deba reexaminarse para poder ver si se pueden establecer puentes entre ambos –islam y Occidente–, y así minimizar el oprobio al que los practicantes de esta religión son sometidos. Todo ello nos conduce a una serie de preguntas. Entre ellas, ¿es posible afirmar la existencia de una identidad occidental en conexión a unos valores específicos? Si esto es así, será importante examinar cuáles son y si estos forman parte de un espectro ideológico que permite la evolución e inclusión de otros valores que incorporen la religión, –el islam, por ejemplo–. Más preguntas que surgen al respecto son, ¿por qué el islam se vislumbra como una religión fundamentalista en conexión a su práctica en un espacio, tanto privado como público? Y finalmente: ¿es el islam compatible con Occidente a causa de los valores socioculturales que esta religión sustenta, los cuales contrastan con otros de aquel territorio? La

---

[1] He utilizado el término "US latino" tal y como la gramática española estipula para sujetos que incluyen a ambos géneros. Asimismo, y aunque la tendencia cultural y académica del momento sea la de usar la denominación de "US latines" en concordancia con una teoría de género inclusiva, esta no es la visión ideológica que sostienen los conversos al islam, para los cuales existe una visión de género binaria. Se elabora más la cuestión del género en los capítulos correspondientes a aquellos.

secularización de Occidente a mediados del siglo XX, derivada de "un desencantamiento con lo divino", propició un enfoque humanista según el cual la ciencia y la religión se vislumbraban como incompatibles (Taylor 27), algo que continúa vigente en el presente. Sobre la base de tal planteamiento y de otros factores de corte social, político y jurídico, se produjo la privatización de la religión, lo que contrasta extensamente con un sistema de creencias que es practicado en todos los ámbitos de la vida, y, asimismo, en un espacio público. Ello hace que el islam no pueda ser visto como una religión compatible con Occidente, pues este es sinónimo de secularización, así como de privatización de la religión, tal y como se desprende de un marco jurídico que protege la libertad religiosa.[2] De ello resulta que los musulmanes no sean percibidos como *occidentales*, incluso si son autóctonos de este territorio, – como es el caso de muchos de los conversos, al menos de los de este estudio–. El concepto bajo el cual estos individuos son vislumbrados como *diferentes* se encuentra asociado a una visión de conflicto y de problemática social, no necesariamente de diversidad. No obstante, los participantes de este estudio discrepan de tal visión y afirman que el islam no solo es compatible con Occidente, sino que les ofrece a estos individuos una manera de ser mejores ciudadanos en este territorio, mediante unos valores morales y religiosos que se expresan tanto en el espacio privado como en el público.

Adicionalmente se debe añadir que el contraste de valores que el islam sostiene con respecto a Occidente no constituye el único factor a la incompatibilidad que se le atribuye con este territorio. Las distintas adscripciones raciales y étnicas de aquellos que practican el islam (Arely Medina 61) han desembocado en contrastes culturales adicionales con unos ciudadanos no musulmanes, lo cual ha reforzado aún más la idea de *diferencia* que se adscribe entre aquellos que practican el islam y aquellos que no lo hacen. Esto significa que el islam no se vislumbra como problema tan solo en términos religiosos, sino también en términos culturales y sociales. La relevancia de todo ello reside en asegurar una estabilidad social, así como una convivencia satisfactoria entre diferentes partes, lo cual no ocurre en muchas sociedades europeas y estadounidenses.[3] Por esta razón, las narrativas de los conversos que incluyo a lo largo de estas páginas son importantes, pues permiten encauzar sus inquietudes y expresar el rechazo a la visión sesgada que la sociedad sostiene del islam en función de la incompatibilidad que se atribuye a esta religión. Tales posicionamientos discursivos son importantes porque se realizan desde

---

[2] En el artículo 16.3 de la Constitución española, se establece que cualquier ciudadano en territorio español tiene la libertad de elegir la confesión deseada o de no elegir ninguna y de mantener la privacidad al ser cuestionado sobre la religión que profesa.

[3] Los acontecimientos en Francia en el año 2023 a causa de la muerte de Nahel a manos de un policía son un ejemplo del choque de culturas que el islam representa.

el conocimiento y la experiencia de haber crecido y vivido en las mismas sociedades que atañen ciertas etiquetas ideológicas al islam y a aquellos que lo practican.

Con el objetivo de contextualizar algo más sobre las razones por las que el islam es percibido como problemático, es necesario tener en cuenta que, paradójicamente, se ha producido una homogeneización de todos los musulmanes, lo que ha dado como resultado que los mismos conversos españoles y US latinos autóctonos hayan sido confundidos por migrantes. La misma idea de que individuos autóctonos se hayan convertido a una religión como el islam se ve como problemático por ser ellos los que han "trasplantado" valores islámicos a las sociedades no musulmanas donde residen. Por esto mismo, es importante gestionar la existencia del islam en Occidente, pues su eliminación por parte de los que demonizan tal religión no solo es fútil, sino que contradice la fluidez, movilidad, subjetividad y relativización ideológica que es aplicada a otros grupos sociales (por ejemplo, la comunidad LGTBIQ+). Asimismo, es necesario que tal gestión sea específica para una religión que sostiene diferencias importantes con otras confesiones. Por ejemplo, las prácticas de género que esta religión contempla son aplicadas, no solo al espacio privado, sino también al público, por lo que se requiere de la implementación de unas políticas que las regulen[4]. Basándome en tal idea, es por lo que me propongo estudiar cómo los conversos constituyen recipientes, transmisores y vehículos de cambio de unas ideas de género asociadas indiscutiblemente al islam, lo que llevan a cabo, no solo como sujetos religiosos, sino también como sujetos de género y como sujetos políticos.

El estudio de los conversos desde una perspectiva de género ha sido examinado por los cada vez más emergentes feminismos islámicos, los cuales se han centrado en el sujeto musulmán –la mujer, en concreto–, y en cómo el islam es defensor de los derechos de aquella. Los feminismos islámicos están adquiriendo cada vez más presencia en estudios culturales debido al interés que ha despertado el rol de la mujer islámica, –tanto en Oriente como en Occidente–, así como debido a las políticas sexuales que se han desarrollado como resultado de la evolución de tales roles de género en las sociedades actuales. Estos estudios han sido, pues, útiles no solo para estudiar las interacciones que se producen entre islam y género, sino también para entender algunas de las razones por las que las mujeres se convierten a esta religión a pesar de su connotación sexista. No obstante, los feminismos islámicos difieren mucho de los occidentales al no utilizar el elemento religioso como base ideológica de defensa de los derechos de la mujer. Por esto mismo,

---

[4] La regulación del *hijab*, *burkini* y otras prácticas islámicas, como la oración en el espacio público, son ejemplos de ello.

estas mujeres conversas ven en los feminismos islámicos una estrategia intelectual para defender la idea de que el islam constituye una forma de protección al género y al cuerpo de la mujer, algo que las sociedades occidentales no han podido ofrecer, independientemente del grupo geográfico en cuestión. Asimismo, el estudio de los feminismos islámicos proporciona las herramientas para analizar las transformaciones sociales que se producen con respecto a una teoría y praxis de género, tal y como elaboraré en capítulos posteriores.

Los conversos en España y en los Estados Unidos

El número de conversos en España y en los Estados Unidos comprende una minoría, y, aun así, las conversiones al islam constituyen eventos cada vez menos aislados. Aunque no se tiene un censo sobre el número de conversiones, se constata que es un evento cada vez más común.[5]

El momento histórico en el que se ubican las conversiones al islam de españoles y de US latinos es importante, pues ello pone de relieve la importancia de la historia con respecto a las razones y dinámicas según las cuales se producen. En España, por ejemplo, el fin del franquismo en la década de los setenta marcó el inicio de un periodo que trajo consigo la libertad en todas las facetas de la sociedad y representó un punto de inflexión en el desarrollo de una identidad regional (catalana, euskera, valenciana, etc.) que había sido reprimida a causa de la ideología nacionalcatólica.[6] Es, en este momento, cuando se empiezan a conocer las primeras conversiones de españoles. No obstante, el momento decisivo fue en la década de los ochenta cuando una gran oleada de inmigrantes –especialmente marroquíes– se instalaron en España, no como migrantes temporales, sino permanentes. Ello facilitó que se produjeran relaciones sociales que terminaron en matrimonios con españoles, lo que, a su vez, desembocó en conversiones. El perfil demográfico que elaboro en subsecuentes páginas muestra esta tendencia.

Otros hechos históricos que se vislumbran como decisivos al fenómeno social de las conversiones son los ataques terroristas de las últimas décadas –

---

[5] Algunos medios de comunicación recientes estiman que unos 200.000 españoles se han convertido al islam. Esta noticia puede verse en: Chequeo al Islam en España: 200.000 españoles conversos y 1.700 lugares de culto (elconfidencialdigital.com). Asimismo, según *US News*, el 7 % de los musulmanes en los Estados Unidos son de origen hispano, unos 270.000 hispanos aproximadamente.

[6] Se conoce a esta ideología como la visión del régimen franquista (de Francisco Franco), la cual vislumbraba la nación española como una unidad. Es decir, con una lengua –el castellano–, con una visión política, –la de la Falange española o el partido político de Francisco Franco–, y con una religión –la católica–, despojándola de la pluralidad que la Constitución española contempla hoy en día este país.

especialmente, el del 9/11–, pues propiciaron que mucha gente quisiera indagar en esta religión tan desconocida hasta ese momento. En breve, estos atentados resultaron en una visión maniqueísta del islam que se mantiene hoy en día, despertando en una pequeña sección de la sociedad un interés por esta religión y sus gentes, y en muchos otros, una islamofobia contra todo aquel que la profesara. Ante tal escenario, tanto los musulmanes como las organizaciones que los representaban tuvieron que "hacer ajustes para ofrecer una imagen de rechazo al terrorismo y de aceptación de los valores nacionales" (Arely Medina 65) al mismo tiempo que mantenían un compromiso con el islam.

Con respecto a los US latinos, la primera ola de conversiones se ubica alrededor de 1920 en el seno de las comunidades afroamericanas. La utilización del islam como estrategia política antirracista atrajo a algunos US latinos que se identificaron con la misma ideología de una población afroamericana ansiosa de reclamar derechos como grupo racial (Arely Medina 77, 78).

De esta manera, mientras que para algunos españoles convertidos en la época franquista, la conversión al islam representó una estrategia para derribar un discurso de opresión y censura, como para reivindicar la identidad regional, para los US latinos, fue una estrategia para defender la raza a la que pertenecían y los derechos de ciudadanía en el país de migración que reclamaban.

Con el tiempo, tanto los españoles como los US latinos conversos, residentes en unas sociedades cada vez más democráticas y estructuradas políticamente con respecto a grupos minoritarios, continúan luchando no solo por la defensa de derechos e identidades como grupo religioso –a causa de una confesión que continúa siendo estigmática hoy en día–, sino también como grupo social/regional/racial o étnico. A pesar de las similitudes religiosas que obviamente se producen entre españoles y US latinos, es importante observar el amplio espectro cultural, social, racial o étnico de los musulmanes conversos y puntualizar que no sería apropiado homogeneizar a todos de la misma manera. Si a esto añadimos, que el islam constituye en su mayor parte una religión "inmigrada, transportada y relocalizada" (Arely Medina 62), es fácil de entender la multiplicidad cultural, racial o étnica de los practicantes de esta religión, razón por la cual se derivan prejuicios y estereotipos, no en conexión a la religión que profesan, sino al grupo social, racial, regional o étnico al que pertenecen.

Más aún, hoy en día, los múltiples grupos nacionales que viven en España y en los Estados Unidos no son homogéneos ni en raza, ni en cultura, ni tampoco en idioma, lo cual facilita una segregación con base a un criterio nacional, racial o étnico. Ello hace, a su vez, que se produzca una doble y triple multiplicidad identitaria. Los españoles conversos no solo son musulmanes, sino que son musulmanes catalanes, musulmanes vascos, etc.... y los US latinos son, de la misma manera, US latinos musulmanes mexicanos, musulmanes puertorriqueños, etc. Tal multiplicidad identitaria desemboca en una multiplicidad de alteridades que es contingente a parámetros que se comparten con la sociedad en general o que no se comparten. Por ejemplo, los conversos españoles –autóctonos del país donde residen– no tienen que defender de la misma manera que los US latinos la identidad nacional, ni probar ante los conciudadanos no musulmanes con los que han convivido desde la niñez, la pertenencia al territorio de residencia. En cambio, muchos US latinos, –aunque autóctonos de los Estados Unidos–, son percibidos como migrantes, ya sea por ascendencia familiar o por nacimiento en un país de Latinoamérica. Todo ello concuerda con la idea de que "la historia del islam... En Estados Unidos, ha sido racial. La integración social de las minorías raciales se lleva a cabo por medio de la segregación" (Arely Medina 77). Por tanto, el islam, para los US latinos, constituye una estrategia de "legitimación, pertenencia, identidad y ciudadanía cultural" (Arely Medina 82), mientras que ello no ocurre de la misma forma en el caso de los conversos españoles.

No obstante, las igualmente alteridades, fricciones, choques e islamofobia con la que estos dos grupos lidian continuamente con la sociedad, pero también con la propia familia de origen, desencadena en agencias, pero también en la continua reexaminación de todo aquello que sostiene la adhesión al islam. Por ejemplo, la misma historia de España. Concretamente, la España precolonial (la España islámica) y no la postcolonial (la colonización de América) ofrece un vínculo con el islam que ambos grupos han empleado para justificar la conversión al islam. Mientras que los españoles indagan en la historia de su propio país y en los ocho siglos de islam en este territorio, los US latinos encuentran un vínculo con el islam mediante los lazos históricos que unen España y Latinoamérica a través de la "memoria cultural" que aquella evoca (Martínez-Vázquez 86). Tal memoria cultural constituye el constante recordatorio de la España islámica de antaño que no se puede negar y que representa la estrategia para estos conversos para legitimar y hacer sentido de la conversión al islam. La relevancia del estudio de la historia por parte de estos conversos yace en que la historia en su versión oficial contrasta con la conciencia histórica de cómo estos conversos perciben e interpretan aquella, lo que a su vez es producto de múltiples experiencias históricas, así como de biográficas. El estudio de la historia, pues, tiene un impacto en el camino hacia el islam y ofrece una estrategia más para entender la conversión y para redefinir la identidad histórica con la que se identifican como españoles musulmanes.

De la misma manera, es importante apuntar cómo los US latinos utilizan la historia para entender la conversión al islam y ver cómo puede ser empleada para dar sentido a su identidad como musulmanes latinos. Es, pues, de especial interés que también los US latinos "miran a Andalucía y su influencia en Latinoamérica" (Arely Medina 83) para encontrar raíces con esta religión. En breve, españoles y US latinos utilizan la historia, no solo como una mirada al pasado, sino como un pasado que explica, sostiene y legitima la conversión del presente siglo, al mismo tiempo que demoniza parte de la narrativa social y política que vislumbra esta religión como problemática. De hecho, el creciente auge de unas políticas de derecha –cuanto menos en Europa–, constituye el motor ideológico a la idea de que el islam es incompatible en territorio español y estadounidense. Estos partidos, divulgadores de "la compleja realidad del islam" (Peña Velasco 42), materializan tal visión mediante políticas restrictivas de inmigración, de proteccionismo económico y de conservación de unos valores sociales y culturales que constituyen partes importantes de las campañas electorales de las elecciones presidenciales en los Estados Unidos en el noviembre de 2024 y también de las que tuvieron lugar en España, en el mes de julio del 2023.

Contexto académico sobre las conversiones al islam

Las conversiones religiosas al islam no son algo nuevo, tal y como puede corroborarse en el número de publicaciones sobre este campo. Lo que sí es nuevo son las distintas dinámicas socioculturales y políticas según las cuales tales conversiones se están produciendo, así como las distintas razones por las cuales se producen, dependiendo de las funciones biográficas que la adquisición de esta religión viene a cumplimentar en la vida de los conversos. Si en un pasado histórico, las conversiones a una religión determinada eran producto de una imposición por parte de una civilización sobre otra o se asociaban a un componente político mediante el cual la conversión representaba un ascenso en la escala social del individuo, en la actualidad, esta no es la realidad. Muy por el contrario, muchas de las conversiones al islam de hoy en día se deben a una búsqueda espiritual, e implican un descenso en la escala social del individuo –en especial, en el caso de las mujeres debido a su visibilidad como musulmanas–.

Por consiguiente, las razones por las que sujetos occidentales que no han nacido en el islam se convierten a esta religión es algo notorio e importante de examinar, especialmente en conexión a dinámicas socio demográficas que se iniciaron en la década de los sesenta cuando se llevaron a cabo importantes flujos migratorios. Más tarde, estas conversiones experimentaron otro auge en los años ochenta, noventa y al inicio del siglo veintiuno, cuando otro gran flujo migratorio tuvo lugar en muchos países occidentales. De ahí, surgieron relaciones sociales entre musulmanes y no musulmanes que dieron como resultado conversiones a esta religión. La importancia de todo ello es que tales conversiones se vieron precipitadas no por unos cambios demográficos *per se*, sino por el impacto que tales flujos humanos representaban en términos sociales, culturales, económicos, y por supuesto, religiosos. Así, las transformaciones ideológicas que se produjeron a raíz de la exposición a ciertos valores y paradigmas (islámicos) han sido una de las principales causas por las que se materializaron tales conversiones, algo que persiste hoy en día.

Al mismo tiempo, la cada vez menor relevancia de valores religiosos y morales en la actualidad, así como la creciente secularidad en Occidente –especialmente en Europa–, ha desembocado en un vacío moral y existencial. El islam como religión, pero también como sistema ideológico y moral, ha venido a compensar el sentimiento de desolación existencial, especialmente en aquellos individuos que no se embarcaron en un proyecto neoliberal, ideológico y lucrativo cada vez más relevante en Occidente. Paradójicamente, pues, a toda una serie de eventos negativos asociados al islam –de origen terrorista en su mayor parte–, el islam ha ofrecido la oportunidad de encauzar inquietudes religiosas y espirituales, especialmente en aquellos sujetos que buscaban un sistema religioso y moral que el cristianismo y más en concreto, el catolicismo, no podía ofrecer.

Si a todos estos factores sociales y demográficos que facilitan las conversiones tenemos en cuenta la cada vez mayor visibilidad e importancia geopolítica del islam, no es difícil de entender el origen de las conversiones a esta religión, lo que está relacionado con una cada vez mayor exposición.

Asimismo, y desde una perspectiva académica, la mayor documentación de tales conversiones, así como la exploración sobre las razones por las que se producen por un cada vez mayor número de académicos, ha constituido la tendencia de los últimos años. Rambo Lewis fue uno de los referentes con respecto al estudio y análisis de la conversión religiosa desde una perspectiva teórica y descriptiva, mientras que John Lofland y Norman Skonovd examinaron los motivos por los que se produce la conversión religiosa. Con relación a las razones por las que se produjeron las conversiones en conexión con el género del converso, académicas como Monika Wholrab-Sahr, Yvone Yazbeck Haddad, Anne Sofie Roald y Karin van Neuwkerk estudiaron extensamente el tema. Ya hoy en día, son cada vez más los académicos que están estudiando las conversiones al islam, no obstante, desde otras perspectivas. Por ejemplo, existen muchos estudios sobre las conversiones con base a un criterio geográfico específico. Arely Medina es pionera en el estudio de las conversiones al islam en México, así como de mexicanos en los Estados Unidos; Juan Galvan, Gaston Espinosa, Harold Morales y Hamil A. Martínez-Vázquez han liderado el campo de estudio de las conversiones de la población de US latinos también. En el otro lado del Atlántico, Esra Özyürek ha examinado el estudio de los conversos al islam en Alemania; Sol Tarrés Chamorro se ha centrado en las conversiones femeninas al islam en España, y Mikaela H. Rogozen-Soltar lo ha hecho de los conversos al islam de españoles, no solo como grupo poblacional *per se*, sino en comparación a un grupo de musulmanes de origen que han emigrado a España.

Sobre la base de todos estos estudios, puede decirse que las conversiones al islam dentro de un contexto geográfico local constituyen la tendencia actual dentro de esta disciplina. No obstante, no existen casi estudios que aborden una visión transatlántica de dos o más grupos con unas afinidades étnicas, como pretende el presente estudio.

El estudio transatlántico

La ruptura que se produce entre religión y ubicación geográfica –propiciado, en parte, por las emigraciones y por una tecnología que facilita información–, ha dado como resultado un proceso de *desterritorialización* de la religión. Es decir, ha dado como resultado una ruptura entre territorio y religión, de manera que una religión no se puede asociar ya a un territorio específico.

Tal y como Peggy Levitt afirma al respecto:

> La religión, igual que el capitalismo, no se encuentra circunscrita en un territorio particular o en un régimen legal, ni tampoco está limitada por unos principios morales, políticos o culturales. Los referentes culturales, en el pasado bajo unas fronteras étnicas, lingüísticas o de unos Estados de derecho, empiezan a desvincularse de unos territorios nacionales, lo que conlleva que unas discusiones sobre la religión y su práctica no tengan sentido. ("Rezar por encima de las fronteras" 69)

Es, pues, este proceso de desterritorialización el que da pie a que se produzcan las conversiones al islam del presente estudio desde una perspectiva transatlántica. Partiendo de esta idea, me propongo explorar de qué manera un grupo de españoles conversos al islam y de US latinos –con unas afinidades históricas, culturales y lingüísticas–, construyen unas identidades como sujetos de género y como sujetos políticos desde una perspectiva *intragrupal* –entre grupos–, pero también *intergrupal*, –dentro de cada grupo–, como ha sido la norma hasta el momento. Aunque estudios como los últimos son importantes porque permiten indagar en cómo la historia, la lengua, los distintos eventos sociales y políticos tienen un impacto en la conversión al islam como grupo nacional específico, es, asimismo, también importante explorar de qué manera las afinidades entre pueblos y civilizaciones tienen un impacto como grupo afín. Ello permitirá hacer predicciones sobre cómo ciertos factores históricos, culturales y lingüísticos pueden constituir facilitadores de la conversión al islam.

Adicionalmente, es importante tener en cuenta si existen factores sociales y políticos de los territorios en cuestión que influyen en cómo estos individuos se convierten en musulmanes en unas sociedades que no lo son. Esto nos lleva a reflexionar sobre las consecuencias que se derivan de ello, pues las tensiones y discrepancias que existen entre islam y Occidente desde una perspectiva de género son obvias. Tales fricciones adquieren relevancia porque ocurren con respecto a una sociedad hegemónica que no contempla el islam como sistema religioso o ideológico, pero también con respecto a la familia de origen del converso que no entiende por qué uno de sus miembros se ha convertido al islam, especialmente cuando es una mujer. Todas estas discrepancias llevan, en definitiva, a cuestionarnos los roles de género en las sociedades occidentales actuales, así como toda la ideología de género que sustenta. Es, asimismo, importante examinar de qué manera tales ideas de género adquieren distintos matices en distintas partes de Occidente, tal y como me propongo llevar a cabo mediante la participación de conversos españoles y US latinos.

El estudio transatlántico invita también a examinar el impacto de las conversiones en términos de minoría y de diferencia. Así, mientras que a unos grupos minoritarios se les otorga unos privilegios y una hoja de ruta que incorpora "la diferencia", no es el caso para otros. Tal criterio de diferencia es vislumbrado de distinta manera según el territorio en cuestión. Por ejemplo, los conversos españoles son más estigmatizados que los US latinos a causa de ideologías de género existentes en España, que son mucho más liberales que en los Estados Unidos, así como de una mayor secularización en aquel territorio.

Como conclusión, el estudio transatlántico permite entender las similitudes y diferencias con respecto a las razones por las que se producen las conversiones y la manera como los conversos de distintos territorios experimentan unas prácticas de género y lidian con unos conflictos a causa de aquellas. Asimismo, permite identificar tendencias, patrones y dinámicas según las cuales algunos individuos se convierten a esta religión a pesar de todo el estigma que experimentan; yen última instancia, permite detectar cómo ciertos eventos históricos, culturales y sociales que ocurren en distintos territorios constituyen facilitadores a la conversión religiosa.

El estudio de las conversiones al islam

La relevancia que el estudio de la conversión al islam adquiere en las sociedades occidentales es algo que ha quedado patente en vistas a las publicaciones existentes sobre este tema. No obstante, las ramificaciones que se pueden examinar en un tema de género son asimismo importantes, especialmente considerando la gran visibilidad que los temas de género han tenido en la sociedad global en la última década. Por todo ello, la relevancia del presente estudio radica en varios puntos.

Introducción xvii

Primero, a nivel sociológico, es necesario examinar de qué manera el tejido social, cultural y religioso de los territorios en cuestión, están sufriendo transformaciones a causa de unas conversiones al islam cada vez más comunes, especialmente cuando ocurren de la mano de individuos autóctonos. Tal es el caso de los españoles conversos en España y de los US latinos nacidos o no en los Estados Unidos. Ello ayudará a ajustar políticas sexuales y de género que aseguren una coexistencia pacífica entre diferentes actores sociales.

Segundo, es importante examinar las afinidades que se producen entre distintos territorios –España y los Estados Unidos–, fruto de la globalización–, para ver si determinados eventos sociológicos como la conversión al islam constituyen tendencias aisladas o son parte de una comunidad global. Y aunque es importante examinarlos desde un escenario local, también lo es contemplar tendencias comunes a varios países. A fecha de hoy, no se han llevado a cabo estudios sobre la conversión al islam por parte de dos grupos que comparten ciertas afinidades históricas, culturales y lingüísticas –los españoles y los US latinos–, lo que significa que un estudio como el presente aporta aspectos innovadores en el campo de las conversiones.

Tercero, y debido a que el islam es una religión que no queda relegada a la esfera privada y que es fácilmente visibilizada –especialmente en el caso de la mujer por el código de vestimenta que usa–, hace que sea necesario explorar el impacto de ideas de género que se asocian con esta religión en la sociedad donde estos conversos residen. Es, por ello, que este estudio busca examinar las interacciones que se producen entre islam y género, lo que desemboca en que estos individuos constituyan agentes políticos de cambio de una sociedad, que, lejos de ser estática, va transformándose social, cultural y religiosamente. Asimismo, este estudio busca examinar cómo los conversos –a raíz de la conversión al islam–, constituyen sujetos políticos con una visión de ciudadanía vinculante a la religión del islam. Tal hecho es importante al estar estos situados en sociedades no religiosas.

Metodología

Objetivos y método del marco conceptual

Partiendo de unos objetivos para el presente estudio, me propuse examinar la visión de género y de ciudadanía de los participantes que seleccioné, como resultado de la conversión al islam. Para tal efecto, opté como marco teórico el uso de los feminismos occidentales (en la figura de Judith Butler, especialmente), los feminismos islámicos y el estudio de las masculinidades. Asimismo, y debido a que el grupo de los US latinos mantiene vínculos con Latinoamérica –ya sea por nacimiento o por ascendencia–, empleé un enfoque trasnacional; así como de uno nacional (condiciones sociopolíticas de los territorios en cuestión). Todo ello permitió establecer conexiones o comparaciones entre los participantes españoles y los US latinos, y detectar de qué manera la conversión y adhesión al islam es condicionante de la visión de género y de ciudadanía en conjunción con unos parámetros étnicos, sociales y políticos con los que se asocian estos sujetos.

El análisis discursivo de las conclusiones a las que llegué se basó en el estudio cualitativo con método etnográfico de recogida de datos y en el estudio de casos. El abordamiento mixto de ambos métodos investigativos me permitió elaborar aspectos que los mismos conversos querían enfatizar, y con ello, dar voz a aquellos. Asimismo, tal abordamiento me permitió ofrecer una imagen más amplia de temas concretos con respecto al género y a la ciudadanía. Aunque ninguno de los dos métodos permita hacer generalizaciones más amplias al resto del grupo de conversos españoles y US latinos, la saturación del discurso –tanto en la entrevista cualitativa, como en el estudio de casos–, y la misma línea ideológica de todos los conversos con respecto a unas respuestas sobre género y ciudadanía, posibilita hacer sugerencias con respecto a la relación que se produce entre una visión de género y de ciudadanía y la adhesión al islam.

Asimismo, contrario a la metodología de un solo abordamiento investigativo, la mezcla de ambos métodos empleados permite indagar en la investigación de forma más profunda y ofrecer riqueza interpretativa (Hernández Sampieri 5).

Número de participantes

Con respecto al número de participantes, se recogió información de doce mujeres españolas y de cinco hombres para el grupo de españoles. En el caso de los US latinos, el grupo participante fue de cinco mujeres y de cinco hombres. La razón por la cual existe una discrepancia en el número de participantes, tanto según un criterio de género como de grupo, se debe a la distinta disponibilidad de participantes en ambos criterios, lo cual constituyó una de las limitaciones del estudio, algo bastante común en estudios cualitativos como este.

Selección de participantes

En el caso del género femenino, la selección de participantes fue primordialmente mediante la petición de sujetos dispuestos a participar en el estudio en cuestión en organizaciones de musulmanes por vía correo electrónico. Ello permitió la difusión interna a otros miembros de estas organizaciones mediante el "boca a boca" de un converso a otro.

En el caso del género masculino, fue extremadamente difícil encontrar hombres dispuestos a ser entrevistados o que estuvieran dispuestos a contestar

Introducción xix

un cuestionario, incluso ofreciendo remuneración económica, como es típico en estudios como este. Por consiguiente, recurrí a la petición de testimonios de conversos que las mujeres a las que había entrevistado me pudieran facilitar (amigos de sus esposos, en su mayor parte). Asimismo, recurrí a páginas de *Facebook* para intentar seleccionar participantes, lo cual constituyó también un reto, pues muchas páginas de *Facebook* de conversos eran exclusivamente para hombres musulmanes. Este método no fue fructífero.

Finalmente, recurrí a viajar a mezquitas de distintos lugares geográficos y a la petición directa de selección de participantes por medio del imam. De este método, conseguí algunos participantes.

Recogida de datos

La metodología que empleé para llevar a cabo el estudio etnográfico y para la presentación de estudios de caso fue:

Primero, la distribución de una entrevista cualitativa por correo electrónico y el posterior análisis cualitativo de las respuestas de los participantes a las preguntas. Este fue el método que tuve que utilizar para la mayoría de los participantes de ambos grupos, ya fuera por motivos geográficos en los que no había la posibilidad de un encuentro personal, o por motivos ideológicos según los cuales los participantes no deseaban aquel.

Segundo, una entrevista personal mediante un encuentro personal o por un medio virtual en tiempo real (WhatsApp, por ejemplo) con las mismas preguntas que se utilizaron en la entrevista cualitativa y que sirvieron de punto de partida a una narrativa en la que el/la participante dio libre curso a los puntos más importantes para aquel o aquella. Este método permitió llevar a cabo un estudio de caso de algunos de los participantes, pues me dio la oportunidad de pedir clarificaciones en tiempo real. Este planteamiento metodológico se basa en la definición que Juan José Pujadas ofrece con respecto al relato autobiográfico, según el cual afirma que:

> Es un relato autobiográfico, obtenido por el investigador mediante entrevistas sucesivas, en las que el objetivo es mostrar el testimonio subjetivo de una persona en la que se recogen tanto los acontecimientos como las valoraciones que dicha persona hace de su propia existencia (47).

Aunque algunos de los estudios de caso que presento a lo largo de los capítulos fueron extraídos de las respuestas seleccionadas de algunas de las preguntas del cuestionario que fueron enviadas por correo electrónico, otros son fruto del encuentro personal. Con respecto a los estudios de casos, la mayor parte de aquellos que presento a lo largo de los capítulos se centran en el estereotipo que se atribuye al islam como religión sexista, es decir, se centran en una temática y siguen el método que Anastasia Téllez (239) recoge en su propuesta metodológica basada en los criterios de Gordon Allport y Bernabé Sarabia (citado en Sanfélix y Téllez 10) según los cuales el participante relata unos datos autobiográficos siguiendo un "criterio temático". Tal criterio temático es importante porque enfatiza una historia de vida que el participante quiere expresar; y también porque se centra en el tema de la pregunta en cuestión. Las narrativas de los conversos en los estudios de caso que se ofrecen a lo largo de los capítulos se plasman en forma de "citas reducidas" tal y como Xavier Roigé et al. (1999) proponen como método de la investigación antropológica, en lugar de basarse en la transcripción literal de toda la respuesta, la cual es muy extensa para incluir en los capítulos pertinentes.

Tercero, la observación del participante para aquellos sujetos con los que pude establecer relaciones personales de amistad. Ello me permitió improvisar preguntas con base en las circunstancias biográficas del participante en cuestión. Asimismo, los lazos de confianza que pude establecer con algunas mujeres participantes les permitieron compartir unas experiencias que no hubieran hecho de otro modo con otros métodos de recogida de datos.

Finalmente, una vez realicé la recogida de datos, procedí al análisis de las respuestas del cuestionario, al análisis de las narraciones personales, y a la creación de los casos prácticos que incluyo en algunos de los capítulos para poder proponer una hipótesis social sobre cómo estos conversos construyen una identidad de género y de ciudadanía como sujetos musulmanes a raíz de la conversión. Debido a que la mayoría de las respuestas de los sujetos varones fueron muy escuetas, tuve que reenviar posteriores correos para obtener clarificación sobre aquellas, lo cual fue una buena estrategia para poder elaborar suficientes estudios de caso.

El cuestionario

En cuanto al cuestionario (entrevista cualitativa), este fue estructurado en varias partes. La primera parte contemplaba preguntas dirigidas a información demográfica del sujeto participante. Por ejemplo, se les preguntó a los participantes la edad que tenían, la edad de la conversión, el género, la ocupación, el estatus laboral y académico y el contexto religioso antes de la conversión. Con esta información, no pretendo hacer un análisis cuantitativo, sino proporcionar un contexto biográfico del converso que pueda ayudar a arrojar información del converso español y US latino y establecer, de esta forma, diferencias intergrupales con respecto a un perfil demográfico del converso.

Introducción

La segunda parte del cuestionario fue dirigida a preguntas con respecto al tema de género. Así, por ejemplo, se les preguntó a los sujetos las siguientes cuestiones:

Tabla 0.1 Preguntas sobre islam y género.

1.	¿Crees que el islam es justo con las mujeres? De qué manera lo es o no lo es.
2.	¿Por qué crees que la gente cree que el islam es machista?
3.	¿Qué opinión crees que la sociedad tiene de ti con respecto a tu género?
4.	¿Qué estipula realmente el islam con respecto a las normas de género?
5.	¿Qué te aporta el islam como mujer o como hombre que no habías hallado antes de la conversión?
6.	¿Cuál es tu visión sobre la ideología de género? Por ejemplo, ¿qué opinas sobre la homosexualidad, o la visión no binaria de género tan popular hoy en día?

Finalmente, la tercera parte de la entrevista fue dirigida a cuestiones en conexión con las interacciones que se producen entre islam y ciudadanía, así como preguntas sobre las regulaciones políticas que las sociedades donde viven establecen con respecto a la religión y al género y de qué manera aquellas afectan la práctica del islam. Estas fueron las preguntas:

Tabla 0.2 Preguntas sobre ciudadanía y nación en el islam.

1.	¿Crees que el islam es más que una religión? Es decir, ¿crees que existe una relación entre islam y política?
2.	¿Cuál crees que es la religión del ciudadano español? ¿Cuál crees que es la religión del ciudadano US latino?
3.	¿Qué crees que la sociedad piensa de los conversos al islam y de su "comportamiento" como ciudadanos?
4.	¿Te gusta vivir en el país donde vives o piensas mudarte un día a un país islámico?
5.	¿De qué manera el islam vislumbra el concepto de ciudadanía? Es decir, ¿cuál es el modelo de ciudadanía que tú crees el islam propone? ¿Es posible practicar el islam en Occidente?
6.	¿De qué manera te identificas como ciudadano de la nación que te ha visto nacer, de la que procedes y/o de la que resides? ¿De qué manera el islam ha cambiado ese sentimiento de identidad nacional?

Debido a la extensión del cuestionario, la mayor parte de los participantes respondió de forma bastante escueta o contestó de forma más extensa solo las preguntas con las que más se identificó. Como he mencionado anteriormente, en algunos casos tuve que reenviar correos electrónicos para clarificar posturas ideológicas. Este fue especialmente el caso de los hombres.

Un elemento reiterativo que emana de todas las respuestas o narrativas fue el de intentar derribar la concepción que la sociedad tiene con respecto a la incompatibilidad que se percibe entre islam y Occidente a causa de las ideas de género que este territorio ostenta sobre los musulmanes.

Datos socio demográficos de los participantes

La creación de un prototipo del converso español y US latino no es el objetivo de este estudio. No obstante, considero importante ofrecer algo de información con respecto a algunos datos demográficos para poder establecer ciertas conexiones entre aquellos y algunas de las razones por las que se convierten estos individuos. Algunos de estos factores comprenden: la edad de la conversión, el vehículo a través del cual llegaron a conocer el islam, el nivel educativo y el estatus laboral.

Fig. 0.1 Edad de la conversión al islam para las mujeres españolas.

Edad de la conversión al islam para las mujeres españolas

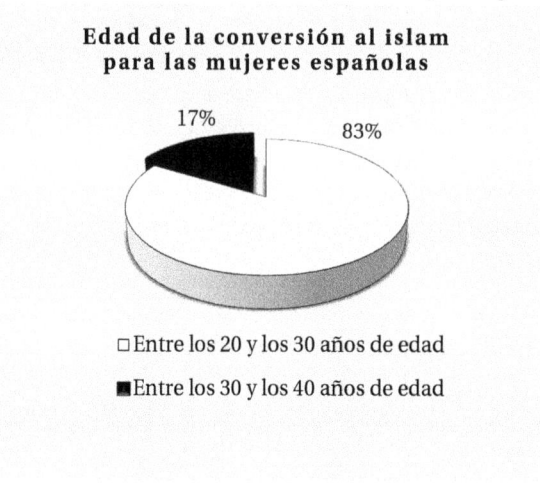

- 17%
- 83%

☐ Entre los 20 y los 30 años de edad
■ Entre los 30 y los 40 años de edad

Fig. 0.2 Edad de la conversión al islam para los hombres españoles.

Edad de la conversión al islam para los hombres españoles

- 40%
- 60%

☐ Entre los 20 y los 30 años de edad
■ Entre los 30 y los 40 años de edad

a) Datos con respecto a la edad de las participantes y a la edad de la conversión. De estas tablas se deduce que, en el caso de las mujeres, la mayoría de las participantes españolas (diez) se convirtió entre los veinte y los treinta años, mientras que solo dos lo hicieron después de los treinta. Con respecto a la edad actual de las participantes, solo una de las doce mujeres se encontraba en edad de jubilación (más de sesenta años), mientras que las demás tenían entre veinticinco y cuarenta años. Esto significa que la mayoría de estos conversos pertenecen a una generación de *millenials*.

b) Datos con respecto a las características de los participantes. Las características de la generación de los *millenials* han sido extensamente investigadas. Según Kurz et al., esta generación se caracteriza por un elevado conocimiento tecnológico, por un alto sentido de diversidad e inclusión, por un enfoque en encontrar el propósito de todo aquello que se emprende, por una conciencia social de ayuda a los demás y por un continuo aprendizaje (193). Todo ello concuerda con varios hechos que pude ratificar sobre los conversos participantes de este estudio. Primero, que aquellos responden a una multiplicidad racial, étnica o nacional (en el caso de los US latinos); segundo, casi todos ellos han crecido en la era del internet y son, por consiguiente, tecnológicamente adeptos, lo que usan para conocer a otros musulmanes conversos o para aprender más del islam; tercero, casi todos ellos se involucran como agentes sociales mediante acciones de voluntariado en los barrios y ciudades donde viven, –especialmente cuando estos tienen hijos a los cuales se les quiere enseñar la importancia de acciones morales en conexión con el islam–, y cuarto, que todos ellos inician una búsqueda y continuo aprendizaje, lo que aplican al conocimiento del islam.

C) Datos con respecto a cómo llegaron a conocer el islam. De las respuestas a la entrevista o cuestionario pude descubrir que la mayoría de las mujeres españolas se convirtió e hizo la *Shahada* o profesión de fe, poco después de haber formalizado una relación con la pareja musulmana que las introdujo al islam. Esto es significativo porque concuerda con el factor social como decisivo a la conversión, tal y como elaboraré en capítulos posteriores. En otras palabras, no se hubiera producido la conversión sin un conocimiento del islam a través de una pareja con la que existe una relación formal (matrimonio en todos los casos).

En el caso de los hombres españoles, el componente social mediante el cual se llega a conocer el islam (pareja o amistades) constituye también el vehículo mediante el cual se produce la conversión, aunque la búsqueda espiritual también haya sido otro de los factores que la propició.

Fig. 0.3 Forma de conocimiento del islam para las mujeres españolas.

Forma de conocimiento del islam para las mujeres españolas

- 16%
- 42%
- 42%

□ Pareja ■ Amigos y/o familiares ▨ Auto búsqueda

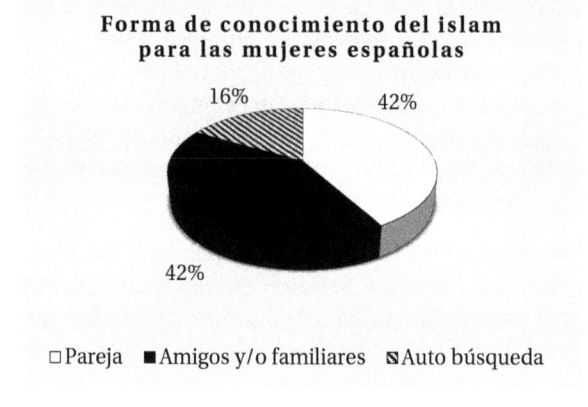

Fig. 0.4 Forma de conocimiento del islam para los hombres conversos españoles.

Forma de conocimiento del islam para los hombres conversos españoles

- 20%
- 40%
- 40%

□ Pareja
■ Amistad/colega mismo género
▨ Auto búsqueda espiritual

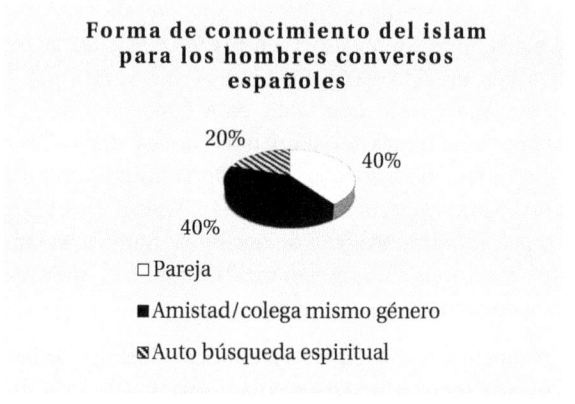

d) Datos con respecto al nivel de formación académico. El nivel educativo de estos conversos también es importante y las tablas que presento a continuación muestran un factor correlativo entre este y el estatus laboral. En el próximo capítulo elaboraré de qué forma ello se relaciona con la conversión al islam.

Desde una perspectiva sociológica, es importante apuntar que todos ellos – hombres y mujeres– tienen un perfil académico elevado y un estatus laboral activo a raíz de haber cursado estudios universitarios. Aunque las tablas no lo muestran, de las entrevistas pude averiguar que los hombres habían cursado carreras más técnicas, y, por tanto, con más demanda (ingeniería, negocios, informática), mientras que las mujeres lo habían hecho en carreras de corte más humanístico (maestras de escuela, asistentes sociales, etc.). En definitiva, carreras que presentan menos demanda y también menos remuneración económica. Si a ello se añade, el hecho de que muchas de estas mujeres eligen

Introducción xxv

trabajos que son compatibles con su rol como madres, –lo cual es requerido en el islam–, puede entenderse la mayor precariedad laboral a la que están sometidas al representar la maternidad una limitación con respecto a opciones laborales. Asimismo, es importante añadir que, para algunas de estas mujeres, el velo supone un factor sobreañadido a la inestabilidad laboral que sostienen. El hombre, para el cual no existe un código de vestimenta que lo visibilice como musulmán, ni sostiene roles de cuidado de los hijos de la misma manera que lo hace la mujer, tiene más flexibilidad laboral y, por tanto, goza de un estatus laboral más estable. A ello se añade el hecho que los hombres sostienen empleos con más demanda.

Fig. 0.5 Nivel de estudios para las mujeres españolas conversas.

Nivel de estudios para las mujeres españolas conversas

16%
84%

☐ Estudios superiores (universitarios o de formación profesional)
■ Estudios no superiores (escuela secundaria)

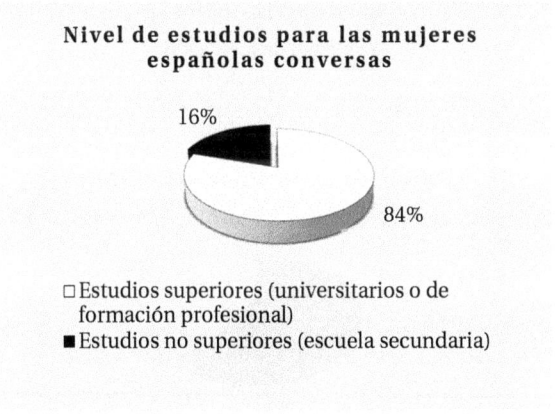

Fig. 0.6 Nivel de estudios para los hombres españoles conversos.

Nivel de estudios para los hombres españoles conversos

20%
80%

☐ Estudios superiores (universitarios o de formación profesional)
■ Estudios no superiores (escuela secundaria)

Fig. 0.7 Situación laboral de los hombres conversos españoles.

Situación laboral de los hombres conversos españoles

- 0%
- 20%
- 80%

Situación laboral estable
■ Situación laboral precaria
▨ En edad de jubilación

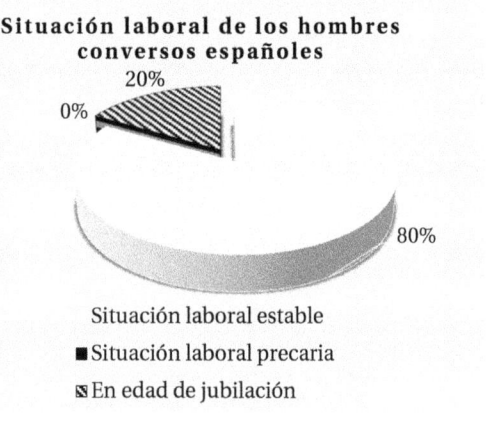

Fig. 0.8 Situación laboral de las mujeres conversas españolas.

Situación laboral de las mujeres conversas españolas

- 50%
- 8%
- 42%

□ Situación laboral estable
■ Situación laboral precaria
▨ En edad de jubilación

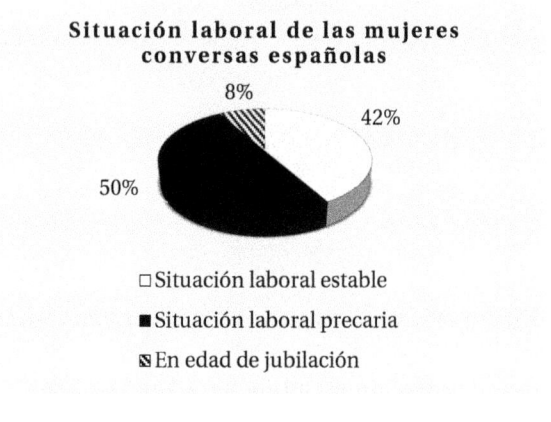

e) Datos con respecto a un factor ideológico/religioso. Aunque el cuestionario no contemplaba ninguna pregunta sobre la escuela islámica a la que estos conversos se adhieren, como parte de las narrativas biográficas que tuve la oportunidad de escuchar durante algunas de las entrevistas presenciales, estaba el hecho de que muchos de ellos pertenecen a la rama del islam *sunita*.

f) Datos con respecto a la práctica del islam. Todos los sujetos participantes eligieron vivir la religión de una manera total, y afirmaron no haber experimentado ninguna presión social a causa del matrimonio con un musulmán. De hecho, las narrativas delatan que estos musulmanes practican el islam de manera más estricta que sus cónyuges musulmanes de origen. De la misma manera, todos ellos no se autosegregan en las micro sociedades musulmanas donde viven (familias políticas, mezquita), sino que son parte de la sociedad mediante actos de voluntariado; son agentes activos del sector laboral en el que se encuentran, y son integrantes comprometidos en los centros educativos de sus hijos. Todo ello constituye una estrategia para vivir su *islamidad* al máximo, pero también para dar ejemplo a unos hijos musulmanes de cómo vivir el islam en una sociedad hostil a esta religión; de cómo derribar los estereotipos sobre los musulmanes de autosegregación, y de cómo practicar el *dawa* o proselitismo, requerido en el islam.

Resumen del libro

Partiendo de los objetivos estipulados al inicio de este capítulo, he estructurado el libro en tres partes. En la primera, ofrezco un trasfondo de la conversión al islam mediante el estudio de distintas perspectivas (legal, social, psicológica, etc.) que proporcionan el contexto según el cual se facilita la conversión al islam. Para ello, me centro en factores externos al individuo –históricos, sociales, políticos, demográficos, etc. –, pero también en otros internos –psicológicos, intelectuales–. Concluyo el capítulo apuntando la necesidad de entender la conversión al islam desde una perspectiva múltiple.

En la segunda parte examino el género. En el primer capítulo de este bloque, dedicado a la mujer musulmana conversa, examino cuál es la identidad de género de las conversas a raíz de la conversión; cuáles son las prácticas y roles de género como resultado de la conversión, y qué les aporta el islam como mujeres. Adicionalmente, examino las agencias que la mujer musulmana inicia, especialmente considerando la estigmatización a la que aquella es sometida a causa de los estereotipos que se le atribuyen. Finalmente, examino de qué manera tales agencias ubican a la mujer musulmana como vehículo agente de cambio en una sociedad que ni contempla lo religioso ni lo musulmán como base ideológica de la praxis de género. Para llevar a cabo estos objetivos, establezco analogías con la teoría *butleriana* y lo que Judith Butler afirma con respecto a unos actos de género que son reiterativos, categóricos, teatrales y corporales. Asimismo, utilizo la base teórica del feminismo islámico para explicar cómo estas mujeres vislumbran una teoría de género que aboga por sus derechos, pero que lo hace tomando como base ideológica el islam y el Corán.

En el siguiente capítulo, dentro del bloque de género, me centro en el hombre converso y en cómo este construye la identidad de género, la cual, de la misma manera que ocurre con la mujer conversa, tiene su base en el islam y en lo que este estipula sobre los roles de género y la visión de género para el hombre. En breve, toda una teoría de masculinidades emerge, una que difiere de la visión falo céntrica y patriarcal. Adicionalmente, examino de qué manera la visión cultural que el converso hereda del grupo al que pertenece con respecto a una visión de masculinidad afecta a la nueva visión de género que el converso construye como hombre musulmán, español y US latino, respectivamente.

A continuación, en el siguiente capítulo, y continuando dentro del bloque de género, exploro las similitudes que hombre y mujer experimentan para resistir la visión patriarcal que se tiene de ellos en Occidente; y para resistir un machismo no circunscrito necesariamente a ningún territorio y que ocurre de forma global, lo que hacen mediante prescripciones coránicas y prácticas corporales con las que se distingue lo *halal* de lo *haram*.

Finalmente, en la sección dedicada a los conversos como sujetos políticos, exploro las convergencias que se producen entre la conversión al islam y un concepto de ciudadanía, el cual no puede ser relegado al espacio privado. Mediante la visibilidad de prácticas que el converso inicia en el espacio público con respecto a una materia de género, pero también con respecto a una idea de nación, el converso contribuye a una serie de transformaciones ideológicas y a un cambio de paradigmas de naturaleza religiosa, cultural y política.

Asimismo, los múltiples nacionalismos emergentes de los últimos años constituyen obstáculos sobreañadidos a la aceptación de contribuciones ideológicas que los conversos aportan, especialmente de aquellos que proceden de otros territorios, ya sea por nacimiento, por ascendencia (los US latinos) o por matrimonio con un cónyuge de algún país islámico.

Termino el libro con el capítulo final, haciendo algunas breves reflexiones sobre la importancia de entender cómo una minoría cada vez mayor –los conversos al islam–, puede contribuir a que se produzcan transformaciones identitarias con respecto al género y a la nación en territorios occidentales que no contemplan la religión como base ideológica. Asimismo, apunto a la necesidad de crear políticas sociales y culturales que respeten lo religioso en aquellos mismos territorios.

PARTE I: EL CONTEXTO SUBYACENTE DE LA CONVERSIÓN

Capítulo 1
Entendiendo los factores facilitadores de la conversión al islam

Introducción

Las razones por las cuales algunos individuos se convierten a una religión específica, –entendida esta como una "transformación cognitiva, de comportamiento e identitaria" (Chee Keong 77)–, ha sido cada vez más objeto de estudio. Ello se debe tanto a la frecuencia de tales conversiones como a las profundas transformaciones sociales que aquellas implican. Algunas de estas transformaciones han sido de carácter social, debido a la mayor presencia y visibilidad del islam en las sociedades occidentales a través de sujetos migrantes musulmanes al Occidente.

Como consecuencia de ello, autores pioneros en el tema de conversiones al islam se han centrado en la búsqueda de cuáles constituyen los mecanismos operativos que explican como individuos occidentales, que ni han nacido en el islam ni sostienen ningún vínculo familiar con esta religión, han adoptado un nuevo sistema de creencias (profesado mediante la *Shahada*), así como un estilo de vida totalmente distinto al del previo a la conversión. A partir de allí, han surgido publicaciones en el tema por importantes autores como, por ejemplo, Lewis Rambo, Lofland & Skonovd o Stefano Allievi, los cuales, en sus publicaciones iniciales, se enfocaron en hallar un prototipo de converso en correlación con unos motivos bajo los cuales se producían las conversiones.[1]

Al mismo tiempo, otras líneas de investigación se han centrado en los modos y estrategias mediante los cuales tales individuos han resistido la estigmatización, la estereotipación y la discriminación a las que han sido sometidos, tanto en la esfera social como en la privada (familiar).

A lo largo del tiempo y debido al vínculo que se ha atribuido entre islam y mujer, otros académicos han investigado las razones por las cuales más mujeres que hombres se convierten al islam y sus implicaciones en términos sociales e identitarios. Específicamente, Karin Van Newukerk constituye un referente indiscutible con respecto a la feminización del islam.

---

[1] Puede encontrarse más información sobre las publicaciones de estos autores en el apartado de "Lecturas adicionales".

Con base en todo lo dicho, me propongo, pues, en el presente capítulo profundizar en los factores que han llevado a veintisiete individuos (españoles y US latinos) a convertirse al islam y los factores que han facilitado tales conversiones, – "predisposing factors" (Lofland y Starks 874) [2]–; los incentivos concretos necesarios para la conversión –tal y como Starbuck (1899) lo describe en lo que este autor denomina como "motivational factors" [factores motivacionales], y lo que la conversión ha aportado a las vidas de los sujetos participantes de una forma concreta y diaria, mediante el estudio etnográfico y el estudio de casos. Factores y motivos irán entrelazándose para ofrecer al lector un mapa que ayudará a entender la conversión de estos veintisiete sujetos.

Asimismo, exploraré de qué manera la gran secularización existente en Occidente tiene un impacto en la conversión o adhesión a una afiliación religiosa tan estigmática como es el islam. Ello ayudará a entender el contexto previo a la conversión que la mayoría de estos sujetos han experimentado. En el caso de los US latinos, la experiencia biográfica de la migración a los Estados Unidos va a ser un factor adicional para explorar, algo que los españoles conversos han experimentado también. No obstante no como agentes migratorios, sino como recipientes de sujetos migrantes que llegan a España.

Una de las inferencias a las que voy a llegar al final del capítulo es que no se puede hablar de un factor facilitador específico de la conversión, sino de múltiples, y de que estos se encuentran ligados a las experiencias vitales de los sujetos participantes que si no explican la conversión sí que pueden contribuir a responder algunas de las razones por las cuales se produce. La variedad de atractivos que ofrece el islam para estos individuos, así como la multiplicidad de funciones que el islam viene a cumplimentar en sus vidas, es posible debido a la gran heterogeneidad de estos grupos en términos étnicos, raciales, lingüísticos, económicos y sociales. Todo ello significa que la conversión debe examinarse desde una perspectiva transdisciplinar y de que son varios los factores que pueden influir en ella de forma simultánea y sinérgica.

Es por ello, que es necesario incorporar en este estudio, un análisis que explique de qué manera las dinámicas raciales, étnicas, históricas, sociales, económicas y biográficas tienen un impacto en la conversión al islam, al constituir todas estas factores subyacentes de la conversión.

De ello se deduce que los conversos conforman múltiples esferas sociales, económicas, raciales, étnicas y profesionales y que tal diversidad ha demostrado ser un factor atrayente para el converso. Tales diferencias son importantes,

---

[2] Karin van Nieuwkerk llama a las condiciones que facilitan la conversión, "preconditions for the state of religion in general" (Nieuwkerk 2).

pues los conversos *adaptan* un trasfondo cultural y social del cual proceden y lo *adoptan* con el objetivo de "ejercer una *islamidad*" que tenga sentido, religiosa, cultural y socialmente. Tales adaptaciones no son las mismas para todos los conversos, pues tampoco lo es el contexto previo a la conversión ni las condiciones biográficas y personales.

Finalmente, es importante enfatizar que las conclusiones que presentaré a lo largo del capítulo se circunscriben al presente estudio etnográfico, el cual se basa en las entrevistas y cuestionarios de veintisiete sujetos, los cuales han sido expuestos a condiciones históricas, sociales, culturales y lingüísticas específicas. Ello puede diferir de los factores facilitadores de la conversión del resto de la comunidad de conversos. Por consiguiente, cotejar sus respuestas con las contribuciones de otros académicos sobre un mismo tema, así como con el material en línea que los mismos conversos publican en los medios de comunicación sociales sobre la conversión propia, puede ser una herramienta útil para verificar las respuestas de este grupo de participantes. De esta forma, se puede establecer un patrón o un prototipo de converso y sugerir factores que facilitan que tales sujetos se conviertan al islam.

La relevancia de un estudio sobre los factores facilitadores de la conversión al islam de españoles en España y de US latinos en los Estados Unidos es importante para explorar el impacto que esta religión tiene en estos ciudadanos occidentales que coexisten con una población no musulmana, así como para examinar cómo tienen un impacto en el tejido social, político, ideológico y económico de unas sociedades occidentales del siglo veintiuno. Tal abordamiento ayudará a hacer predicciones con respecto a la existencia de condiciones específicas (históricas, sociales, etc.) necesarias bajo las cuales se producen las conversiones al islam.

El islam como sistema de creencias religioso

El islam, practicado aproximadamente por dos billones de musulmanes en todo el mundo, se proyecta como la religión con más fieles para el año 2050.[3] Las conjeturas que pueden hacerse al respecto tienen su base en un componente demográfico bajo el cual la reproducción es alentada desde una perspectiva cultural y religiosa, lo cual tiene un impacto en el número de miembros que abrazará esta religión. Adicionalmente, el incremento de conversos occidentales al islam es un factor que no debe infravalorarse, pues es una realidad cada vez menos inusual. Para poder entender tal fenómeno sociológico de la conversión y así fomentar la convivencia social y cultural con

---

[3] Dato ofrecido por Worldpopularionreview.com

sujetos que representan otredades, es imperativo entender, a su vez, la base ideológica del islam, la cual contrasta extensamente con las sociedades seculares donde estos conversos residen. En última instancia, todo ello contribuirá a entender los factores que facilitan la conversión, objetivo de este capítulo.

Primero, el islam no constituye exclusivamente un sistema dogmático *per se*, cuyo objetivo es el de una espiritualidad y una relación vertical con Dios, sino que es un sistema religioso que implica una experiencia humana total. Esto significa que el Corán no es meramente un manual espiritual, sino una guía instruccional que ofrece soluciones a los problemas tangibles y cotidianos del ser humano, como pueden ser las dinámicas relacionales entre individuos, el matrimonio, el divorcio, las herencias, las finanzas, el lucro, la guerra, los animales, la naturaleza, la justicia social, etc. Las normativas que el islam proporciona con respecto a estos temas permiten al hombre tanto el logro de una espiritualidad positiva como de unas relaciones sociales satisfactorias con los homólogos. Ambos cursos de acciones –espiritual, mediante la oración, la lectura del Corán, etc.–, y terrenal –mediante el cumplimiento de normativas con respecto al prójimo–, no pueden actuar independientemente. En otras palabras, para el sujeto musulmán, las relaciones horizontales con el otro son un reflejo de la relación vertical con un ser supremo, lo que se explica mediante dos premisas: una, que todo acto constituye un acto moral que no tiene sentido sin un sistema de beneficios/costos, así como de controles y contrapesos; y dos, que, para el sujeto musulmán, tales acciones morales tienen consecuencias en este mundo y en el más allá. Tal sistema de responsabilidad ante un ser supremo, así como de incentivos, representa un factor facilitador tanto en la conversión como en el mantenimiento de esta, la cual le da sentido. Lo que no tiene sentido para estos conversos es la práctica de actos morales *per se*, algo típico de sociedades seculares, pues ello daría como resultado el fin de su práctica al no aportar incentivos.

Segundo, la religión del islam, la cual tiene su esencia en el mismo significado que su nombre sugiere, –sumisión–, requiere de una total entrega a *Allah* con respecto a deseos y anhelos que el individuo sostiene. El número de "sacrificios" en el que los musulmanes se embarcan mediante un estilo de vida específico es interpretado por algunos como la pérdida de ciertas libertades personales.[4]

---

[4] Existe un código de vestimenta para los musulmanes regido por el concepto religioso de la modestia, lo que prohíbe el uso de vestimenta sugestiva, especialmente en el caso de la mujer; o la libertad de pensamiento y de ideas, puesto que el mismo islam impone una ideología con respecto a temas como la homosexualidad, el aborto o la práctica sexual. Para estos conversos, el islam no constituye una pérdida de estos derechos o

El acto de sumisión, no solo se materializa mediante prohibiciones coránicas cotidianas (la prohibición de comer carne de cerdo, por ejemplo), sino que es físicamente llevado a cabo mediante el acto de la postración corporal durante la oración islámica, –el *ruku*, el *quiyam*, el *sujadh*, y el *qa' dah*[5]–. Por tanto, la postración corpórea del rezo, mediante posiciones muy concretas que toda la *umma* debe observar de la misma manera, es metafórica de la sumisión total del musulmán tanto como individuo espiritual como social. Todo ello contrasta con los valores occidentales en los que el éxito personal, la felicidad propia y el lucro priman a las normativas religiosas. Los conversos, familiarizados con sociedades en las que el principio del individualismo justifica muchas de las acciones por las que la persona rige sus acciones, han abandonado tal forma de pensar, lo que vislumbran como positivo por los beneficios de tipo social, moral, familiar y por supuesto, espiritual que reciben a cambio. Ello constituye un sistema de plausibilidad al islam como religión, pero a la vez, produce fricciones con las sociedades occidentales.

En breve, el islam, como sistema religioso, constituye un atractivo para el converso, el cual prioriza la voluntad divina a la propia, incluso a expensas de unos paradigmas sociales, personales –anteriores a la conversión– y familiares (con respecto a la familia de origen) que constituyen obstáculos a la práctica del islam, pero que no son lo suficientemente disuasivos para no abrazar esta religión. No obstante, la demonización que este individuo experimenta, en cualquier ámbito de la vida diaria, por ello, no es algo necesariamente negativo para el converso, lo cual abordaré en la siguiente sección.

El impacto de la secularización en los conversos

Las sociedades españolas y estadounidenses de los dos grupos representados en el presente estudio han sufrido profundas transformaciones en las últimas décadas con lo que respecta al rol de la religión en la sociedad. Tales han ocurrido en función de factores históricos, sociales y políticos respectivamente. Por ejemplo, España pasó a ser en el año 1978 un estado *aconfesional*, lo cual fue el resultado del deseo de separación entre iglesia y estado tras la dictadura franquista que tenía como aliada a la Iglesia Católica. Hoy en día, la aconfesionalidad de este país se encuentra respaldada por el artículo 16, números 1 y 3 de su constitución, lugar donde se estipula que:

---

libertades, sino una guía espiritual sobre aspectos tangibles en la vida diaria que ayudan a navegar en los problemas cotidianos como seres humanos.

[5] El *ruku* se refiere a la posición de inclinarse, el *quiyam* a la posición de estar de pie, el *sajdah* se refiere a la postración, y el *qa'dah* significa la posición de estar sentado. Todas estas posiciones son requeridas durante la oración islámica.

16.1 Se garantiza la libertad ideológica, religiosa y de culto de los individuos y la comunidad, sin más limitación, en sus manifestaciones que la necesaria para el mantenimiento del orden público protegido por la ley.

16.3 Ninguna confesión tendrá carácter estatal. Los poderes públicos tendrán en cuenta las creencias religiosas de la sociedad española, y mantendrán las consiguientes relaciones de cooperación con la Iglesia Católica y las demás confesiones.

Tales artículos constituyen la base jurídica española con respecto al rol de la religión en este país. No obstante, la existencia de otros conceptos jurídicos con relación al vínculo entre religión y Estado complica la situación. Por ejemplo, *laicidad, laicidad positiva, secularismo, secularización* y *neutralidad*. En un intento de distinguir tales términos, Rafael Palomino, –experto en Derecho y prolífico autor en el área de leyes–, afirma que mientras *secularización* se refiere a la gradual pérdida de lo religioso en la vida social de un país, *secularismo* implica una hostilidad con respecto a la religión, al mismo tiempo que vislumbra al hombre y al mundo como a un ser autónomo de esta. El secularismo sería, pues, según este autor, una consecuencia de la secularización.

Por otra parte, el término *laicidad* adopta varias modalidades conceptuales que deben distinguirse del término *laicismo*. Mientras que laicidad puede entenderse como *laïcité du combat*, –es decir, como una forma de combatir el clericalismo, o lo que es lo mismo, de combatir toda influencia del clero, iglesia o religión en la política del país–, el término *laïcité ouverte*, –en español, *laicidad positiva*– no se enfoca en la "no influencia de la religión" sino en la libertad de conciencia de todos los ciudadanos, en la igualdad de todos ante la ley, en la no discriminación por motivos religiosos, y en la neutralidad del Estado en lo referente a las creencias religiosas y morales de todos sus ciudadanos. Tal concepto de laicidad positiva es el que protege la igualdad de todas las confesiones –tanto en la vida privada como en la pública– y de la cual deriva el principio de cooperación entre el Estado y las distintas confesiones, sin que estas formen parte del marco jurídico y político del gobierno. De una manera u otra, el ciudadano español en este territorio es libre de practicar cualquier confesión, ya sea en el área privada como en la pública, siempre y cuando no desestabilice el orden público.

Ahora bien, *laicidad* no debe confundirse con *laicismo*, pues este último adquiere una connotación más acusada con respecto a la drástica separación que se establece entre los poderes públicos y cualquier elemento de lo religioso (Palomino, "El laicismo como religión oficial" n.p). Es importante apuntar que, a pesar de toda la variedad y vaguedad terminológica, la Constitución española no contempla ninguno de estos términos –laicidad, laico y laicismo–, sino solo el de *aconfesionalidad*, y aunque ello pueda dar como resultado confusión, Palomino establece que la laicidad positiva es exactamente lo que el Estado español contempla en su marco jurídico con el término de aconfesionalidad. Otros autores, asimismo, creen que la laicidad de España es un concepto que se encuentra implícito en la constitución (Carlos Corral Salvador, n.p), aunque se adopte el término de aconfesionalidad.

Con respecto a los Estados Unidos, la primera enmienda de la constitución del 1791, según la cual "Congress shall make no law respecting an establishment of religion, or prohibiting the free exercise thereof"[6], deja clara la visión jurídico-política sobre el rol de la religión en este país. De tal artículo se puede observar la ausencia de los mismos términos que usa el español o el francés de *aconfesionalidad, laicidad* y *laicismo*. Por tanto, la falta de traducciones de los términos, como los mencionados más arriba, a otros idiomas como el inglés no solo ha añadido complejidad al tema, sino también confusión, pues no existe una traducción literal. En efecto, la lengua inglesa no contempla tales términos, lo que hace que se deba recurrir a traducciones ideológicas. Palomino propone la traducción de *secularism, neutrality* o *non-confessionalism* para laicidad, entendidos como un estado que ni tiene una religión oficial ni protege la religión (Palomino, "Religion and Neutrality" 661-62). Según este autor, el término "laico" ha venido a traducirse como "secular" (en inglés) y más recientemente como "laicization", pero la lengua española hace una distinción entre "laico" y "secular" mientras que ello no es posible hacerlo en la lengua inglesa. No solo esto, sino que esta lengua utiliza otros términos como *neutrality, separation* o *establishment* también para referirse a un estado laico (Palomino, "Legal Dimensions" 209).

Por tanto, la única manera de resolver todo este puzle terminológico es interpretando el término específico que se utiliza en una lengua específica en conexión a las condiciones históricas del territorio en cuestión. Es, de esta manera, cómo podemos examinar el impacto que tales términos tienen en las condiciones que rodean la práctica del islam para los conversos. Por tanto, y para analizar tal impacto, empiezo distinguiendo la profunda diferencia entre España y los Estados Unidos en materia de religión, pues mientras el primero es un país con un nivel de secularidad muy elevado, los Estados Unidos continúan siendo un país profundamente religioso a pesar de la supuesta no influencia de la religión en la política. De la misma manera, la religión en este país no se encuentra relegada a la esfera privada, a pesar de que la diferenciación entre iglesia y estado mantenga una separación más estricta que en Europa (Casanova 26). Aunque la relevancia de ello sea importante desde una perspectiva jurídica y política, lo que realmente debe explorarse es cómo

---

[6] United States Constitution (1791). First Amendment I.

los conversos pueden practicar el islam en sociedades que no contemplan lo religioso, ni como parte de un sistema jurídico y político, ni como parte de uno ideológico y social. Pero de forma más importante, debemos examinar cómo el islam es percibido y puede ser practicado en un territorio occidental que toma orgullo de unos procesos de democratización a expensas de los de secularización –debido a la incompatibilidad que se ha atribuido entre islam y democracia (Hanusch 315)–. Para responder estas preguntas, autores importantes en estudios religiosos, como José Casanova, afirman que la desprivatización de la religión –tal y como se requiere en el islam–, no debería interpretarse como un hecho antimoderno o antidemocrático. Es más, tal desprivatización constituye una tendencia global y un hecho social global (27) cada vez más común. Es decir, cuanto más religioso ha sido un país (en Occidente, especialmente), más énfasis se ha empleado para que la religión no constituyera un obstáculo a las libertades personales de sus habitantes tanto si ello significa la práctica de una confesión como su ausencia. Esto es importante porque revela que la religiosidad de un país no es contradictoria con la "full separation of religion and state" (Hefner 95), con una cada vez mayor secularidad, ni con la desprivatización de la religión. No obstante, esto no concuerda con los marcos jurídicos de las sociedades modernas occidentales en materia de religión, los cuales han apoyado una narrativa jurídica que obstaculiza la práctica del islam en Occidente, especialmente porque este debe practicarse en todas las áreas de la vida privada y pública. Si a esto añadimos el nacionalismo político religioso emergente de los últimos años –ya sea, a raíz del terrorismo islámico (en Occidente), como sin tenerlo en cuenta–, no es difícil entender la aversión que Occidente ha tenido con respecto a la unión de religión y política, y que continúa sosteniendo. La idea del nacionalismo religioso en países como Pakistán o Irán es un nacionalismo que ha permitido la influencia de la religión en la política, al mismo tiempo que ha constituido una estrategia para que sus ciudadanos se sientan identificados con la nación propia. En definitiva, ha permitido mantener una cohesión y una identidad nacional. Tal nacionalismo en los países más arriba mencionados puede interpretarse como la respuesta a la modernidad y al colonialismo que aquellos países sufrieron en previos siglos. Para tales musulmanes, el secularismo se encontró vinculado a la dominación colonial, y es, por tanto, lógico que aquel sea visto hoy en día de forma negativa por parte de aquellos musulmanes (Saeed 193). No obstante, los conversos españoles y US latinos de la actualidad –con un bagaje histórico muy diferente–, no vislumbran el secularismo de la misma forma y este mantiene connotaciones muy diferentes, especialmente en función al vínculo que se establece entre religión e identidad nacional. Por ejemplo, en países como España, con un trasfondo religioso católico por excelencia, la religión sirvió como una forma de identidad nacional durante el periodo franquista dictatorial, conocido como ideología nacionalcatólica. Con respecto a los Estados Unidos, la primera enmienda evitó que la religión invadiera el ámbito de lo político. Por otra parte, hoy en día, ser estadounidense adquiere también una connotación religiosa cristiana, mayoritariamente protestante. Por ello, el modelo neutral o secular en ambos territorios ha permitido a estos conversos que no se les excluya de una identidad nacional que no se encuentra vinculada a la religión. No obstante, a pesar de que esto sea algo positivo que permita a estos conversos ser parte de una misma identidad nacional sin tener que serlo a través de la religión mayoritaria del país, también existen aspectos negativos de ello. Por ejemplo, Saeed afirma que el modelo secular en Occidente implica la prohibición de una educación religiosa en los colegios de educación primaria (especialmente del islam), restricciones del uso del árabe (debido al prejuicio social que esta lengua pueda tener) y de forma mucho más importante, la prohibición del velo para las mujeres musulmanas en el ámbito público (193). No solo esto, sino que, en términos generales, cualquier forma de secularismo en la sociedad es entendida de forma negativa para los musulmanes, pues ello es sinónimo de una sociedad que no tiene en cuenta lo divino (Saeed 188), en específico, lo divino en términos islámicos.

Con respecto a los puntos recién mencionados, si bien el modelo de aconfesionalidad de España permite la educación del islam en las escuelas, lo cierto es que muy pocas comunidades autónomas tienen fondos para ello, lo que significa que, a efectos prácticos, no existe tal posibilidad para los hijos de estos conversos. En el caso de los Estados Unidos es aún peor, pues la separación entre iglesia y estado no ofrece ni siquiera tal posibilidad educativa. Por otra parte, la separación de iglesia y estado, –sea en un estado aconfesional como es España, o en un estado secular como los Estados Unidos–, ha permitido que no se favorezca una religión sobre otra, lo que es extremadamente importante para el grupo de conversos, el cual ya no pertenece a la religión dominante del territorio con el que esta se asocia. Así pues, la igualdad de todos los ciudadanos, independientemente de la religión que profesan, constituye para estos conversos un factor de protección por el cual la no religiosidad del estado debe mantenerse.

Como resultado y a modo de conclusión, aunque el Corán proporciona normativas sobre cada aspecto de la vida y de la muerte –educación, maternidad, roles de género, rituales funerarios, y muchos más aspectos (Gallagher 211)–, y la neutralidad del estado con respecto a lo religioso no contemple tales regulaciones coránicas, aquella puede ser interpretada como una forma de ejercer unos derechos religiosos en países que permiten la libertad religiosa para practicar cualquier confesión. Asimismo, los conversos al islam españoles visionan la libertad religiosa como una forma de alejarse de la ideología nacionalcatólica de antaño y del secularismo actual. Puede, concluirse, pues, que la neutralidad religiosa no es sinónima para los conversos al islam de una sociedad no religiosa, sino de una sociedad en la que no hay interferencia en la elección religiosa de sus ciudadanos. No obstante, y aunque la ley sea muy clara con respecto a la libertad religiosa de sus ciudadanos, no siempre es el caso en el ámbito social y laboral, lo cual queda patente en la discriminación, islamofobia y estereotipación que sufren los musulmanes y conversos al islam, algo que las narrativas de estos conversos recogen.

Contexto previo de la conversión

Las entrevistas y cuestionarios a los participantes revelaron que los conversos españoles y US latinos se identificaron mayoritariamente con la religión católica previamente al momento de la conversión al islam. Esta religión, no solo constituyó para la totalidad (100 %) de los participantes la religión con la que se autodenominaban antes de la conversión, sino también, la religión de la familia en la que nacieron y la religión mayoritaria del territorio en el que nacieron y residían. No obstante, es importante contextualizar brevemente esta religión, pues existen muchas variantes, tanto con respecto a la dogmática de esta religión como a unos factores locales específicos bajo los cuales se practica el catolicismo. Por ejemplo, mientras que, en España, el catolicismo tiene una fuerte connotación histórica fruto de la alianza iglesia-estado que otorgó a la Iglesia Católica una posición de poder y ostentación económica privilegiada a lo largo de los siglos y hasta bien entrado el siglo XX durante el régimen franquista, en el caso de los Estados Unidos la Iglesia Católica no ha tenido ni el mismo poder ni la misma antigüedad. Tampoco en este país ha existido la presión de pertenecer a esta religión, ni se ha ejercido opresión sobre aquellos que no lo hacían. Vicente Algueró afirma que:

> Durante los inicios de esta nación, un Estado liberal constituyó la única medida para garantizar una libertad de acción en la Iglesia Católica... La libertad civil y la separación entre la iglesia y el estado eran la mejor garantía para que el catolicismo pudiera actuar en la nueva nación. (30)

Con respecto al papel que la Iglesia Católica tiene hoy en día en España, esta institución religiosa ha perdido muchos adeptos, así como el prestigio que tuvo en su día. No obstante, existen organizaciones católicas como *Caritas*, las cuales organizan comedores sociales o recogida de productos de segunda mano para la población más vulnerable. Tales comedores sociales representan una ayuda que, aunque esporádica, es vital para aquellos en el umbral de la pobreza. Por el contrario, en los Estados Unidos, la acción social por parte de la Iglesia Católica ha sido algo mucho más normalizado y esta religión goza de un mayor prestigio en ese país. No obstante, la presencia del catolicismo no es la misma en todo el país, por lo cual, el rol de la Iglesia Católica tampoco es uniforme. Hoy en día, el catolicismo se está abriendo a otros grupos sociales como son los latinos, especialmente para aquellos que han emigrado a este país mediante la oferta de misas en español y otro tipo de ayudas. Adicionalmente, es importante apuntar que esta religión, para los latinos o estadounidenses emigrados, ha constituido un referente moral y religioso mucho más importante que para los españoles hoy en día, lo que constituye un reflejo del rol que la Iglesia Católica ha ostentado en Latinoamérica.

De una forma u otra, el catolicismo es, pues, el contexto del que parten todos los conversos participantes de este estudio. No obstante, y de forma mucho más especial para los españoles conversos que para los US latinos, al referirse al catolicismo como contexto religioso previo a la conversión no lo están haciendo necesariamente como práctica religiosa, sino más bien como práctica cultural, ya sea a nivel individual o familiar –la religión con la que se identifica la familia de origen–. Consecuentemente, el estilo de vida de estos individuos no se correspondía necesariamente con unas creencias y prácticas religiosas antes de la conversión, sino que se relegaban a distintos momentos del calendario religioso católico, como es el caso de sociedades occidentales seculares en las cuales se profesa una religión, pero se practica un estilo de vida secular. De hecho, solo dos de los veintisiete participantes atendía regularmente a misas los domingos previamente a la conversión al islam y esta práctica constituía una práctica cultural más que religiosa.

Para el resto de los participantes, la práctica de no asistir a la misa del domingo constituía la norma, con la excepción de actos religiosos específicos como bautismos, comuniones, bodas y otros actos religiosos durante las fiestas navideñas o de Semana Santa, los cuales eran instigados por las familias de origen de estos conversos.

Por otra parte, el examen de los datos demográficos de los dos participantes que asistían regularmente a misas revela que son españoles mayores de sesenta años y que se convirtieron al islam durante el periodo franquista, momento en el que la práctica católica era casi una imposición, así como la asistencia a servicios religiosos católicos. Por consiguiente, las dinámicas sociales religiosas impositivas de la época y no el anhelo de asistir a actos religiosos fueron probablemente la razón de tal participación religiosa.

En el caso de los US latinos, el catolicismo representa asimismo el contexto religioso previo a la conversión al islam para la totalidad de participantes (cinco hombres y cinco mujeres), lo que concuerda con la religión del territorio de donde proceden ellos o sus familiares de ascendencia. Esta idea ha sido corroborada por otros académicos en el tema (Londono 6). Con respecto a la asistencia a misas, aunque la mayoría de las familias de los US latinos conversos no asistían a misas debido a obstáculos de tipo laboral que lo impedían en conexión a su condición migratoria, estos conversos reportaron que sus familias se identificaban como católicos, lo cual no fue el caso para los españoles conversos, cuyas familias se consideraban católicos culturales.

De todo ello se pueden deducir afinidades, así como discrepancias entre ambos grupos, pues mientras el catolicismo constituía el trasfondo religioso previo a la conversión para todos los conversos de ambos grupos, así como para sus familias de origen, el abandono de "la religión del grupo" no fue percibido de la misma manera para las familias de los conversos españoles que para las de los US latinos respectivamente. La mayor secularidad existente en territorio español en comparación a la de los Estados Unidos o a la de los países latinoamericanos de los que proceden algunos de los conversos US latinos, fue un factor decisivo para entender el abandono del catolicismo por parte de estos conversos. Así, que mientras para los españoles conversos el abandono del catolicismo constituye la pérdida de una religión que es entendida como una serie de prácticas culturales, para muchos US latinos, esto constituye la pérdida de un referente religioso, cultural e ideológico, así como un parámetro de afinidad con un grupo de origen en el lugar de emigración (los Estados Unidos).

Por otra parte, y con respecto a los motivos que facilitaron la deserción del catolicismo y conversión al islam de los conversos, las respuestas de aquellos sugieren que el grupo de españoles conversos compartía un sentimiento de insatisfacción con respecto al catolicismo previo a la conversión mayor que el de los US latinos. Esto se debe tanto a la reputación que el catolicismo ha adquirido en los últimos años en España, tal y como elaboraré a lo largo del capítulo, como al vacío espiritual, producto de un estilo de vida totalmente secular en este país. Por el contrario, este no fue el caso para los US latinos – emigrados a los Estados Unidos o nacidos en este país–, para los cuales esta religión aún suponía un sistema de creencias intacto hasta el momento del conocimiento y conversión al islam. Por esta razón, el abandono del catolicismo de los conversos US latinos simboliza la alienación con un grupo endógeno de latinos que de una forma u otra mantienen vínculos con esta religión; representa la pérdida de beneficios socioeconómicos en el territorio extranjero a causa de la ruptura de vínculos con el propio grupo, y representa la pérdida de un sistema ideológico capaz de proporcionar una cohesión como grupo de latinos en términos nacionales, sociales, culturales y familiares. Para aquellos US latinos nacidos en los Estados Unidos o criados en este país, el abandono del catolicismo es percibido de una forma similar que, para aquellos emigrados a este país, debido a los lazos que aún mantienen con un grupo de origen a través de unos ascendientes que muy probablemente proceden de países latinoamericanos y que aún se identifican con el catolicismo. Para este grupo de US latinos, el abandono del catolicismo y conversión al islam representa, pues, una ofensa al grupo de origen mucho mayor que en el caso de los españoles. Esto significa que la conversión al islam, aunque sea producto de un acto personal para sujetos de ambos grupos, para el US latino, el cual reside en el territorio de emigración, aquel es más bien un acto que afecta a todo el grupo, debido a todas las dinámicas socioculturales existentes como grupo racial/étnico de minoría dentro de los Estados Unidos.

No obstante, una vez producida la conversión y profesión de la nueva fe mediante la *Shahada* ambos grupos mostraron un compromiso con la nueva religión que se afianzó con el inicio de un profundo estudio del islam, y con este, una serie de inquietudes ideológicas y espirituales que se encauzaron mediante aquel. En este punto, ambos grupos reportaron que solo el Corán y el islam aportaban respuestas que el catolicismo no podía satisfacer mediante una lógica que aquellos atribuyeron a esta religión y de la cual, –según aquellos–, el cristianismo carece como sistema ideológico y religioso.

Factores externos facilitadores de la conversión

El factor histórico

Con el fin de proporcionar un contexto con respecto a los factores que predisponen a la conversión, es importante ilustrar cómo unas variables históricas, legales y religiosas, externas han desempeñado un papel importante en la conversión de los españoles y de los US latinos.

Desde una perspectiva histórica, es importante recordar la imagen negativa que ciertos eventos históricos han tenido para estos conversos y el impacto que aquellos han creado.

Primero, la imagen histórica de una religión que fue parte de la agenda político-religiosa de los reyes católicos mediante la cual se produjo la limpieza étnica como religiosa de individuos a los cuales se les impuso el catolicismo. Así, la visión negativa que ello comporta es contrastada con los ocho siglos de presencia musulmana en la península ibérica, sinónimo de un pasado glorioso que España experimentó gracias al pueblo musulmán, debido a las grandes contribuciones arquitectónicas y científicas impulsadas por aquel. Todo ello ha creado una imagen positiva de la civilización árabe en al-Ándalus y de la religión de esta, especialmente en los conversos españoles, pero también en los US latinos. Tal hecho constituye una estrategia de defensa de su conversión a una religión que forma parte de la historia de este país.

Segundo, los daños y prejuicios que la Iglesia Católica causó en España durante el franquismo mediante la imposición de la fe católica, así como mediante la alianza de aquella con el régimen dictatorial franquista, responsable de la matanza de miles de vidas, ha causado una imagen negativa del catolicismo en este país.

Tercero, la extensa hipocresía y falsa religiosidad de la Iglesia Católica a causa de unos escándalos sexuales que han ocurrido a nivel global, así como la acumulación de riqueza que esta institución religiosa ha sostenido a lo largo del tiempo, es, asimismo importante. Adicionalmente y de forma más reciente, el descubrimiento hace apenas dos décadas de la involucración del clero en los miles de casos de bebés robados durante la era franquista conmocionó a toda la sociedad española y representa una de las tantas infracciones morales que se atribuye a esta institución religiosa. Ello ha tenido un efecto disuasorio en la adhesión a aquella, lo que a su vez ha desembocado en un vacío espiritual que ha sido llenado por una secularidad o por otras religiones menos convencionales. Las entrevistas y cuestionarios llevados a cabo muestran que este es el caso para muchos de los conversos, que, experimentando una búsqueda espiritual, abandonaron el catolicismo, especialmente aquellos nacidos en la década de los setenta. Para los conversos más jóvenes, –la mayoría de los participantes–, el hecho de no haber crecido en una sociedad religiosa católica de la forma que hicieron sus ascendientes, combinado con la imagen de un catolicismo corrupto, tuvo un efecto sinérgico en la búsqueda de opciones alternativas.

Por otra parte, la llegada masiva de migrantes económicos musulmanes a España en las décadas de los ochenta y de los noventa por cambios económicos positivos que estos territorios experimentaron durante tal periodo histórico, permitieron a estos migrantes ocupar los trabajos que ni los europeos ni los estadounidenses estaban dispuestos a hacer (Pérez-Díaz *et al.* 12,16). Ello facilitó que sujetos occidentales pudieran conocer de primera mano esta religión y a sus practicantes. Es importante resaltar que estos migrantes, aunque emigraran a estos territorios occidentales de forma permanente y se embarcaran en un proyecto económico de lucro, se negaron a abrazar la secularidad o las creencias religiosas con las que estos territorios se asociaban. Ello contribuyó a una diversidad en el paisaje religioso de Occidente que, combinado con nuevas relaciones sociales entre sujetos occidentales y musulmanes de origen, desembocó en conversiones al islam, lo que aún es vigente hoy en día.

A modo de conclusión, los participantes de este estudio son producto de una sociedad secular que no contempla la religión católica ni como un sistema religioso válido ni como un sistema de referencia moral, lo que los hace perfectos candidatos a la conversión a otras religiones.

En el caso de los US latinos en territorio estadounidense, la menor secularidad existente en las sociedades de origen de donde proceden (ellos o sus ascendientes), la importancia de la religión como *modus operandi* de las interacciones sociales y familiares y el uso del cristianismo como vehículo ideológico por parte de la anterior administración de Trump, ha significado que la religiosidad de la sociedad estadounidense haya conseguido mantenerse de forma más intacta. No obstante, la secularidad cada vez más pujante representada por el más reciente gobierno demócrata (Biden) y las dinámicas migratorias según las cuales se facilitan las interacciones sociales con musulmanes de origen también emigrados a este país, hace que toda la sociedad sea expuesta al islam más fácilmente.

El factor legal

La perspectiva legal –para los españoles y para los US latinos– que favorece que los conversos no encuentren un impedimento ni en la conversión ni en la práctica del islam, tiene su base en un marco jurídico que protege la libertad ideológica y religiosa mediante la separación entre Estado y religión.[7] Tales leyes no solo permiten la libertad de la práctica religiosa, sino también la protección de derechos mediante los cuales cualquier individuo no puede ser discriminado sobre la base de su religión, con la única excepción del mantenimiento del orden público, tal y como queda establecido en el artículo dieciséis, apartado uno, de la Constitución española del 1978 y en la Primera Enmienda de la Constitución de los Estados Unidos.[8] Tal marco jurídico, pues, representa la base a una libre práctica del islam. No obstante, y aunque la conversión se produzca sin ningún obstáculo de tipo legal, existen algunos

---

[7] En España, el artículo 14 de la Constitución española del 1978 garantiza los derechos a la práctica religiosa de todos sus ciudadanos, sin que, por ello, puedan ser discriminados. Asimismo, el artículo 16 de esta misma constitución estipula que: "Se garantiza la libertad ideológica, religiosa y de culto de los individuos... en sus manifestaciones...", aludiendo este último punto a cualquier símbolo externo, como es el caso del *hiyab*.

Asimismo, la Convención Europea de Derechos Humanos reconoce que: "Toda persona tiene derecho a la libertad de pensamiento, de conciencia y de religión... así como la libertad de manifestar su religión o sus convicciones individual o colectivamente, en público o en privado, por medio del culto, de la enseñanza, de las prácticas y de la observancia de ritos." (artículo 18 de la *Declaración Universal de Derechos Humanos* de 1948).

Por lo que concierne a los Estados Unidos, la libertad religiosa constituye no solo parte de la constitución de los Estados Unidos mediante la *Primera Enmienda*, sino parte de la misma historia del país a causa de la persecución religiosa que los primeros colonos en este país experimentaron. La *Primera Enmienda* de la Constitución estadounidense estipula mediante la *Cláusula de Establecimiento* ("*Establishment Clause*") la prohibición de la instauración de una religión oficial del Estado o el otorgamiento de privilegios a una religión sobre otra. De la misma manera, la *Primera Enmienda* permite el libre ejercicio religioso mediante la *Cláusula de Libre Ejercicio* ("*Free exercise Clause*"). https://www.uscourts.gov/educational-resources/educational-activities/first-amendment-and-religion

[8] La primera enmienda de la Constitución estadounidense estipula la libertad a practicar cualquier religión o a no practicar ninguna religión.

aspectos de la práctica y adhesión al islam que no están resueltos. Tal es el caso del uso del velo. A pesar de la puesta en escena de leyes en el espacio social, educativo y laboral que regulan el uso de esta prenda, la "discriminación simbólica"[9] (Belleyo Belkasem 2) ejercida hacia la mujer velada, muy especialmente en el ámbito laboral y educativo, es un acto que muchas de las participantes de este estudio confirmaron.

Y de la misma forma que las leyes de libertad religiosa han contribuido a la decisión de afiliarse al islam y a su práctica, también el estigma, la discriminación e islamofobia existentes hoy en día en España, suponen un obstáculo que el converso debe sopesar a la hora de tomar la decisión de la conversión. Este fue el caso durante los atentados de las torres gemelas en Nueva York, momento en el que se produjo una toma de conciencia con respecto al islam. Paradójicamente, ello dio como resultado la primera ola de conversiones a esta religión por parte de individuos occidentales (Brunet 2; Jawad 169).[10] La libertad que los individuos occidentales tuvieron al indagar en el conocimiento de una religión hasta ese momento desconocida, combinado con el efecto psicológico que produce en el individuo el veto a la afiliación al islam y la práctica de una religión que es estigmática, solo ha contribuido a que algunos sujetos percibieran la adhesión al islam como un reto personal con el que consiguen alienarse de una sociedad moderna que no ha podido satisfacer las inquietudes espirituales y existenciales del ser humano. Por tanto, y en conexión con los motivos facilitadores o motivacionales de la conversión, se puede sugerir que esta representa una estrategia para no participar de una sociedad cuyos valores se basan en un individualismo que no satisface, ni en lo personal, ni en lo social ni en lo espiritual al individuo. Para los US latinos, la ausencia de imparcialidad religiosa durante la administración de Trump, con eventos como la orden ejecutiva firmada en el mes de mayo del 2017 de revocar el *Johnson Ammendment*[11] establecido en el año 1954, ha contribuido a que la

---

[9] Según Belkasem, la ley española es contradictoria en que garantiza el uso del velo a la mujer musulmana en la esfera laboral, pero también otorga al empresario la restricción de aquel por razones que puedan afectar el curso de acción profesional, algo que es subjetivo. Tal ausencia de imparcialidad puede muy bien ser determinada por la visión personal que se tiene sobre esta prenda.

[10] Haifaa Jawad afirma que el índice de conversiones es directamente proporcional al aumento del sentimiento anti musulmán (169). Tras el ataque terrorista del once de septiembre, el número de conversiones también aumentó en países como Reino Unido, los Estados Unidos y en toda Europa, en general.

[11] El *Johnson Ammendment* creado en el año 1954 estipula la prohibición de que las instituciones religiosas participen de forma política. Asimismo, establece que aquellas instituciones y organizaciones religiosas que sean eximidas de pago, no pueden apoyar ideológicamente a la presidencia.

comunidad musulmana tomara mayor conciencia de lo que significa pertenecer a esta religión en un país como los Estados Unidos. No solo esto, sino que el protagonismo del cristianismo durante tal administración *trumpista* mediante actos como el *National Day of Prayer*, la alusión a elementos religiosos cristianos en sus discursos o la conexión que el partido Republicano ha sostenido históricamente con los valores cristianos son todos elementos que contribuyen a que la adhesión al islam sea algo muy estudiado. No obstante, estos conversos aprovechan la libertad religiosa que el marco jurídico de los lugares donde residen les otorga.

Por otra parte, en el territorio español, cada vez más secular, aunque con un trasfondo histórico católico muy arraigado, hace que exista un fuerte discernimiento en el converso sobre las consecuencias de ser musulmán en un país en el que el islam aún es un estigma. En última instancia, y a pesar de esto, los individuos conversos se acogen a la libertad religiosa otorgada por los gobiernos de sus territorios, y aquella sugiere, en última instancia, la continuada relevancia que el elemento sacro mantiene en sociedades occidentales seculares.

El factor social

El factor social de la conversión ha sido estudiado por importantes autores en el campo a los que he hecho referencia en el capítulo anterior. Una de las contribuciones principales que se ha hecho al estudio de las convergencias que existen entre el factor social y la conversión ha sido la descripción de una serie de dinámicas sociales a través de las cuales se facilita la conversión religiosa. Diferentes autores han tipificado las conversiones en función de diferentes factores sociales que han facilitado, motivado o propiciado la conversión. Por ejemplo, Allievi (1999) distinguió entre *conversiones racionales* y *conversiones relacionales* (citado en van Nieuwkerk 3). Según este autor, mientras que, en las primeras, la religión es entendida como un modelo ontológico y ocurre movida por un componente racional, en las segundas, la conversión tiene lugar mediante la relación con una persona musulmana, que puede ser una amistad o una pareja–. Asimismo, Allievi hace una doble distinción en las *conversiones relacionales*, aludiendo a su carácter instrumental o a la omisión de este. Así, mientras que las primeras tienen un propósito concreto –como la práctica endógena del matrimonio, o la inclusión social que otorga la pertenencia a la misma religión de la pareja–, las segundas ocurren sin un propósito concreto como factor motivante de la conversión. Y aunque tales *conversiones relacionales* no implican una transformación religiosa necesariamente, estas pueden muy bien ocurrir desembocando en la conversión genuina y en la puesta en práctica de esta religión (citado en van Nieuwkerk 3).

La conversión religiosa en conexión con el componente social, así como la afiliación a una comunidad religiosa específica, ha sido extensamente estudiada por Rodney Stark y William Sims Bainbridge, quienes se han centrado de forma más específica en la participación de sujetos a cultos religiosos. No obstante, y aunque el islam no cumple con la definición de culto religioso, algunas conclusiones con respecto a lo que estos autores han descubierto pueden extrapolarse al estudio de religiones más convencionales como el islam. Por ejemplo, una de las nociones con las que Stark y Bainbridge contribuyen a este campo de estudio es mediante la idea de que los lazos interpersonales son un elemento clave en la adquisición de miembros. Por tanto, estos autores afirman que las redes humanas sociales desempeñan un elemento clave en la formación y crecimiento de tales grupos religiosos. Asimismo, aquellos continúan diciendo que "los elementos compensadores de estar afiliado a un culto son 'artículos de fe' satisfactorios", de lo cual puede sugerirse que tal idea es aplicable, asimismo, a otras religiones" (Stark y Bainbridge, "Cult Formation" 283).

Al intentar aplicar todas estas ideas al tema de conversiones al islam, una de las inferencias que se puede sugerir es que el componente social es esencial, no solo para que se lleve a cabo la conversión, sino también para el mantenimiento de esta. Un ejemplo de ello se encuentra en la oración corporativa en el islam, la cual es requerida en el caso de los hombres.[12] El sentido de comunidad, aceptación y camaradería con unos homólogos masculinos, constituye, sin duda, un factor satisfactorio para el individuo que, en última instancia, tiene un efecto atractivo para una religión estigmática. Lo mismo ocurre con conversos que entran a formar parte de la comunidad islámica con la que pueden compartir, no solo una ideología, sino también un sistema de soporte que cumple con funciones tangibles de la vida diaria. Ejemplo de ello es una red de ayuda entre mujeres para el cuidado de los hijos. Todo esto coincide con el grado de satisfacción que los participantes de este estudio reportaron al entrar en contacto con una comunidad social musulmana, lo que facilitó la conversión o la mantuvo. Algunos de los participantes afirmaron que todas las interacciones interpersonales con otros musulmanes contribuyeron a entender el islam como un sistema lógico en el que tanto la relación vertical con un ser divino como la horizontal con unos homólogos, es relevante. Esto adquiere importancia, especialmente en el caso de aquellos sujetos con una vida social poco prolífica; en el caso de sujetos marginados socialmente o en el caso de sujetos que por una razón u otra sostienen una

---

[12] La importancia de este aspecto social queda ejemplificada en la *Shahada* o profesión pública de fe del converso, en la cual este debe recitar públicamente que "Allah es el único Dios y Mahoma, su profeta". Solo después de que el converso recite estas palabras de forma pública y ante unos hermanos en la fe, el sujeto pasa a ser oficialmente musulmán.

serie de deficiencias en términos sociales o emocionales. Monika Wohlrab-Sahr afirma con respecto a este punto que: "The conversion decision has a specific meaning that is related to the convert's background; conversion fulfills a certain biographical function" (72).

La adhesión al islam es, asimismo, importante en términos civiles –mediante el matrimonio con un musulmán–, como también en términos sociales e ideológicos mediante el concepto de la *umma* o comunidad musulmana global. Todo ello no hace sino incrementar el atractivo hacia esta religión.

Por otra parte, el hecho de que muchos de los conversos experimenten una ruptura de las relaciones familiares con la familia de origen a causa del estigma que conlleva el ser musulmán, implica que deban desarrollar nuevas estrategias sociales, mucho más con la llegada de unos hijos que representan el punto de mira de la comunidad no musulmana como de la musulmana, y cuya "islamidad" debe mantenerse a toda costa para estos conversos. En este sentido, parece inevitable la presión que la mujer casada con un musulmán experimenta, al no poder aquella negociar la pertenencia al islam de tales hijos.[13] Tal y como afirma Allievi, la conversión puede responder a una obligación social para ser aceptada por la familia de la pareja musulmana, o por la comunidad étnica o religiosa a la que pertenece (Allievi, "The Shifting Significance" 122). Así, la conversión y el mantenimiento de un estatus como musulmana, en el caso de la mujer, mantiene una doble función. Por una parte, representa la manera mediante la cual es aceptada por la familia del esposo –y así, evitar el estigma familiar–. Por otra parte, constituye una estrategia social que hace más llevadero el estigma adquirido a raíz de la conversión ante una familia de origen no musulmana y mucho más, ante la sociedad. Adicionalmente, la adhesión al islam permite evitar problemas con la pareja musulmana y favorece dinámicas familiares que se llevan a cabo dentro de la familia nuclear. Ello es un factor motivante adicional para aquellas conversas cuya conversión se produjo a través de la pareja. En esta línea de pensamiento, la conversión aporta beneficios colaterales para el matrimonio, y un equilibrio emocional positivo en la vida del converso.

Desde la perspectiva social, más allá del contexto familiar, la adhesión al islam representa la entrada a la comunidad musulmana universal (la *umma*),

---

[13] El hombre musulmán tiene la opción de matrimonio con un cónyuge que pertenezca al cristianismo, judaísmo o islam, pero los hijos deben obligatoriamente ser musulmanes, pues según el islam, la religión pasa de padre a hijos y no de madre a estos. Esto hace muy dificultoso para el cónyuge no musulmán la negociación de la religión de los hijos, así como la participación de aquel en las dinámicas socio familiares. Un ejemplo de ello puede ser el ayuno durante el Ramadán.

lo que tiene especiales privilegios, tanto en un contexto migratorio como ante una sociedad con valores que contrastan con el islam. La pertenencia a la *umma* constituye la entrada a una nueva esfera con homólogos con los que se comparte la misma religión, pero también una estrategia para mantener una pureza religiosa ante otros que también profesan la misma fe. Ello constituye una táctica de reclamarse responsabilidad mutua entre musulmanes. Asimismo, tal pertenencia ayuda a evitar la exclusión social y la discriminación que los musulmanes experimentan en sociedades occidentales no musulmanas, especialmente cuando aquellos son inmigrantes con un grado de otredad importante y con unas dinámicas sociales que los ubican ante relaciones de poder desfavorables. Lo mismo sucede con los conversos no inmigrantes casados con inmigrantes, los cuales reciben la misma visión social de otredad que unos cónyuges foráneos en términos raciales y sociales. Todo ello revela la fuerte conexión que existe entre religión y sociedad, de manera que los fuertes lazos comunitarios que se van fabricando mediante dinámicas sociales que el islam favorece, constituyen incentivos a la conversión, y en última instancia, facilitadores.

Como conclusión, las relaciones sociales y los privilegios socio-familiares que el islam aporta no tienen sentido si no es mediante la conversión a una religión que sustenta y refuerza relaciones positivas y un equilibrio con la familia nuclear, con la sociedad y con uno mismo.

El factor transcultural en conexión a las dinámicas migratorias

Las migraciones que los musulmanes de origen han iniciado en las últimas décadas a países occidentales constituyen el trasfondo sociológico que ha desencadenado y facilitado el surgimiento de nuevas relaciones sociales entre musulmanes y no musulmanes. Este evento ha creado nuevos espacios de interacción entre ambas poblaciones, tanto de carácter educativo, laboral como personal, lo que ha dado como resultado la existencia de un mayor conocimiento del islam, así como de una mayor oferta religiosa en este territorio. Es, pues, lógico, que tales interacciones hayan desembocado en relaciones afectivas, y a su vez, en conversiones, a raíz de un conocimiento de la religión con un miembro de esta que ha dado a conocer el islam en "términos personales". No obstante, el estudio de un grupo de españoles que "acoge" a musulmanes de origen en territorio español como de US latinos migrantes que han viajado a los Estados Unidos de la misma forma que lo han hecho los musulmanes de origen, hace que tengamos que examinar el hecho migratorio desde varias perspectivas; primero como recipientes (en el caso de los españoles conversos), y segundo, como agentes (en el caso de algunos de los US latinos).

De una forma u otra, es necesario examinar las interacciones que se producen entre migraciones y religión, y más específicamente de qué manera las migraciones han tenido un impacto en la religión, pero también viceversa, el efecto que la religión tiene en el proceso migratorio.[14] Todo ello es parte de un proceso de globalización y transnacionalización religioso mediante el cual los migrantes negocian unos arraigos con el país al que emigran, pero también con el país que dejan atrás mediante prácticas religiosas que deben ser llevadas a cabo diariamente (Levitt, "Redefining the Boundaries" 2).

En el caso de los españoles que supuestamente "acogen" a musulmanes de origen en territorio español, la práctica religiosa islámica (después de la conversión) producto de relaciones sociales entre unos y otros, también representa una forma en la cual se negocia el nivel de globalización en el propio territorio, de manera que este viene a recrear religiones globales dentro de un contexto local (Levitt, "Redefining the Boundaries" 3). De una forma u otra, tanto para los españoles conversos como para los US latinos, la religión constituye un vehículo de adhesión con el propio territorio de residencia o con uno de procedencia respectivamente, como es el caso de los conversos US latinos.

El factor transcultural: el caso de los US latinos

Para entender el impacto que las migraciones tienen en la religión y más específicamente, el impacto que las migraciones tienen en la conversión al islam y en la práctica de esta religión en conexión a unos motivos por los que se produce aquella, es necesario examinar la manera en como aquellas afectan o impactan al individuo en el nuevo territorio, tanto en términos ideológicos como pragmáticos. Es decir, los beneficios que la adquisición del nuevo sistema religioso aporta a la vida de este sujeto en el exilio –a causa de las múltiples negociaciones que el migrante debe llevar a cabo continuamente en territorio ajeno–, son relevantes a la hora de entender la conversión al islam en aquel territorio.

Asimismo, y aunque no todo son beneficios debido a la estigmatización con la que el sujeto converso es percibido, aquella es algo que el converso no vislumbra como necesariamente negativo. Muy por el contrario, la exclusión a la que la conversión conlleva ofrece a este individuo la oportunidad de obtener beneficios y de intercambiar "mercancías logísticas, sociales y económicas" con la *umma* del nuevo territorio, lo que sobrepasa el estigma de ser musulmán ante conciudadanos no musulmanes y ante la familia de origen con la que en

---

[14] Las relaciones que se producen entre religión y migración es un campo relativamente poco explorado que ha sido liderado por autores como Levitt, 2001; Thomas Faist, 2000; Alejandro Portes *et al.*, 1999, y Nina Glick Schiller & Fouron 2001.

algunas ocasiones no se mantiene contacto alguno, bien a causa del abandono del país de origen, bien a causa de la conversión al islam.

Para entender, pues, tanto los factores que propician la conversión como los motivos por los cuales se mantiene el nuevo sistema religioso, es necesario aludir a la vulnerabilidad social, económica, lingüística, cultural o legal en la que algunos de estos individuos se encuentran en conexión a su condición de migrantes. Asimismo, para aquellos US latinos que no han emigrado o que lo han hecho a una edad muy temprana, la visión que se tiene de aquellos como migrantes de segunda o tercera generación, los ubica, asimismo, en una escala social también vulnerable.

Es, pues, a causa de tales carencias (social, económica, etc.), que la adhesión al islam representa una estrategia de negociación mediante la cual se suplen necesidades, no solo como migrantes, sino también como sujetos sociales. Por ejemplo, las mezquitas locales a las que asisten algunos de los conversos proporcionan, además de beneficios de tipo espiritual, también otros de tipo más pragmático. Algunos de estos comprenden la impartición de clases de Corán a los hijos de los miembros de estas entidades religiosas, ayudas de tipo económico, ayuda legal con información estratégica para su condición de migrantes, servicios de traducción o búsqueda de recursos locales. Por tanto, la mezquita representa el *locus* espiritual, pero también el físico e ideológico, donde se materializa toda una serie de beneficios para el converso que va a facilitar la vida del migrante en el nuevo territorio, y que va a constituir un factor facilitador para la conversión o va a proporcionar incentivos si esta ya se ha producido. A su vez, la mezquita proporciona lazos territoriales a nivel "microlocal" que, de alguna manera, equivalen al concepto de *barrio* de algunos países de donde se procede. De esta manera, la idea de barrio como lugar de donde emergen recursos humanos, familiares, sociales y económicos es trasplantada y recreada mediante las mezquitas u otros centros islámicos a los que asisten estos conversos. Esto es importante porque crea un sentido de pertenencia y de membresía, no solo con la comunidad musulmana homóloga, sino con el nuevo país. En definitiva, todo ello constituye un sistema de apoyo que facilita el arraigo territorial del converso migrante al nuevo país y proporciona un sistema de plausibilidad con el nuevo sistema religioso al que se ha adherido este migrante.

Tales organizaciones locales religiosas ofrecen, asimismo, la oportunidad a estos migrantes de ascender dentro de un sistema político informal mediante el cual ellos no son representados, sino que se representan a sí mismos ante políticos locales (Levitt, "Redefining the Boundaries" 15). Esto puede verse en las distintas organizaciones musulmanas que se han creado a lo largo de los años, las cuales son representativas de la comunidad musulmana, y las cuales pueden establecer conexiones micropolíticas con el lugar geográfico donde están ubicadas, especialmente a nivel estatal.

De esta manera, se pone de manifiesto que la práctica religiosa no es simplemente práctica religiosa, sino sinónimo de ciudadanía, tanto a nivel ideológico como pragmático, en la vida de estos sujetos.

Como conclusión, las mezquitas y las diferentes organizaciones musulmanas ubicadas en el territorio físico donde se ha emigrado tienen un impacto multidimensional en la vida de estos conversos migrantes, a nivel espiritual, social, familiar, económico, político y en última instancia, personal, lo que afianza lazos con la *umma*, que, a su vez, ayuda a crear vínculos con esta religión. Tal aparato institucional desemboca en la visión del islam como verdad ontológica y ayuda en el mantenimiento de esta religión.

Factores internos facilitadores de la conversión

El factor psicológico: amor y conversión

Los factores facilitadores de la conversión no pueden explicarse exclusivamente bajo dinámicas históricas y culturales, sino que requiere de la contribución de otras disciplinas como la psicología.

Una de las estrategias con las que se ha abordado la conversión es mediante la premisa de que algunos individuos poseen ciertas características psicológicas específicas que los predisponen a la conversión. Independientemente de la veracidad de esta afirmación, es importante examinar cómo ciertas dinámicas psicológicas operan en el sujeto que se convierte y como aquellas tienen un impacto en el *modus operandi* del individuo con respecto al comportamiento religioso. Para analizar tal correlación, han surgido otras disciplinas que han intentado proporcionar las bases teóricas para explicar el vínculo que existe entre psicología y religión mediante el estudio de los rasgos psicológicos del individuo. A esta disciplina se la ha venido a llamar la *Psicología de la religión*. Uno de los autores pioneros en este campo fue el famoso filósofo estadounidense William James, considerado el padre de la filosofía americana y de la psicología estadounidense, quien, a finales del siglo diecinueve, se convirtió en uno de los primeros, si no en el primer psicólogo que estudió la relación entre ambas disciplinas. Gran parte de las investigaciones más recientes en este campo aún hacen referencia a este autor. Es, pues, a través de James y de otros autores más contemporáneos que intentaré explicar la base psicológica de la conversión religiosa, aludiendo tanto a la teoría como a las propias narrativas de los conversos.

Una de las principales aportaciones con las que James contribuyó a la relación entre religión y psicología, y que autores más contemporáneos ratifican (Chana Ullman, por ejemplo)[15], fue con la teoría del *pragmatismo*, – corriente filosófica cofundada con Sanders Perice y John Dewey–. Esta teoría afirma que cualquier conocimiento (el islam, por ejemplo) solo tiene validez sobre la base de la utilidad práctica o de algún aspecto positivo que este conlleva en la vida del sujeto (El *significado de la verdad*, 71). Tal idea adquiere sentido cuando se tienen en cuenta todos los beneficios que la conversión aporta al sujeto. Sin embargo, James va más allá y afirma que no cualquier creencia que aporte satisfacción intelectual constituye una verdad epistemológica para el sujeto, y, por tanto, válida psicológicamente, sino aquella que, habiendo requerido acción y experiencia, adquiere sentido dentro de la constitución ideológica del sujeto (*Pragmatismo: un nuevo nombre* 73). Este "tener sentido", no solo debe ocurrir con respecto al marco cognitivo en cuestión (el islam, por ejemplo), –sobre el cual se está debatiendo adoptar o no–, sino que también tiene que adquirir sentido con respecto a los sentimientos y a las emociones que emergen de creer en tal sistema ideológico.

Al tratar de conectar esta idea con la conversión al islam del grupo de españoles y de US latinos de este estudio, es necesario recordar que un número importante de los participantes conocieron el islam mediante una pareja con la que contrajeron matrimonio, la cual les aportó una serie de beneficios sociales, emocionales y personales, por mencionar algunos. Por tanto, creo necesario puntualizar que por mucho que las narrativas de los conversos no atribuyan el hecho de la conversión a la pareja como estrategia para que aquella haya ocurrido, no puede negarse que los beneficios que resultan de que ambos sean musulmanes es un hecho indiscutible. Así, el debate psicológico que desencadena la conversión queda explicado por un sistema de recompensas donde se sopesan toda una serie de consecuencias a la conversión, como en una especie de sistema beneficios/costos, según el cual existen más beneficios que costos. Las conversiones facilitadas por la pareja han sido denominadas conversiones *afectivas* (373-85), de forma muy similar a lo que Allievi reconoce como *conversiones relacionales*, mencionadas previamente.

El pragmatismo con el que se asocia este tipo de conversiones conlleva como beneficios el acceso a una pareja para la cual la práctica endógena matrimonial es la normativa sociocultural. La conversión del miembro no musulmán también desemboca en un matrimonio con menos fricciones, en un sentido de bienestar, en menores índices de estrés y de ansiedad (Hui *et al.* 220), y en definitiva, en un mayor sentido de estabilidad emocional (Saroglou 22). Monika

---

[15] En la sección de lecturas adicionales, puede encontrarse información bibliográfica sobre esta autora.

Wohlrab-Sahr, una autora importante en el campo de las conversiones al islam afirma que:

> From the perspective of the rational-choice approach, we would have to assume that in the background of bicultural marriages is the attempt to avoid conflict in marriage and to harmonize the public presentation of the family. In my research, I found conversion decisions based on such backgrounds. (74)

Ahora bien, la teoría del pragmatismo con la que todos estos autores se identifican de una forma u otra, no hace referencia exclusivamente al aspecto cognitivo del nuevo sistema de creencias, sino que es sustentado por unas dinámicas emocionales (emociones hacia la pareja o amistad, por ejemplo) y por la necesidad de ser aceptado por aquella, tanto emocional como ideológicamente. El papel que las emociones juegan en la toma de decisiones es uno de los puntos clave en la psicología actual, aunque existe controversia sobre la predominancia de lo cognitivo sobre lo emocional o viceversa. Varias teorías abogan por ambas tendencias. Una de ellas es la que aporta Martha Nussbaum, la cual ha estudiado extensivamente el rol de las emociones con respecto al cognitivo. Nussbaum afirma que las emociones son producto de creencias, juicios y necesidades (cogniciones) en la vida del individuo, las cuales representan una estrategia para adquirir un objeto de deseo que aportará bienestar psicológico a aquel, sin el cual el individuo entraría en desequilibrio (Nussbaum 4-30). El papel de las emociones, pues, no es vislumbrado de forma arbitraria y caprichosa, sino que constituye una estrategia para alcanzar objetivos que responden a los argumentos racionales y cognitivos que el individuo elabora, necesarios para la toma de decisiones. Aunque esta teoría suene muy lucrativa, existen otras tendencias de investigación más recientes que aportan visiones similares. Una de ellas es la que afirma que no existe precedencia de lo cognitivo sobre lo emocional, sino una sinergia entre ambos, de manera que ambos ocupan un papel clave en la toma de decisiones y de comportamientos (como el de convertirse y casarse con un musulmán). En el caso de los conversos, esto significa que las emociones que existen por la pareja musulmana constituyen la causa desencadenante por la que se inician unos comportamientos específicos –el estudio del Corán, la conversión al islam y el matrimonio con la pareja musulmana anhelada–. De la misma forma, tales comportamientos refuerzan un apego emocional hacia la pareja mediante la transferencia de un sistema de creencias (el islam, en este caso) de aquella a uno de nuevo que el individuo adopta (Jacobs 156), y cuyo último objetivo es el de materializar un matrimonio, así como el de adquirir una serie de beneficios de naturaleza social, emocional y personal.

Ante la variedad de escuelas de pensamiento con respecto al papel de lo cognitivo y de lo emocional y su impacto en el comportamiento religioso, es relevante apuntar que la teoría de Nussbaum coincide con importantes autores en el campo de las conversiones como Paloutzian y Park, los cuales afirman que el pragmatismo que rige la toma de decisiones y de comportamientos responde a un sistema beneficios/costos –al cual llaman *meaning system*–, y el cual es desencadenado por un sistema emocional (14) que lo sostiene. Estos autores concluyen que tal sistema de beneficios es visto como un *meaning system* (sistema de significado) que es *meaningful* (significativo).[16] Al aplicar esta idea al colectivo de conversos, la conversión al islam supondría un sistema de creencias que adquiere significado, pues es a través de aquel que se alcanza toda una serie de objetivos de tipo social, personal y por supuesto, espiritual.

Si bien la idea de que este "sistema de significado" constituye un concepto clave en cómo el individuo percibe todo el universo que lo rodea, uno de los puntos controversiales con los que se ha intentado derribar tal teoría yace en la multiplicidad semántica del término *significado*. La falta de consenso sobre la definición de los términos *significado* (*meaning*) y *significativo* (*meaningful*) conlleva que tales conceptos no puedan aplicarse de la misma manera a todos los individuos, al adquirir estos términos múltiples interpretaciones. Baumeister define estos términos como "representaciones mentales compartidas de posibles relaciones entre *cosas, eventos* y *relaciones*" (357-58). De la misma manera, podemos aplicar esta idea al colectivo de conversos y afirmar que este *sistema de significado* es sinónimo de las representaciones mentales que aquellos sostienen de ciertas cosas – el nuevo sistema de creencias religioso en comparación al previo–, de unos eventos –el proyecto migratorio mediante el cual han conocido a una persona que las ha expuesto al islam–, y de unas relaciones – el haber conocido y haberse enamorado de un musulmán/musulmana–. A partir de estos componentes, el converso entra en una especie de debate psicológico en el que sopesa los beneficios de la conversión en contraposición a los costos, lo que, a su vez, desemboca en un balance positivo tal y como el testimonio de los sujetos participantes de este estudio corrobora. Es, en estos momentos, que el islam representa, no solo un *sistema de significado* para ese sujeto, sino también una manera de controlar su entorno familiar, social y personal. Por tanto, la conversión no es nunca una decisión efímera o irracional, sino el producto de toda una serie de argumentos cognitivos que son producto de motivaciones muy específicas, y que, en el caso de las conversiones afectivas, está motivado por la pareja, y por un componente afectivo y emocional hacia esta.

---

[16] Se puede leer más sobre el tema en Silverman (2005), Park (2013), cuya información bibliográfica se encuentra en la sección de lecturas adicionales.

Por consiguiente, tanto la idea de pragmatismo de James como el *sistema de significado* de Baumeister y Paloutzian son útiles para elaborar una teoría que contribuya a explicar las razones por las que ocurre la conversión, el propósito que se cumple con aquella y el sentido que la conversión aporta a este individuo.

Como una de las conclusiones que se pueden extraer de todo lo dicho hasta el momento es que para la mayoría de los participantes de este estudio que conocieron el islam mediante una pareja, la conversión a esta religión representa una estrategia para lograr un bienestar emocional y evitar la confrontación de dos estilos de vida e ideologías muy diferentes que se traducirían en una tensión, muy especialmente con respecto a la educación y crianza de los hijos.

Del análisis cualitativo de las respuestas de los participantes de este estudio, pude concluir que los argumentos cognitivos que estos conversos aportan para "justificar" la conversión se basan en el concepto de sacrificio que existe en cualquier relación equilibrada dentro de una pareja, donde ambos entregan, pero también reciben del otro. El resultado de la decisión de convertirse, aunque negativa en muchos sentidos por el estigma y alienación que estos conversos sufren por parte de la sociedad y de sus familias de origen, se traduce mayoritariamente en beneficios. Primero, se adquiere el objeto de deseo o pareja hacia la cual se sostienen unos sentimientos; segundo, se evaden conflictos matrimoniales; y tercero, se gana una sensación de seguridad emocional y comunitaria dentro del nuevo círculo social al que se entra a formar parte.

Ahora bien, es importante puntualizar que, aunque las narrativas de los sujetos entrevistados para este estudio revelan unanimidad con respecto a la irrelevancia de los sentimientos por la pareja como factor influyente en la decisión de la conversión, también se hizo obvio mediante las entrevistas y cuestionarios que todos los sujetos participantes habían abrazado una conversión genuina. Es decir, el acto aparentemente sacrificial del sujeto a transformar su sistema religioso e ideológico por una pareja sugiere que los sentimientos hacia aquella actúan como desencadenante de la conversión, pero que, asimismo, estos se transforman en un "apego emocional" genuino hacia la nueva religión. En otras palabras, los "afectos" por la pareja, ocurren paralelamente a aquellos por la nueva religión.

Desde el punto de vista psicológico, debe tenerse en cuenta que la decisión de convertirse no se produce tampoco de forma instantánea, sino que ocurre dentro de un contexto temporal en el que se van superando barreras y en el cual se van sopesando beneficios con respecto a los costos. Asimismo, y como parte de todas las dinámicas que se producen en la conversión, se pueden producir unas "idas y venidas" (van Nieuwkerk 2) en la decisión de convertirse, así como en la adopción de un estilo de vida musulmán. Esto es manifestado en la adopción u omisión de prácticas corporales que el islam estipula y en la adopción o abandono de unas ideas con respecto al islam como verdad ontológica. No obstante, todos los sujetos entrevistados afirmaron tener más deseo a la adhesión al islam que cuando se convirtieron.

Asimismo, y como parte del contexto psicológico, es importante tener en cuenta que la perspectiva psicológica siempre actúa en función del contexto biográfico del individuo que, de alguna manera, funciona como una huella digital con respecto a la decisión de la conversión. Tal contexto es importante porque facilita una predisposición psicológica con respecto a la apertura y aceptación del nuevo sistema religioso. Así, las posibles deficiencias que el converso percibe sobre sí mismo con respecto a unas necesidades sociales, religiosas o afectivas que pueda tener, constituyen una estrategia para que aquel tome la decisión a favor o en contra de convertirse (Wohlrab-Sahr, 72). La conversión se convierte, pues, en última instancia, en una estrategia para enfrentar toda una serie de deficiencias y para compensar un vacío dentro de un sistema de incentivos/pérdidas que es tangible y palpable. Si a esto añadimos, la promesa de una espiritualidad o de salvación espiritual, ello desemboca en otro beneficio adicional que representa el epítome de un estado de armonía.

Finalmente, el estudio de los factores que facilitan la conversión religiosa en conexión con el factor psicológico es importante porque ayuda a esclarecer las razones por las que se produce la conversión en conexión con el logro de un bienestar emocional que fortalece otras áreas de la realidad del sujeto. En el caso específico de los conversos US latinos emigrados a los Estados Unidos, los cuales experimentan diferencias étnicas, ideológicas, culturales y sociales con unos conciudadanos con los que conviven, la conversión e inserción a un grupo social que representa una otredad (la comunidad musulmana) es sinónimo de una protección psicológica de pertenecer a un grupo con el que se comparten unas dobles y triples marginalidades (ser emigrado, ser deficiente lingüísticamente; ser racialmente diferente a la mayoría, y por supuesto, ser musulmán). Por tanto, la inclusión a la comunidad de musulmanes (de origen o conversos) mediante la conversión ayuda a lidiar con la alienación de pertenecer a una doble o triple minoría social. Recientemente, la teoría de beneficios/costos con la que la mayoría de los autores en el campo se identifican, dicta que los beneficios que la conversión al islam aporta, sobrepasan el estigma de pertenecer a una religión percibida como retrógrada y sexista en las sociedades actuales occidentales donde estos sujetos viven.

El factor intelectual de la conversión

La correlación que existe entre la conversión y el factor intelectual no ha constituido un elemento clave en el estudio de la conversión religiosa al islam. No obstante, aquel ha sido estudiado y corroborado por académicos en el campo de estudios religiosos (Chee Keong 88). El perfil intelectual de los sujetos conversos participantes del presente estudio confirma la idea de que, individuos con una formación académica importante, como lo es la casi totalidad (92.5 %) de estos, poseen, al menos, un título universitario y se encuentran insertados en el mercado laboral de las carreras que han elegido. Me propongo, pues, en las siguientes páginas explorar la correlación que planteo existe entre el factor intelectual y la conversión al islam. Es decir, me propongo examinar de qué manera el factor intelectual de los veintisiete sujetos participantes de este estudio ha tenido un impacto en la conversión al islam de aquellos.

Primero, la correlación entre la conversión y el factor intelectual se encuentra vinculado a la aplicación de un método científico empírico al que estos conversos han sido expuestos a lo largo de sus carreras académicas, el cual es también aplicado a la búsqueda espiritual y al estudio del islam. Al intentar aplicar el método empírico al sistema religioso y hacer sentido de tal herencia religiosa en la que han nacido, –el catolicismo, en la mayoría de los casos–, este es percibido como irracional y sin sentido. Si a esto añadimos que las sociedades católicas de las que proceden estos sujetos no han invitado al desarrollo apologético de esta religión, es fácil de entender que el catolicismo sea vislumbrado como falto de lógica y de razón, y, por tanto, incorrecto como sistema de creencias. Ejemplos de aspectos del catolicismo que estos conversos vislumbran como irracionales son la Trinidad –la cual interpretan como politeísta e irracional [tres dioses]–, o el hecho de que la religión católica contemple la necesidad de un intermediario eclesiástico –un cura–, entre un ser divino creador y el ser humano con respecto a la confesión de unas faltas. Este es otro hecho que no consideran lógico, al ser tal intermediario culpable asimismo de infracciones religiosas y mantener el mismo estatus moral de la mayoría. Tal incongruencia ideológica abre puertas a otros sistemas de creencias como el islam, al cual someten a un mismo modelo crítico y de rigor intelectual en el que se han formado académicamente.

Segundo, la movilidad social y el ascenso socioeconómico que han experimentado muchos de los españoles y de los US latinos con respecto a sus progenitores parece ser un factor que considerar con respecto a la correlación entre el factor intelectual y la conversión. Esto es debido a la mayor oportunidad educativa que estos individuos han experimentado, lo que se traduce en mejores oportunidades profesionales para aquellos, así como en un ascenso social. Al mismo tiempo, tales oportunidades educativas han permitido un mayor espectro de experiencias vitales, que en última instancia han dado como resultado una apertura mental que aquellas posibilitan, siendo la conversión y adhesión religiosa al islam un ejemplo de ello.

Para ilustrar este punto, utilizaré el caso de una conversa a la que tuve la oportunidad de entrevistar y a la cual llamaré Mireia. Mireia, de profesión asistente social, tuvo la oportunidad de viajar a aldeas de diversos países africanos musulmanes como parte de sus prácticas de carrera para aprender sobre poblaciones de refugiados, lugar donde entró primeramente en contacto con esta religión. De ahí, a su vuelta, optó por realizar sus prácticas universitarias con refugiados musulmanes que vivían en su ciudad, así como de relacionarse con musulmanes en otros círculos sociales personales, lo cual la condujo a conocer a su pareja musulmana, con la que contrajo matrimonio. Mireia me informó que la experiencia académica de salir al extranjero para cumplimentar las prácticas universitarias requeridas para su carrera, así como para complementar unos estudios que contribuirían laboralmente a asegurar un puesto de trabajo, representó un cambio en su cosmovisión de la vida y en la idea que sostenía sobre los musulmanes. El componente logístico de conocer el islam mediante un viaje que no hubiera ocurrido sin el componente académico intelectual de estar cursando estudios universitarios de asistencia social fue decisivo en el caso de esta conversa.

Por consiguiente, el acceso a una diversidad ideológica mediante una formación académica e intelectual son factores que se encuentran relacionados, lo que, a su vez, ofrece la posibilidad de acceder a nuevas ofertas ideológicas –como es el islam–, y de iniciar relaciones personales con musulmanes, lo cual actúa sinérgicamente en la conversión al islam. Todos estos factores se encuentran vinculados al actor intelectual según el cual se produce el escrutinio de las experiencias que llevan en última instancia al islam. De todo ello se puede deducir que las ventajas educativas que las sociedades actuales han traído consigo desembocan en la existencia de mayores opciones a la hora de acceder a estudios universitarios que previas generaciones, más oprimidas social y económicamente no pudieron tener, lo cual concuerda con el hecho de que solo dos de los veintisiete participantes se hayan convertido al islam sin la intervención de un factor intelectual formal. Ambos participantes vivieron su juventud durante un periodo histórico en el cual la ausencia de cursar estudios universitarios era la expectativa social, especialmente en el caso de las mujeres. El resto de los participantes se encontraba en edades entre los veinte y los treinta y cinco años, tanto en el momento del cuestionario o de la entrevista como del de la conversión, y todos ellos habían adquirido estudios universitarios, como es típico de la generación *millennial*. Este grupo más joven constituye el grueso de los participantes y sugiere que edad, estudios universitarios (factor intelectual) y conversión son correlativos. Una edad joven y la adquisición de estudios universitarios da como resultado una mayor probabilidad de que se produzca la conversión religiosa, pues esta es precedida en el caso de estos sujetos de un factor intelectual que promueve la apertura mental a alternativas vitales y despierta el sentido de la curiosidad, típico también de edades más jóvenes y de sociedades occidentales donde lo empírico es la norma.

El factor correlativo entre formación académica y conversión es, de la misma manera, materializado tanto en la profesión laboral como en el poder adquisitivo del individuo (Chee-Keong 92). Es decir, a mayores estudios universitarios, mayor es el estatus profesional, mayor el nivel económico, menor la dependencia económica, lo que se traduce en una mayor libertad de decisión en términos económicos, pero también ideológicos. La conversión al islam es un ejemplo de tal libertad ideológica.

En otras palabras, la adquisición de un poder adquisitivo –precedido por un estatus profesional que lo avala–, permite la búsqueda de otras experiencias vitales que no serían posibles en situaciones de pobreza en las que la supervivencia constituye la mayor prioridad y no la búsqueda existencial. Por consiguiente, para el grupo de veintisiete participantes de este estudio, el nivel educativo e intelectual del individuo es correlativo con la conversión al islam. Ello no significa que estos factores sean determinantes de la conversión al islam, pero sí que son factores que casi todos los participantes compartían, lo que sugiere que son factores contribuyentes, o cuanto menos, facilitadores.

Se puede concluir, pues, que el acercamiento crítico y riguroso de investigación que estos conversos han heredado de un sistema educativo y académico es, asimismo, aplicado al estudio del Corán, lo que facilita la conversión al islam. En definitiva, la lógica y el raciocinio que ven en el islam en conexión al estudio de este, el cual requiere de unas habilidades intelectuales que han adquirido mediante un aprendizaje formal –unos estudios universitarios–, o informal mediante el estudio autodidacta, les aportó a estos conversos las bases para el escrutinio de una religión que adoptaron después de su estudio.

Adicionalmente, es necesario puntualizar que el factor intelectual presenta diferencias de género, lo que a fin de cuentas es avalado por el hecho de que más mujeres que hombres se convierten al islam. Un examen más profundo sobre las razones por las que más mujeres que hombres se convierten al islam en conexión al factor intelectual revela que varias son las dinámicas sociales e ideológicas que influyen en ello.

Primero, el hecho de que la mujer casada con un musulmán de origen pueda ser excluida de algunas dinámicas sociales y religiosas del cónyuge representa una estrategia para que inicie un estudio –normalmente autodidacta– del Corán. Estas mujeres recurren a unas capacidades intelectuales que han adquirido mediante estudios superiores para poder entender el islam, lo que en muchas ocasiones desemboca en la conversión. Asimismo, el hecho de que no puedan negociar la religión de los hijos –los cuales deben ser necesariamente musulmanes–, hace que indaguen aún más en el estudio del islam. Una vez, se ha producido la conversión, estas mujeres son más exigentes con respecto a lo religioso que sus parejas, nacidas en el islam y practicantes normalmente de un islam cultural. Un dato que me refirieron algunas mujeres participantes es que estas eran mucho más conocedoras del islam y practicantes de esta religión que sus maridos musulmanes, los cuales habían sido criados en tal religión. Asimismo, estas mujeres conocían el Corán de una forma mucho más exhaustiva que sus cónyuges de origen musulmán, lo que se debía al profundo deseo de aprendizaje de las escrituras sagradas, lo que es correlativo al factor intelectual. Con base al grupo de veintisiete participantes, se observa un fundamentalismo con respecto al islam, que es más acusado en la mujer conversa que en el hombre converso, lo que concuerda con el hecho de que estas mujeres expresan una visibilidad mediante la vestimenta islámica –hiyab en su mayor parte–, el cual crea un compromiso más fanático que en el caso de los hombres conversos, los cuales no visibilizan la adhesión al islam mediante símbolos externos. Asimismo, y después de la conversión, estas mujeres entienden la importancia de ser conocedoras de la religión a la que se han convertido, la cual deben de transmitir a los hijos que, muy probablemente, también experimentan estigma y discriminación. Para ello, deben poseer excelentes propiedades apologéticas para poder ser capaces de contestar preguntas sobre esta religión ante unos hijos en edad de aprendizaje; ante una familia de origen no musulmana; ante una sociedad que estigmatiza a la mujer conversa; y ante una comunidad musulmana de origen que pone en tela de juicio la autenticidad espiritual de estas mujeres conversas.

La decisión de la conversión y el islam como sistema plausible

La decisión de la conversión al islam no es algo al que todos los individuos expuestos a esta religión llegan, y para aquellos que lo hacen, algo a lo que se adhieren el resto de sus vidas. Más estudios son necesarios para examinar si los individuos que se han convertido al islam mantienen no solo la adhesión al islam, sino un estilo de vida musulmán. Los veintisiete participantes de este estudio afirmaron no solo su voluntad de seguir en esta religión, sino un mayor deseo de ello. Para examinar tal fenómeno, es importante explorar la plausibilidad de esta religión y los motivos que ayudan a estos individuos tanto a la conversión como a su deseo de mantenerse en el islam. El análisis de las respuestas del cuestionario de estos sujetos sugiere que los beneficios que el islam aporta desde una perspectiva ideológica como pragmática es crucial, algo que ocurre no solamente en un momento temporal, puntual, cuando deciden convertirse, sino en un continuo, después de la conversión. Por ejemplo, la protección que estos conversos creen que el islam les aporta con respecto a relaciones sociales, familiares y espirituales satisfactorias, es parte del espectro de razones y motivos por los que se produce la conversión, pero también por los que se mantiene. Este espectro de beneficios viene a cumplimentar diferentes funciones biográficas simultáneamente. Es, pues, esta perspectiva holística del islam, uno de los mayores atractivos de esta religión y por la que muchos conversos encuentran sentido en su adhesión. Tal visión holística, la cual requiere de la desprivatización de la práctica religiosa en el espacio público, ha proporcionado una estrategia plausible por requerir de todos sus miembros un sentido de responsabilidad y de compromiso hacia unos valores morales que deben mantenerse en público, ya sea mediante prácticas corporales específicas o mediante símbolos externos. Esto contrasta con la hipocresía que estos conversos atribuyen a otras religiones por parte de sus miembros, que representan unos valores que no materializan ni en el espacio privado ni en el público.

Asimismo, la práctica religiosa en todos los ámbitos permite el abordamiento de problemas sociales –como pueden ser la pobreza, el elevado índice de divorcios, la subordinación de la mujer en conexión con su hipersexualización, etc.–, que el cristianismo no ha podido erradicar. Todo ello son argumentos que los conversos utilizan –mediante el raciocinio y lógica que aplican–, a través de los cuales el islam llega a ser un sistema cognitivo que responde a inquietudes existenciales que ni la ciencia ni la modernidad han podido responder. Al mismo tiempo, el islam viene a ser la manera mediante la cual estos sujetos resuelven problemas en sus vidas diarias (Wee Abstract). El islam se convierte, pues, en una religión que se ajusta a la cosmovisión que los conversos tienen de la vida y que proporciona una reconciliación a nivel vertical con un dios creador, y horizontal con unos homólogos.

Finalmente, y aunque los factores que facilitan la conversión son diferentes según cada individuo, la no privatización de la religión, en una sociedad cada vez más robotizada, automatizada, tecnológica y cuasi transhumanista, hace justamente que sea, cada vez más, una de las religiones más populares en Occidente.

Desde una perspectiva más ideológica, al preguntarles a estos sujetos de qué manera el islam representa un sistema de creencias "que tiene sentido", aquellos recurren a factores apologéticos e intelectuales afirmando que la supuesta inalterabilidad en la que el Corán se ha transmitido durante los casi dos siglos de su existencia es algo que proporciona una credibilidad y plausibilidad con respecto a esta religión. De esta manera, estos conversos vinculan un principio de racionalidad que es intrínseco a uno de veracidad. Por el contrario, las alteraciones que estos sujetos creen existen con respecto a la Biblia y a la transmisión de esta en la forma de diferentes versiones bíblicas, ofrece una de las pruebas "científicas" –según aquellos–, más importantes sobre el aspecto irracional y, por tanto, no verdadero del cristianismo.

Otra estrategia que representa elementos plausibles mediante los cuales mantienen la adhesión al islam es el hecho de que el islam estipula del individuo musulmán la obligación de investigar, inquirir e indagar, no solamente en el Corán, sino en todo aquello que produzca conocimiento. Esto también constituye un elemento plausible y atractivo, especialmente para aquellos individuos que han iniciado una búsqueda espiritual de forma autónoma sin la motivación de convertirse a causa de la pareja, así como para aquellos individuos más orientados a una visión de la vida que requiere de lo empírico para su entendimiento.

La decisión y la experiencia de la conversión

Tras un extenso estudio, y para aquellos individuos que deciden llevar a cabo la *shahada*, la experiencia de la conversión al islam no es la misma, aunque sí que puede decirse que existe, en muchos casos, una similitud, así como unas experiencias similares entre un converso y otro. Tales vivencias subjetivas, aunque son totalmente personales a la biografía del sujeto, se encuentran vinculadas a motivos específicos de la conversión, algo que también es compartido entre algunos conversos. Así, mientras que algunos individuos se convierten buscando un sistema de creencias que tenga sentido y se refieren a un componente emocional más que racional cuando deciden afiliarse al islam, otros lo hacen desde una perspectiva más intelectual, racional y cognitiva, tal y como he elaborado en la sección previa. No obstante, es importante aclarar que ambos modos de conversión no se excluyen el uno del otro, y que, de alguna manera, existe una fluidez entre las emociones y el componente racional y cognitivo en todos los conversos. Esto significa que la mayoría de ellos experimentan ambos en algún momento de su trayectoria espiritual, aunque dentro de un contexto biográfico que tenga sentido. Por ejemplo, algunos conversos afirman experimentar "señales" que los llevan a confirmar el islam como verdad incuestionable, de lo cual se inicia el estudio del Corán y la aceptación racional y cognitiva del islam. Tales emociones no invalidan ni unas preguntas ni unas inquietudes que se tienen sobre este sistema de creencias, sino que corroboran el islam como la religión verdadera. Por tanto, las premoniciones o señales que creen entender como prueba de la infalibilidad de esta religión, representan el elemento precursor a la conversión, aunque esta requiera de un profundo estudio sobre esta religión.

Otros conversos, por el contrario, experimentan el proceso contrario, aceptando primero el islam después de un largo estudio de esta religión, y experimentando unas emociones y un apego emocional a aquella al cabo de un tiempo. De una forma u otra, existe, en ambos casos, un componente temporal importante durante el cual el converso sopesa la decisión de convertirse, no solo a una religión, sino también a un estilo de vida totalmente diferente del que ha llevado a cabo hasta ese momento.

El grupo de conversos participantes de este estudio sugiere que la totalidad de aquellos inicia una búsqueda e indagación de un sistema religioso después de haber sido expuestos al islam –normalmente por medio de la pareja–, al cual someten a un escrutinio. No obstante, y, asimismo, experimentan también una serie de emociones con respecto a la transformación ideológica que el islam implica. Ello sugiere que el orden de los factores no altera el producto para estos conversos, los cuales, con el tiempo, experimentan ambos.

Asimismo, es necesario añadir que la relevancia del elemento racional e intelectual típico de las poblaciones españolas y estadounidenses seculares donde viven los sujetos de este estudio, muy lejos de alejarlos del islam, los han acercado a este de una forma que ni el catolicismo/cristianismo ni el secularismo han podido hacer. Es, pues, lógico, que el factor racional, característico de las sociedades occidentales, haya constituido un sistema de plausibilidad a la hora de responder unas inquietudes espirituales que solo se han satisfecho mediante este sistema religioso para los sujetos de este estudio.

Conclusiones

La conversión del sujeto occidental al islam en el siglo veintiuno es un campo de investigación relativamente nuevo en los estudios culturales. Sin embargo, las distintas disciplinas bajo las cuales he intentado abordar esta cuestión en este capítulo demuestra que las conversiones no son el resultado de eventos desconectados, efímeros y pasajeros, sino producto de una multidimensionalidad y multicausalidad apelando a distintos aspectos intelectuales, emocionales, políticos o sociales del islam.

Asimismo, la conversión iniciada por motivos afectivos como se corresponde con la mayoría de los sujetos participantes en este proyecto no responde tampoco a una conversión vana e infundada, sino que sugiere que son varios los factores que sostienen la conversión y adhesión al islam: a) factores psicológicos que representan estrategias pragmáticas para adquirir el "objeto de deseo" –la pareja–, al mismo tiempo que disminuye la creación de fricciones culturales y religiosas que en última instancia se materializa en el éxito de la relación matrimonial; desemboca en el consenso en la educación religiosa y moral de los hijos; y da como resultado una estabilidad emocional; b) factores sociales mediante la entrada a una comunidad social (P. ej.: la familia política del cónyuge) o a otras micro-comunidades islámicas en las que se reside (parte de la *umma*) que favorece el cumplimiento de las normas religiosas que deben llevarse a cabo corporativamente y evita la exclusión social, la discriminación y el estigma que el ser musulmán implica en Occidente.

Todo ello viene a representar la idea de que la conversión es una manera en la que el individuo adquiere sentido moral, social, emocional y espiritual en medio de una sociedad occidental que solo ha traído confusión moral mediante el concepto de relatividad moral, de un desplazamiento de los roles de género y de un desconcierto a nivel existencial como seres humanos, en parte, debido al exceso de tecnología del momento. Las narrativas de los conversos dan testimonio de ello y aquellas proporcionan las razones por las cuales inician una búsqueda espiritual que desemboca en el islam, una religión que afirman, les aporta paz con ellos mismos, con la sociedad y con un ser supremo.

Asimismo, y desde una perspectiva ideológica, la conversión al islam no significa el intercambio de una fe o ideología previa a la conversión por otra, sino que representa el contacto entre dos sistemas ideológicos que entran en negociación a nivel cultural, social, espiritual e ideológico, lo que hace que los conversos no sienten que abandonan totalmente el sistema de creencias previo a la conversión.

Cualquiera que sea el motivo de tales conversiones, estas se encuentran vinculadas a incentivos sociales, personales y espirituales que previamente a la conversión no existían y representan una estrategia a la resolución de dificultades y obstáculos diarios, sean aquellos personales o sociales (Chee-Keong 110). Por tanto, las múltiples facetas de la vida del individuo que el islam viene a cumplir justifican la conversión y adhesión a un estilo de vida que difiere extensamente de uno occidental y muy usualmente, del estilo de vida previo a la conversión. En breve, la conversión al islam viene a suplir la inmensa insatisfacción que todos los conversos afirmaron tener con respecto al catolicismo o a un sistema ideológico secular, opciones que se vislumbran sin sentido e irracionales.

En términos de género, la conversión permite al hombre y a la mujer el cumplimiento de los roles de género que la sociedad occidental les ha negado y que se materializan en el cuidado de la familia y de los hijos, aunque también en un crecimiento personal que se cumplimenta mediante el ámbito laboral, aunque este no sea prioritario.

Finalmente, la conversión no es sinónimo del mantenimiento de la fe, sino que igualmente, como se ha abrazado el islam, este también puede abandonarse como parte de un itinerario biográfico y existencial de cada individuo. Por consiguiente, de la misma manera que para la conversión se pone en juego todo un sistema de beneficios/costos, lo mismo ocurre con la "des conversión", que, a su vez, está supeditada a toda una serie de determinantes personales y territoriales que contribuyen a legitimar tal decisión y a mantener un sistema económico emocional satisfactorio, tanto si es para abrazar el islam como para abandonarlo.

PARTE II: GÉNERO E ISLAM

Capítulo 2

De María a *Mariam*: identidades de género, feminismos, subalternidades y resistencias de las conversas

Objetivos del capítulo

Las convergencias que se producen entre género y religión son incuestionables, especialmente en el caso de una religión como el islam a la que se ha vinculado estrechamente con el rol de la mujer y con el estereotipo de opresión a esta. El estudio de las intertextualidades que se producen entre género y la adhesión al nuevo sistema de creencias que la conversa desarrolla a causa de su conversión al islam va a ser el objeto de estudio de este capítulo. Para ello voy a examinar cómo las teorías de género en conexión con los feminismos, –tanto occidentales como orientales–, pueden ayudar a examinar la nueva identidad de género que surge en la conversa española y US latina, partiendo de la visión de que tales feminismos son, en palabras de Maha Sa'ud: "algo universal que encuentra formas particulares de expresión en las distintas sociedades" (citado en Badran 243).[1]

La metodología que voy a usar para este capítulo incluye un doble método inductivo. Primero, haré un breve recorrido por los feminismos –occidentales y orientales– y analizaré de qué manera aquellos reflejan ideologías y prácticas feministas con las que las conversas de este estudio se identifican; y segundo, utilizaré la teoría de Judith Butler para llegar a una teoría social de género que se alinea con la ideología feminista de las participantes de este estudio. Es decir, partiré de la teoría de Butler y de cómo esta puede aplicarse a la examinación de género de las conversas al islam mediante el análisis de algunos conceptos clave de esta autora.[2] En resumen, me propongo elaborar una teoría sobre cómo las conversas españolas y US latinas inician resistencias; emprenden activismos sociales en concordancia al género al cual pertenecen;

---

[1] La cita de Maha Sa' ud procede de una entrevista no publicada que Margot Badran realizó a esta autora comprometida en obras para el desarrollo de la mujer musulmana, tal y como especifica la misma Badran en una cita a pie de página de su libro *Feminismo en el islam* (edición en español), en la página 243.

[2] Algunos de estos conceptos van a ser el de *subversión, agencia,* y *sujeto generizado (gendered subject).*

reivindican roles de género; y se identifican con una visión de género que se alinea con la nueva religión. No obstante, omitiré otros aspectos igualmente importantes de la teoría *butleriana* que discrepan extensamente del colectivo de conversas, como son ideas más contemporáneas de esta autora, la cual incorpora lo *trans* y lo *queer*. Esto significa que estos no son aplicables al grupo de conversas, pues no existe una negociación ni con respecto al sexo biológico, ni con respecto a la orientación sexual, pues ambos vienen determinados por el sexo de nacimiento. De tal premisa, se deriva, pues, una identidad de género y una orientación sexual determinada. Ello no significa que estas mujeres nieguen o condenen identidades de género o sexuales alternativas, sino que aquellas no son una opción para ellas.

En resumen, es importante aclarar que, aunque muchas de las ideas de la teoría de género de Butler se encuentran en oposición a las nociones identitarias de género que las conversas al islam proponen, esta autora constituye una estrategia útil para analizar las posiciones de género en las que se ubica la mujer islámica conversa mediante el uso de conceptos clave de Butler. La teoría de género de esta autora va a constituir, pues, no solo un modelo teórico usado como referencia, sino también el punto de partida para el estudio de cómo se producen transgresiones de género por parte de estas conversas con respecto al lugar geográfico en el que se ubican; con respecto a las significaciones que tales transgresiones adquieren en una sociedad que no se alinea con el islam; con respecto al estudio de la importancia que algunas prácticas corporales ocupan en la identidad de género de la mujer musulmana; y finalmente, con respecto a las estrategias y tácticas bajo las cuales se pueden interpretar unas experiencias subjetivas *generizadas* (*gendered*) de la mujer conversa al islam.

Con ello, no solo estoy ratificando la vigencia de la teoría *butleriana* como uno de los puntos de referencia más importantes de las últimas décadas, sino proponiendo su aplicación al momento histórico actual y al grupo de mujeres conversas al islam de este estudio, con las que se puede establecer convergencias.

Cuerpos políticos: feminismos como vehículos políticos

Introducción a los feminismos en Occidente

La idea de igualdad de género ha sido mayoritariamente una construcción ideológica que las sociedades occidentales seculares se han intentado atribuir no solo mediante sistemas políticos democráticos, sino mediante unos feminismos occidentales que no contemplan la religión como marco de referencia. No obstante, la igualdad de derechos entre géneros que los feminismos occidentales han reivindicado también ha sido el objetivo de los feminismos que se han llevado a cabo en algunas sociedades musulmanas, así como en los territorios diaspóricos donde los musulmanes han emigrado. Por tanto, el hecho de que los valores de igualdad y de justicia social entre géneros no pertenezca exclusivamente ni al ámbito de lo religioso ni al de secular, ha hecho posible la creación de puentes ideológicos entre los feminismos occidentales seculares y los orientales, los cuales, algunos de ellos, incluyen la religión como base ideológica. Asimismo, se han podido establecer convergencias entre aquellos y otras disciplinas –como la esfera de lo jurídico, laboral, político y educativo, por poner algunos ejemplos–, las cuales también han contribuido desde otra perspectiva a la causa feminista.

Desde los inicios de los primeros movimientos feministas a finales del siglo diecinueve, puede decirse que aquellos han evolucionado considerablemente, tanto en su metodología de estudio como en sus objetivos. Aunque no me propongo aquí hacer un exhaustivo recorrido por las diferentes corrientes feministas –ni occidentales ni islámicas–, es importante contextualizar cómo aquellas pueden ser aplicadas al grupo de conversas al islam del presente estudio, que, aunque no de forma militante, están reivindicando ideas feministas y derechos como mujeres musulmanas en los espacios occidentales territoriales de España y de los Estados Unidos, los cuales han experimentado una revisión del rol de la mujer en movimientos sociales como los del *me too*.

Históricamente, las instituciones políticas, sociales y culturales han intentado dictar e imponer su propia visión sobre el rol de la mujer en la sociedad, especialmente en territorios caracterizados por un marcado patriarcado, alimentado tanto por una tradición religiosa como por una secularidad. A causa de ello, diferentes corrientes feministas –occidentales y orientales– han emergido en un intento de eliminar las desigualdades entre hombre y mujer y de implementar valores sociales de justicia dentro de paradigmas ideológicos propios de cada corriente y de cada territorio.

Sobre la base de estas ideas, pues, me propongo en las próximas páginas explorar cómo tales corrientes feministas pueden ser aplicadas y contextualizadas al grupo de conversas españolas y US latinas en cuestión, y ver cómo aquellas concuerdan o discrepan de los roles de género feministas (cualquiera que sea la corriente feminista) que estas mujeres reivindican, producto de la conversión religiosa al islam. Para ello es importante tener en cuenta el territorio en el que estos sujetos viven, puesto que aquel aportará el punto de referencia ideológico bajo el cual tales feminismos son implementados y examinados, así como la forma en cómo los activismos y agencias feministas de las mujeres conversas son percibidos y entendidos (o malentendidos). En esta línea de pensamiento y de forma más específica, mis objetivos son: a) explorar cuáles son las convergencias que se producen entre la identidad religiosa de las conversas al islam españolas y US latinas participantes de este estudio y los paradigmas feministas occidentales en los que aquellas han nacido en torno a un tema de igualdad de género, de identidad de género y de justicia social. Ello nos llevará a indagar en las razones por las que los feminismos occidentales no funcionan en el análisis de género de las conversas españolas y US latinas, lo que se debe en parte, al hecho que no incorpora la religión; y b) cómo unas corrientes feministas islámicas alternativas al feminismo occidental local donde estas mujeres residen pueden ser empleadas y pueden contribuir –simbólica o literalmente–, a reclamar un espacio ideológico que se alinee con el islam; a defender los derechos de igualdad entre géneros; y a reivindicar roles de género en concordancia con el islam en los espacios territoriales de España y de los Estados Unidos. En breve, el feminismo islámico constituirá el marco conceptual mediante el cual analizaré la visión e interpretación de las conversas españolas y de las US latinas con respecto a los derechos y roles que aquellas reclaman en conjunción con la identidad religiosa, a la que se adhieren.

La ausencia de una adscripción feminista con la cual muchas de estas mujeres no se quieren identificar es algo bastante usual, pues aquella ocurre a expensas de una "*islamidad*" con la que sí quieren ser identificadas, algo que precede a cualquier otra adjudicación. Tal y como afirma Asma Barlas: ¿es que las feministas creen que han inventado el feminismo y el patriarcado? ¿Es que no puedo usar el mismo lenguaje que las feministas sin ello conllevar que me etiqueten como a una feminista? ("Engaging Islamic Feminism" 16). El lenguaje de las conversas, usado para expresar paradigmas feministas en conexión con roles de género e identidades de género, constituye una práctica discursiva estratégica para expresar las identidades religiosas islámicas, lo que abordaré en la siguiente sección.

Obstáculos lingüísticos en la emergencia de una teoría feminista en las conversas

La relevancia del árabe como lengua sacra del islam es algo que ha permanecido a lo largo del tiempo por constituir la lengua original del Corán. Por otra parte, y en conexión al discurso biologista que este estipula con respecto al concepto de *género*, hace que sea necesario examinarlo según la estructura lingüística bajo la cual aquel término es construido. Margot Badran afirma al respecto que:

> Intentar encontrar una palabra en árabe para el término "género", que connota unas *construcciones* culturales de masculinidad y feminidad como diferentes del sexo en cuanto a categoría biológica, abre toda una plétora de problemas. Las diferencias epistemológicas tienen, sin duda, su reflejo en los términos lingüísticos. (*Feminismo en el islam* 306).

El hecho de que muchas conversas (y conversos) incorporen el árabe o préstamos lingüísticos de este en sus lenguajes cotidianos deja clara la influencia del árabe. Por esta razón, es importante considerar los límites ideológicos que esta lengua impone en los conversos en un tema de género. Margot Badran en su *Feminismo en el islam* (2012) describe cómo la falta de una palabra en árabe que equivalga a *gender* en inglés, o a *género* en español, crea un vacío con respecto a la construcción cultural de este término, el cual no acepta una definición semántica fuera de la correlación biológica entre sexo y género. Por ejemplo, para referirnos a "lo masculino" el árabe utiliza la palabra *al-dhakar*, la cual es empleada tanto para personas como para animales del sexo masculino. De la misma forma, la palabra *al-untha* es utilizada para expresar "lo femenino" tanto para mujeres como para animales del sexo femenino, aunque también existen las palabras *rajul* y *al-mar'a* para referirse a la especie humana como *hombre* y *mujer* respectivamente.

La distinción entre las palabras *al-dhakar/al-untha* y las palabras *rajul/almar'a* radica en que mientras las primeras hacen referencia a un universo femenino o masculino como rasgo biológico de la especie humana o animal, en las segundas se refiere a lo masculino/femenino exclusivamente aplicado a la especie humana. No obstante, en ambos casos, no existe ninguna distinción entre lo biológico y lo sociocultural. La única distinción que la lengua árabe permite entre lo masculino y lo femenino ocurre entre la especie humana y el animal, pero no de ninguna otra forma. El hecho de que el vocablo *género* en árabe no permita la distinción entre lo meramente biológico y lo sociocultural, no solo crea un vacío para aquellos que quieren estudiar el discurso de género en el islam y en el Corán, sino para los que buscan la idea de *justicia* social en el texto coránico (Badran 310). De la misma forma, ello crea un vacío intelectual para aquellos que usan el árabe como forma de expresión de identidades de género alternativas a la visión biológica (P. ej. transgénero). Tales deficiencias lingüísticas quedan patentes cuando sujetos no nativos del árabe (como los conversos) intentan traducir una serie de términos de sus lenguas nativas al árabe, o viceversa para explicar cómo el islam es sinónimo de funciones sociales, culturales y políticas con respecto al género. Así y tal y como he apuntado en el ejemplo anterior, los términos árabes, que designan *masculino/femenino* y *hombre/mujer*, solo pueden ser interpretados bajo un esencialismo biológico que no permite la interpretación de los roles de género de una forma alternativa a la biológica, sino que aquellos se dan por sentado según lo que estipula el Corán sobre tales.

Diferentes opciones con las que se ha intentado suplir el vacío lingüístico de algunos términos en árabe con los que se expresan ideas de género han sido los neologismos árabes, mediante una estrategia de asimilación (Badran 315) o mediante préstamos lingüísticos. No obstante, todas estas soluciones no han solventado el problema, pues tales estrategias han sido interpretadas como una invasión cultural foránea occidental (Badran 306) y, por tanto, desalentado su uso. A causa de ello, Badran nos advierte que este problema no es exclusivamente de naturaleza lingüística, sino que la ausencia de términos en árabe que puedan distinguir entre lo sexual y atributos socioculturales tiene un impacto negativo en el estudio de los derechos de la mujer musulmana. De la misma forma, tal omisión da como resultado implicaciones hegemónicas sobre aquella (318), lo que ocurre mediante el uso de un discurso patriarcal que es sustentado por una lingüística "deficiente" que no es capaz de expresar distintas alternativas de género.

Para un grupo de conversas cuyas lenguas maternas sí incorporan tales distinciones lingüísticas, el aprendizaje del árabe –cada vez más común entre estas–, representa una posibilidad discursiva lingüística con limitaciones en comparación a la lengua materna. No obstante, también representa un instrumento lingüístico e ideológico de género que se alinea con el islam y con la visión esencialista de esta religión sobre la forma de vislumbrar el género. El hecho de que estas mujeres estén expuestas a identidades de género occidentales en las que han crecido, las cuales incorporan ideológica como lingüísticamente la ruptura de la correlación sexo/género, desemboca en discrepancias identitarias con las sociedades donde viven. No obstante, también da como resultado la afirmación de una nueva identidad religiosa mediante un discurso lingüístico al que asimismo se adhieren, ya sea porque aprenden esta lengua o porque se identifican con aquella. Por esta razón, es imperativo para estas mujeres que el estudio y aprendizaje del Corán se lleve a cabo en la lengua original de este –el árabe–, lo que desemboca en que aquellas busquen el aprendizaje de esta lengua para poder entender mejor el Corán y la idea de género asociada a este. El aprendizaje del árabe, pues, no es un mero instrumento para la lectura del Corán, sino que representa una dimensión más en la redefinición de la identidad como mujeres musulmanas a la que se han adherido, pues de aquel surge la posibilidad de un nuevo discurso islámico como método de expresión de unas ideas de género muy específicas. Esto es importante porque aquel ofrece prueba de autenticidad espiritual, especialmente cuando el cónyuge es musulmán y árabe nativo-parlante.

Feminismos islámicos: un breve recorrido

Antes de adentrarme en cómo algunas corrientes feministas islámicas pueden constituir un instrumento mediante el cual las conversas españolas y US latinas reivindican ideas de justicia e identidades de género con las cuales reafirman la nueva identidad religiosa, es importante explorar los motivos bajo los cuales surgen los feminismos islámicos, así como contextualizar estos en un momento actual para ver cómo pueden ser utilizados en la interpretación de género de las conversas; cómo pueden ser empleados en la ruptura de estereotipos que se atribuye a la mujer islámica; y cómo constituyen la base de algunas agencias de género que tales conversas llevan a cabo en los territorios donde residen.

No obstante, es importante, antes de todo, puntualizar la vastedad ideológica existente para hacer referencia a tales movimientos y a las muchas sub corrientes feministas islámicas, así como a las múltiples interpretaciones que se hacen de aquellas. La escritora española-siria Sirin Adlbi Sibai y autora de *La cárcel del feminismo* (2017) reitera esta idea cuando afirma que la dilatación conceptual con la que diferentes mujeres musulmanas interpretan el feminismo islámico ha creado "un caos conceptual y terminológico" (117) a la hora de definir y concretar esta corriente de pensamiento y de utilizarlo como forma de lucha contra la injusticia a la mujer. Por esta razón, a lo largo del capítulo examinaré cuáles son algunas de las ideas que estas conversas toman del feminismo islámico y cuáles desechan, así como cuáles son los paradigmas feministas subyacentes en los que se apoyan. Para ello, voy a hacer referencia a los inicios de este movimiento y a algunas de las ideas sobre cómo empezó. En concordancia con esta idea, el feminismo islámico tuvo sus inicios –aunque rudimentarios– en el siglo diecinueve a raíz de interacciones colonialistas entre Europa y distintos países islámicos. No obstante, el término *feminismo islámico* se empezó a usar en la década de los noventa para dar a conocer un nuevo paradigma feminista, el cual fue utilizado por mujeres musulmanas religiosas como laicas, militantes como no militantes (Badran 370-71). La inclusión de todas esas mujeres dentro de un espectro ideológico tan amplio como es la corriente feminista fue importante porque ello condujo a que un gran número de mujeres musulmanas pudiera encauzar una serie de inquietudes con respecto a los derechos de aquellas como mujeres, especialmente dado el contexto biográfico patriarcal al que la mayoría de ellas eran expuestas. Esto es importante porque tales corrientes feministas islámicas surgieron a raíz de la visión que estas sociedades patriarcales sostenían de la mujer y de las interpretaciones que aquellas hacían del islam como fuente legítima de opresión a la mujer y de desigualdad entre géneros. Ello conllevó que mujeres que no estaban de acuerdo con tal interpretación patriarcal del Corán emergieran con nuevos discursos y análisis sobre los roles de las mujeres, unos que vislumbraban igualdad y justicia social entre hombre y mujer. Estas mujeres, –académicas algunas de ellas–, utilizaron la misma fuente ideológica coránica que utilizaron aquellos que veían el Corán como forma para ejercer un patriarcado, para refutar ideas de desigualdad y de opresión con las que discrepaban, lo que hicieron mediante una reinterpretación del Corán y mediante la exégesis de aquel –el *Tafsir*–.[3] La lucha por parte de estas mujeres musulmanas se materializó en un movimiento feminista islámico, definido como "un discurso y una práctica feminista articulado dentro de un paradigma islámico cuyos mandatos y articulaciones tienen su origen en el Corán y cuyo objetivo es el de conseguir derechos para las mujeres y para los hombres en todos los aspectos de su existencia" (Badran 367). La definición de Badran es importante porque no se centra exclusivamente en los derechos de la mujer, sino que es inclusiva de ambos géneros en el espacio público, así como en el privado. Ello contrasta con los feminismos islámicos seculares que emergieron a finales del siglo diecinueve, los cuales reivindicaban una igualdad entre géneros en el espacio público, pero no en el privado. Con el tiempo, la importancia de implementar igualdad en todas las áreas de la vida ha tomado precedencia con respecto a la evolución de los feminismos y lo que estos representan según distintas escuelas de pensamiento. Por ejemplo, Azza Karam afirma que el feminismo puede definirse: "como aquel movimiento que utiliza una metodología hermenéutica en el cual mujeres activistas usan fuentes islámicas como el Corán o la *sunnah* [4] para demostrar que el islam contempla un discurso de igualdad entre hombres y mujeres" (11). La relevancia de estas definiciones estriba en que ambas derriban el argumento patriarcal según el cual se utiliza el Corán para justificar una superioridad de derechos del hombre sobre la mujer, y, por tanto, para ejercer una subordinación sobre esta, lo que es llevado a cabo mediante una rigurosa lectura hermenéutica del Corán, la misma metodología que las conversas participantes de este estudio me expresaron que utilizan constantemente.

Ahora bien, aunque muchas mujeres musulmanas, las académicas, pero también las que no lo son, se identifican con la causa feminista, no todas aceptan el ser etiquetadas como tales. Este es el caso de la gran erudita Sharini Ebadi, la cual ha rechazado este rótulo, y su discurso se enfoca más en la causa feminista que en el feminismo islámico como movimiento. Ebadi afirma que:

> El libro divino [el Corán] ve la misión de todos los profetas como la de invitar a todos los seres humanos a defender la justicia... La difícil situación de las mujeres en las sociedades islámicas... está enraizada en la cultura controlada por los hombres que prevalece en esas sociedades, no en el islam. (citado en Badran 486) [5]

---

[3] El término *tafsir* se refiere al acto de reinterpretar, explicar y elucidar la voluntad de *Allah* mediante el análisis del Corán.

[4] La palabra *sunnah* puede traducirse como "el camino" o "la vía", que se refiere en este caso al uso del Corán como instrumento del feminismo islámico.

[5] Estas fueron las palabras que de Ebadi pronunció durante el discurso de agradecimiento al recibir el Premio Nobel de la Paz en Oslo el 10 de diciembre del año 2003.

Como puede observarse de esta definición y de otras anteriores a esta, el Corán es utilizado como base a la igualdad y justicia entre géneros y constituye, asimismo, el paradigma ideológico bajo el cual se identifican las conversas españolas y US latinas de este estudio, tal y como pude observar del trabajo etnográfico con aquellas.

Otros académicos importantes han contribuido a la causa feminista islámica mediante otros tipos de abordamiento, como es, por ejemplo, examinando el imaginario que las sociedades occidentales han hecho en torno al islam y a la estereotipación a la que los musulmanes han sido sometidos para intentar derribarlos. Entre estas aportaciones destaca Edward Said que, con la obra por la cual es más conocido, –*Orientalism*–, ha criticado la visión que Occidente ha divulgado sobre el Oriente como estrategia justificadora de empresas coloniales. El discurso orientalista de Said es asimismo relevante en la temática de género porque critica el rol que Occidente ha adoptado con respecto a los estereotipos que se han hecho de la mujer musulmana como una "creación del poder-fantasía del hombre" (*Orientalismo* 278-79), producto de una "relación entre Occidente y Oriente que se define en realidad desde un punto de vista sexual" (*Orientalismo* 407). La visión de Said es útil porque puede servir para establecer una analogía sobre cómo la sociedad hegemónica española y estadounidense reproduce respectivamente los mismos esquemas que los colonialismos europeos construyeron sobre la mujer musulmana como "objeto de deseo" y como cabeza de turco con respecto al islam y a los practicantes de esta religión.

Dentro de un contexto temporal más contemporáneo, contamos con la visión de la ya mencionada Sirin Adlbi Sibai, la cual es importante porque aporta una mirada más vigente con respecto a las desigualdades que la mujer musulmana experimenta en un momento actual en España, así como por las aportaciones de aquella en referencia a la idea de *colonialismo cultural* según el cual no se tienen en cuenta las culturas de las mujeres musulmanas.[6] Tal y como afirma esta autora, la mujer musulmana velada no es considerada como un "*sujeto histórico*" sino como un "*objeto histórico*" que "ha sido producida y tratada históricamente desde una relación con el poder y la colonización" (113).

Las contribuciones de esta autora, así como de otros pensadores, nos llevan en definitiva a preguntarnos si el feminismo es incompatible con el islam; si los feminismos pueden derribar los estereotipos que se tienen de la mujer musulmana en el punto de mira; y si los feminismos, –tanto globales como

---

[6] Entrevista realizada por Miguel Ángel Medina para *El País*. "El feminismo islámico es una redundancia, el islam es igualitario". https://elpais.com/elpais/2017/01/30/mujeres/1485 795896_922432.html

locales–, pueden abordar "la cuestión femenina" sobre los derechos y los roles de la mujer, todo ello teniendo en cuenta que ni todas las mujeres son iguales ni todas las mujeres musulmanas lo son tampoco. Muy por el contrario, las mujeres musulmanas comprenden muchos contextos culturales, sociales y biográficos diferentes, y los objetivos de los movimientos o corrientes feministas deberían tener en cuenta tales diferencias con respecto a los criterios de raza, origen nacional, cultura y lengua. No obstante, la realidad es que muchos estudios feministas no siempre los tienen en cuenta, haciendo difícil abordar toda una serie de diferencias dentro del feminismo, lo que da como resultado la existencia de discrepancias en torno a los "grados de crítica, resistencia y emancipación" (Adlbi Sibai 116). Por ello, es imperativo que nos centremos en el contexto concreto de las conversas españolas y US latinas de este estudio y que examinemos como todo un corpus feminista puede aplicarse a este colectivo y a los territorios en los que estas se ubican para poder aportar sugerencias con respecto a un grupo de mujeres conversas en general.

Feminismos islámicos versus feminismos occidentales en las conversas españolas y US latinas

Los feminismos han constituido la fuente primordial ideológica bajo la cual se han interpretado las identidades de género y los roles de género de las mujeres, muy especialmente en las últimas décadas. No obstante, estos movimientos no han sabido interpretar a la mujer musulmana. Chandra Mohanty, feminista poscolonial, constituye el punto de referencia académico por excelencia con su artículo *Under Western Eyes* (1984) por su crítica sobre cómo los feminismos occidentales no han tenido en cuenta las experiencias históricas, culturales, sociales, políticas y económicas a las que la mujer no occidental se ha enfrentado, así como por su opinión sobre cómo aquellos han sostenido una visión homogeneizadora, esencialista y etnocéntrica occidental sobre esta (Mohanty, *Bajo los ojos de Occidente* 118-19). Tal y como clarifica Adlbi Sibai:

> El término Occidente en Mohanty no se delimita por unas fronteras geográficas; no se trata de un lugar físico: es un posicionamiento ideológico, geopolítico y sociocultural; es una forma específica de relacionarse con los otros o, más bien, de crear a los otros como límites definidores de la identidad occidental (el nosotros superior occidental), es una forma característica de producción y construcción del conocimiento y de la realidad que se instituye en la modernidad europea. (67)

El posicionamiento ideológico al que Adlbi Sibai se refiere con estas palabras puede aplicarse también a la mujer conversa española y US latina, puesto que los valores de estas no concuerdan ni con los territorios occidentales en los que residen respectivamente ni con los feminismos occidentales que no incorporan la religión, mucho menos la religión islámica. Aún más, tales feminismos no solo no incorporan la religión, sino que tampoco tienen en cuenta la raza, la etnia y la cultura de estas mujeres conversas, lo que conlleva "la reproducción de desigualdades de género mediante una construcción 'generizada' (*gendered*) de ciudadanía que discrimina colectividades étnico-nacionales" (Kandiyoti 1). Por ello, es imperativo que las corrientes feministas occidentales actuales sean inclusivas de las variedades raciales y étnicas con las que muchas mujeres inmigrantes se puedan identificar, como es el caso de las US latinas conversas emigradas a los Estados Unidos. Para que esto ocurra, las instituciones políticas, culturales y jurídicas de las sociedades occidentales en las que viven estas mujeres deben reivindicar e implementar derechos dirigidos a promover una justicia entre géneros y a combatir la desigualdad; y segundo, deben tener en cuenta la cultura y la religión de estas mujeres. No obstante, y, muy por el contrario, tales instituciones constituyen una paradoja a las leyes de igualdad y de protección a la mujer en Occidente y la praxis que emerge de aquellas representa una contradicción a la esencia ideológica de las sociedades en cuestión, mucho más porque no tienen en cuenta una serie de valores culturales y religiosos distintos a unos de propios. Por ejemplo, la ausencia de penas legales suficientemente condenatorias en el caso de violaciones sexuales en el territorio español, con el famoso caso de *La Manada*, o el alto grado de violencia doméstica existente en España, especialmente entre inmigrantes, son ejemplos de la ausencia de justicia social a la mujer en unos países cuyos marcos jurídicos contemplan la protección a aquella.[7] Todo ello no hace más que demostrar lo erróneo de unas políticas de género españolas que no pueden proteger a la mujer en su propio espacio doméstico ni tampoco en el público.[8]

Por consiguiente, es imperativo que examinemos cómo el feminismo islámico en territorio occidental –sea de forma militante/social o desde un punto de vista académico/intelectual–, puede ayudar a reclamar los derechos de las conversas según unas exclusiones que estas experimentan en términos de lo religioso, étnico, lingüístico, racial y cultural. Ello constituirá una forma de desvincularse de aquellos feminismos occidentales locales que no aportan nada a estas mujeres, así como de incorporar valores religiosos, culturales, étnicos y sociales

---

[7] El caso de *La Manada* en el que un grupo de hombres policías violó repetidamente a una mujer de 18 años durante las Fiestas de San Fermín el siete de julio del 2016 causó mucha controversia por un veredicto de *asalto sexual* en lugar de uno de *violación sexual*. Todo ello desencadenó que se iniciaran numerosas protestas públicas de naturaleza feminista y el inicio de una conciencia social en la población española con respecto al machismo institucional que existe en este país.

[8] La violación de la mujer de dieciocho años violada por *La manada* tuvo lugar en la portería de un edificio residencial público.

cuya inclusión son esenciales para defender la igualdad de derechos, tanto en una sociedad no musulmana como en las micro sociedades musulmanas en las que estas mujeres se mueven. Con ello se pone de relieve una vez más el lugar liminal al que aquellas están sujetas, a causa de valores occidentales, hegemónicos y patriarcales, al mismo tiempo que de otros de la misma naturaleza por parte de una comunidad de musulmanes de origen en territorio occidental que se alimenta de lecturas culturalistas del islam. Por consiguiente, y teniendo en cuenta que muchas de estas mujeres se mueven tanto en círculos islámicos (mezquita, familia del cónyuge musulmán de origen, etc....) como en círculos no islámicos, es importante que los feminismos islámicos en Occidente tengan en cuenta una multiplicidad de escenarios sociales. Ello es necesario, independientemente de si estas conversas quieren o no quieren ser percibidas como feministas. Aunque ninguna de las mujeres participantes se identificó como tal, sí que lo hicieron con una causa feminista y más específicamente con una causa feminista islámica universal. Tal y como afirma Badran, "el feminismo islámico es un fenómeno que no pertenece ni al Oriente ni al Occidente, sino que es un fenómeno global que se adapta en términos de lo local" (369) y que no requiere de tal denominación. Lo que de sí requiere es del estudio del Corán, el cual constituye el método hermenéutico por excelencia por parte de estas mujeres para derrocar los estereotipos con los que se ha venido a etiquetar a la mujer musulmana, así como para "defender la equidad de género junto con una relación más fluida entre lo público y lo privado, promocionando un modelo igualitario, tanto en lo familiar como en lo social" (Badran 18) en el que hombres y mujeres son iguales en derechos, pero también lo son en responsabilidades. Lo que no es igualitario son los roles de género, los cuales están basados en un principio de complementariedad que no es compartido por el marco jurídico occidental ni social que otorga las mismas funciones, tanto al hombre como a la mujer.[9] En contraposición, la visión de estas mujeres es una en la que hombre y mujer son diferentes, pero se complementan. Por consiguiente, la división de roles no ocurre en función de la diferencia sexual *per* se, sino en función de la complementariedad a la que tal diferencia sexual da lugar.

---

[9] Un ejemplo de ello es la ley de maternidad en España, según la cual el gobierno otorga a la madre las primeras seis semanas después del nacimiento. Después de estas primeras seis semanas del nacimiento del bebé, la ley otorga diez semanas más de baja maternal, las cuales pueden dividirse entre ambos progenitores, independientemente de si la madre está amamantando o no. Esta igualdad de derechos contrasta con el principio de complementariedad que las conversas practican y con la especificidad de roles según el género del sujeto en cuestión que el Corán alienta, especialmente con respecto a la crianza de los hijos.

Asimismo, tal visión de género es una en la cual la familia ocupa un lugar precedente. La complementariedad de roles que las conversas defienden no es percibida de forma neutral, sino que alimenta la creación de estereotipos según los cuales el hombre (musulmán) es el opresor y la mujer (musulmana) es la oprimida. No obstante, esta visión no es compartida, ni por parte de las conversas participantes de este estudio, ni por importantes autoras en el campo del feminismo islámico. Un ejemplo de ello es Barlas en su libro *Believing Women in Islam* (2019), la cual elabora una teoría sobre cómo el islam otorga la igualdad de derechos a ambos sexos a través de varios paradigmas islámicos. Por ejemplo, Barlas afirma que la igualdad de derechos entre hombre y mujer que el Corán sostiene como principio ontológico se lleva a cabo mediante la idea de que el sujeto no se vincula a su género sino a su condición humana y a la praxis moral intrínseca de cada individuo (*Believing Women in Islam* 164). En otras palabras, hombre y mujer son responsables igualmente de toda acción moral llevada a cabo durante su vida. No obstante, ello no significa que el islam otorgue las mismas obligaciones y roles a ambos géneros de la misma forma, sino que aquel es reconocedor de la diferencia sexual y que, aunque la mayoría de los roles pueden ser llevados a cabo indistintamente por ambos sexos, alguno es más idóneo para un género que para el otro, y mejor en términos pragmáticos. Por ejemplo, hombre y mujer pueden trabajar fuera del hogar, aunque no es recomendable que la mujer lo haga durante la fase del amamantamiento o crianza de los hijos; hombre y mujer pueden criar a los hijos, aunque el islam otorga tal privilegio a la madre, especialmente en los primeros años de la vida infantil; y hombre y mujer tienen las mismas habilidades intelectuales para aprender y enseñar en público, aunque ello no es ideal cuando se produce a expensas de otras responsabilidades familiares como lo es el cuidado de los hijos. Asimismo, el Corán otorga la responsabilidad al hombre de sustentar la familia, pero ello no es siempre posible en el caso de parejas en las que la mujer conversa es autóctona del territorio donde la pareja reside y el hombre no lo es. En tales casos, es lógico que sea la mujer la que trabaje fuera de casa, mientras que el marido adquiere un grado de aculturación lingüística, cultural y social del territorio donde vive, al mismo tiempo que se dedica al ámbito doméstico de la crianza de los hijos.

En conclusión, la interpretación que el Corán hace sobre la división de géneros y los roles de estos hace que esta religión sea atractiva a un número de individuos con unas inquietudes espirituales, intelectuales, sociales y personales que tanto la secularidad como el cristianismo no han podido ofrecer.

El feminismo islámico y las conversas: la reinterpretación del Corán mediante el "tafsir"

El continuo estudio del Corán como el de los *hadiths* –afirmaciones del profeta Mahoma– mediante la reinterpretación propia de los textos sagrados –*tafsir*– constituye un método al que el feminismo islámico ha recurrido para desechar el patriarcado con el que discrepan, para probar que el Corán otorga igualdad a ambos géneros en materia de derechos, y para defender los roles de género en concordancia con el islam. De la misma manera, el estudio del Corán es utilizado por las conversas españolas y US latinas para los mismos objetivos, tanto ante la sociedad musulmana cultural, que emplea el islam como estrategia para legitimar la desigualdad entre géneros y la opresión a la mujer, como ante la sociedad autóctona que sostiene estereotipos de la mujer musulmana como retrógrada y oprimida.

El perfil académico y la clase socioeconómica a las que la mayoría de las conversas españolas y US latinas del presente estudio pertenece, sugiere que el estudio del Corán y de la historia de aquel no es un acto intelectual aislado, sino una estrategia común para encauzar y resolver inquietudes espirituales, intelectuales y sociales que aquellas sostienen. De esta forma, el estudio del texto coránico representa para estas mujeres una forma para defender la igualdad de derechos entre géneros y para rechazar la visión patriarcal cultural de las parejas musulmanas de origen o de las micro sociedades islámicas en las que conviven. Asimismo, el estudio del Corán ofrece a estas mujeres la base intelectual para combatir estereotipos, reclamar derechos y defender los roles de género en conjunción con los valores islámicos, ante conciudadanos con los que conviven, así como ante las familias de origen que no entienden por qué sus hijas eligen el cuidado de la familia nuclear a una carrera profesional. El reduccionismo y esencialismo ("son amas de casa") bajo el cual estas mujeres son percibidas según los estereotipos que se les atribuye con respecto al rol que ocupan en sus familias, es transferido a la esfera laboral ("no trabajan y solo tienen hijos" o "no son buenas profesionales"). Ello da como resultado una visión según la cual son vistas como retrógradas e ignorantes. No obstante, la mayoría de las mujeres participantes de este estudio sostenían títulos universitarios y ocupaciones profesionales, y, aun así, muchas de ellas reportaron ser vislumbradas exclusivamente como "amas de casa y madres de familia ignorantes", especialmente cuando usaban el velo. Ello refuerza la idea de Mohanty de que las mujeres, especialmente, aquellas asociadas a países en vías de desarrollo (en el caso de las US latinas que proceden de países latinoamericanos), no son identificadas como sujetos históricos, sino que son identificadas dentro de un sistema polarizado hombre/mujer según el cual la mujer es oprimida, víctima de una sociedad musulmana patriarcal y excluida al ámbito doméstico. Esta es especialmente la realidad cuando se las compara con la *mujer occidental* (aunque las conversas españolas y US latinas también son occidentales, aunque no vistas como tales), a la cual se le atribuyen características de liberada, profesional e independiente. No obstante, muchas de estas mujeres conversas sostienen posiciones de "poder" en las familias que forman con maridos migrantes musulmanes de origen, puesto que al ser autóctonas del territorio donde viven y hablar la lengua autóctona, muchas veces como nativas hablantes de aquella, ello les permite sostener roles de liderazgo dentro de la familia nuclear, así como dentro de las micro sociedades musulmanas de los países occidentales donde residen. Esto constituye una paradoja a la situación de la mujer occidental autóctona, que no siempre ocupa una misma posición de poder con relación a la pareja, asimismo autóctona, con la que se producen, en ocasiones, dinámicas de poder desiguales. Aun así, la visión estereotipada que la sociedad tiene de estas mujeres musulmanas es una de subordinación, primero, por el hecho de ser mujeres; segundo, por el hecho de ser "mujeres tercermundistas"[10] (Mohanty, "Under Western eyes" 352); y tercero, por el hecho de ser mujeres musulmanas, independientemente de si son autóctonas de los territorios donde viven o no.

En resumen, la representación de estas mujeres responde a múltiples alteridades en conexión con su género, religión, raza e ideología, lo cual se refuerza cuando esta lleva el velo. En tal situación, se produce la creación de estereotipos que responden a los de "la buena esposa, la madre poderosa, la mujer velada, la mujer casta, etc. (Mohanty, "Under Western eyes" 352). Debido a todas estas atribuciones, estas mujeres no se conforman con tales adscripciones, sino que buscan mediante el estudio del Corán la manera de contrarrestar aquellas.

Aunque los hombres conversos también buscan en el estudio del Corán los argumentos necesarios para contrarrestar estereotipos, el hecho de que la mujer musulmana constituya el punto de mira de la mayoría de las sociedades no musulmanas en conexión con la visibilidad de aquella (velo), y de que la mujer sea el género más receptivo al islam, hace del estudio del Corán una estrategia especialmente importante para este género.

Asimismo, y debido a que la transmisión de la cultura y de la religión a los hijos ha sido históricamente atribuida a la mujer, propongo que estas mujeres no solo son vehículos de cambio ideológico desde el punto de vista cuantitativo –al haber más mujeres que se convierten en comparación al de los hombres–,

---

[10] Aunque este término no se utilice por su connotación peyorativa, éste es el término utilizado en el momento en el que el artículo de Mohanty fue publicado. Los términos *Primer* y *Tercer mundo* deben ser interpretados no bajo los límites geográficos bajo los cuales surgieron aquellos, sino bajo una perspectiva ideológica y geopolítica.

sino también desde una perspectiva cualitativa, como recipientes ideológicos y transmisoras del islam a los hijos de estas. Por esta razón, el estudio del islam por parte de aquellas constituye un método hermenéutico para defender el islam como verdad ontológica, pero también un método de aprendizaje de una religión a la que están obligadas a transmitir a sus hijos según normas coránicas. Si a esto añadimos, –tal y como pude constatar en mi trabajo etnográfico– que las mujeres musulmanas son mucho más fundamentalistas que los hombres (Moghissi y Ghorashi 14), es certero concluir que el estudio del Corán constituye una estrategia de suma importancia para el mantenimiento de la fe y para la defensa de esta religión en los ámbitos laborales, familiares y educativos de los que forman parte estos individuos. Esta idea es importante porque ayuda a derribar estereotipos y a deconstruir la idea de género que se tiene del sujeto musulmán femenino como pasivo e ignorante. La islamofobia existente en España como en los Estados Unidos constituye un parámetro al que tanto la conversa española como la US latina están sujetas y un motivo que las alienta a indagar más en el estudio del islam como método para contrarrestar aquella.

Como conclusión, el continuo estudio del Corán y de la historia de este constituyó la estrategia más significativa y efectiva para las mujeres participantes de este estudio, lo que les permitió adquirir las habilidades apologéticas necesarias para defender el sistema de creencias islámicas y para combatir estereotipos.

Conclusiones sobre el feminismo

El uso del feminismo islámico –en todas sus corrientes o escuelas de pensamiento–, puede constituir una estrategia para combatir las desigualdades que han existido históricamente entre hombre y mujer en materia de sus derechos tanto en las sociedades islámicas patriarcales como en los territorios occidentales. Asimismo, el feminismo islámico ha probado ser una estrategia intelectual útil para combatir estereotipos en torno a la idea del islam y del Corán como fuente de opresión a la mujer, así como para defender los roles de género que se centran en la familia, en la sacralidad del cuerpo y en la praxis de una espiritualidad como realidad diaria. No obstante, aunque la mayoría de las conversas españolas y US latinas no quieran ser asociadas ni a los feminismos occidentales ni a los islámicos, sino a su condición de musulmanas, para la mayoría de aquellas que sí lo hacen, ello tiene lugar desde una posición no militante o bajo la premisa de que el feminismo islámico que nace en Occidente sea identificado con religiones e identidades de género alternativas a las hegemónicas. Al mismo tiempo, tanto para aquellas que aceptan ser etiquetadas como feministas como para aquellas que no lo hacen, todas comparten el deseo de ser identificadas como musulmanas y como agentes de una interpretación del Corán que se vislumbra como verdad infalible con respecto a los derechos igualitarios entre géneros, los cuales constituyen el motor de justicia social.

Asimismo, estas mujeres quieren ser asociadas a unos activismos de género que actúan conforme a paradigmas islámicos que protegen y defienden a la mujer y que las vislumbran como agentes no pasivos.

Con base en tales afirmaciones, propongo, pues, la idea de que el feminismo islámico, sin ninguna denominación asociada a aquel y no militante –y cuya base no son unas lecturas feministas que no incorporan el componente religioso, sino el mismo Corán–, puede demostrar ser una estrategia para la construcción de vínculos sinérgicos con una sociedad autóctona no musulmana que ha homogeneizado el islam y al sujeto musulmán, pero que asimismo busca los mismos derechos de justicia social, de igualdad y de unas identidades de género satisfactorias. El feminismo de las conversas españolas y US latinas es un feminismo occidental en el sentido en el que se sitúa geográficamente en este territorio, pero que es articulado en un lenguaje islámico y construido indiscutiblemente sobre la base del discurso coránico. El feminismo de las conversas españolas y US latinas participantes de este estudio, aunque no afiliado a ninguna denominación ni militante, no debe subestimarse, pues es: "directly political and discursive practice in that it is purposeful and ideological" (Mohanty, "Under Western eyes" 334).

Los feminismos de las conversas españolas y US latinas al islam no son solo el reflejo de feminismos teóricos, sino también de una praxis que se manifiesta en la redefinición del rol de la religión en una sociedad secular, en la reexaminación de los roles de género en tales sociedades y en el análisis de unas identidades que no son fijas, sino diversas (la conversión proporciona el cambio de visión). Asimismo, tal praxis es producto de los feminismos locales y autóctonos, así como de los globales y foráneos. Las mujeres conversas US latinas, con mayores exclusiones raciales y socioeconómicas que las españolas, representan un vivo ejemplo de ello. La doble o triple marginalidad a la que están sometidas constituye una oportunidad para probar que el islam constituye un método de justicia social para estas mujeres mediante la idea de que el islam es algo inclusivo y de que esta religión no es discriminatoria ni bajo un criterio racial ni bajo uno económico o social, lo que ayuda a contradecir la idea del islam como fuente de opresión.

Por tanto, el nuevo discurso de género que emerge de estos feminismos debe ayudar a que las conversas españolas y US latinas definan unas identidades de género y unos roles de género que deben ser entendidos, no solo como grupo religioso al que pertenecen, sino como grupo social, cultural y étnico, al incorporar transformaciones socioculturales, que, aunque se alinean con el islam, también lo hacen con los feminismos occidentales. En resumen, y tal y como afirma Zahra Ali, el feminismo que reivindican estas mujeres responde a un "movimiento trasnacional que defiende que la igualdad de derechos constituye la base de la religión musulmana y de que el mensaje de la Revelación coránica es garante de los derechos de las mujeres" (citado en Adlbi Sibai 120). Por todo ello, se puede concluir que el feminismo que sostienen estas mujeres es uno que se correlaciona en materia de derechos con el feminismo occidental de los territorios donde residen, aunque la fuente ideológica de ambos sea distinta.

Futuro y conjeturas sobre los feminismos

En vistas a las trayectorias por las que el feminismo ha pasado y a las evoluciones que ha sufrido, es necesario que nos planteemos si los feminismos islámicos tienen cabida en el territorio occidental donde las conversas viven. El estado de la cuestión al que nos enfrentamos es si la sociedad española y la estadounidense están preparadas para implementar normativas y políticas culturales que tengan como objetivo la inclusión de ideologías religiosas alternativas a la hegemonía ideológica, no solo bajo una perspectiva religiosa, sino también social, laboral, educativa y académica. Si esto es así, será necesario que se incluyan a ciudadanos de diversos trasfondos sociales, culturales, políticos, nacionales, lingüísticos y religiosos, con el fin de que puedan participar en una conversación en la que se condene la misoginia, el machismo y la violencia de género, pero que también fomente valores positivos de justicia, de igualdad y de armonía en conexión con valores morales seculares, así como de religiosos. El feminismo islámico, practicado por las conversas españolas y por las US latinas –al menos las de este estudio–, representa un instrumento para conseguir los mismos objetivos en términos de igualdad de derechos entre hombre y mujer que los feminismos occidentales. Por consiguiente, propongo que la inclusión del islam en las políticas culturales de las sociedades occidentales puede asegurar el derribo de estereotipos sobre esta religión e iniciar transformaciones con respecto al trato subordinado o paternalista que tales sociedades ejercen con respecto a la mujer musulmana. Ello asegurará que las jurisdicciones que se deriven de ello se lleven a cabo de una manera realista, local y contingente a las dinámicas socioculturales locales y, en definitiva, que las mujeres religiosas sean menos estigmatizadas por una religión (el islam) que no representa a sus territorios. Tal y como Barlas afirma, ello no implica que se tenga que usar un enfoque exclusivamente religioso ("Globalizing Equality" 102), pero sí que se tenga en cuenta un discurso que incluya la otredad y en específico, la otredad religiosa, para que esta sea parte del tejido ideológico de los territorios donde estas conversas residen. La inclusión de lo religioso desde una perspectiva humanista y moral permitirá respetar unas religiones que son vislumbradas como otredades, pero también a aquellos que las practican.

El resultado de ello será la deconstrucción de la idea del islam como un obstáculo a la adquisición de derechos; la adquisición de una visión del islam como fuente moral (Ezzat y Abdalla 46) y no exclusivamente religiosa; y la construcción de puentes entre diferentes grupos sociales. Más específicamente, ello puede desembocar en el respeto y tolerancia entre conversos al islam y autóctonos no musulmanes; entre conversos y musulmanes de origen; y entre estos últimos y una sociedad autóctona no musulmana.

El feminismo islámico también puede representar un método para derribar dinámicas socioculturales de migrantes musulmanes de origen que se adhieren a una visión de género en el cual el patriarcado es aún la norma. Los conversos, más cercanos religiosamente a los inmigrantes musulmanes, aunque culturalmente más cercanos a la sociedad autóctona no musulmana, se encuentran siempre en una posición liminal entre una comunidad religiosa y una de civil, tanto en un espacio privado como público. Por tanto, es importante que el sujeto converso pueda "cruzar puentes" para adquirir una funcionalidad religiosa, social, económica, laboral y cultural, pero también para ejercer una ciudadanía positiva que tenga beneficios para todos los grupos sociales que se ubican bajo una misma sociedad.

Asimismo, el feminismo islámico de las conversas, –las españolas y las US latinas–, es uno que no solo lucha contra la misoginia de las sociedades patriarcales musulmanas con las que coexiste en España o en los Estados Unidos respectivamente, sino con unas sociedades occidentales no musulmanas, también patriarcales y misóginas.

La eliminación de los estereotipos de género sobre la mujer musulmana debería ser el centro de estos feminismos islámicos del presente siglo, unos que deberían trascender las divergencias raciales, económicas, sociales, políticas y culturales a las que las mujeres están sujetas.

Finalmente, el feminismo occidental de los territorios de España y de los Estados Unidos no debería entrar en oposición con los feminismos islámicos de las mujeres conversas, pues la base de ambos es la reivindicación de los derechos de la mujer, independientemente de su raza, origen nacional, cultura y religión. El hecho que históricamente la mujer haya sido entendida como categoría social en lugar de como sujeto histórico ha fomentado que todas las mujeres, –la occidental y la no occidental, la religiosa y la no religiosa–, hayan estado sujetas al patriarcado (Mohanty, "Under Western eyes" 337). Por esta misma razón, la opresión compartida a la que estas mujeres han sido sometidas representa el punto de partida a una colaboración feminista social entre todas las mujeres de un mismo territorio y ante unas mismas dinámicas patriarcales que han sido ejercidas sobre aquellas. Por consiguiente, es imperativo que se lleve a cabo la revisión de los roles de género que favorecen al hombre más que a la mujer, pero también es imperativo que se examine el significado que se atribuye a tales roles de género o prácticas (Rosaldo 400) para darle un lugar ideológico a la mujer. Un ejemplo de ello es que se incorporen medidas políticas y culturales que protejan a la familia sin que ello ocurra a expensas de los sacrificios laborales que muchas mujeres deben hacer al tener que elegir entre familia y trabajo. La puesta en marcha de tales políticas contribuirá a que la relación entre géneros sea más igualitaria y justa.

Cuerpos de género: las conversas al islam

Hacia una teoría *butleriana* de género

La visión con la que Judith Butler ha contribuido al vínculo entre género e identidad va a constituir el marco teórico mediante el cual examinaré algunas de las convergencias que se producen entre género y religión en las conversas al islam de este estudio por constituir aquella un punto de referencia inigualable, tanto en la teoría de identidad de género como en los feminismos, especialmente occidentales.

Puesto que el vínculo entre género e islam siempre ha sido percibido como intrínseco el uno con el otro, así como uno de los puntos controversiales bajo los cuales esta religión ha sido blanco de críticas, me propongo explorar las conexiones existentes entre género, identidad e islam, tomando como punto de partida la noción *butleriana* de *performance* y de *performatividad* para revelar cómo aquella puede aplicarse al colectivo de conversas de este estudio, las cuales pasan por un proceso de redefinición con respecto a la identidad de género.

En su famoso libro *El género en disputa*, Butler inicia su teoría de género mediante la introducción de varios conceptos, los cuales son clave. Entre aquellos destacan: *performance, performatividad, categorías de género*, y *heterosexualidad forzada –compulsory heterosexuality–*, los cuales presentaré a continuación.

El género como acto categórico

Partiendo de la idea de que las categorías identitarias de género no son "ni construcciones naturales ni preexistentes, sino ficcionales, producto de unos regímenes de poder/discurso o de poder/conocimiento" (Butler, *Gender Trouble* 25; Butler, *El género en disputa* 39), Butler construye una visión de género que se desvincula de lo que las instituciones, prácticas y discursos hegemónicos han diseminado con respecto al género como algo fijo, estático e infalible. Tal visión tiene su base de operación en un concepto de falo centrismo[11], de "heterosexualidad forzada" y de distribución binaria de los géneros–hombre/mujer, hetero/homo, sexo/género– (citado en Jagger 20). y es producto de un elemento cultural al cual sirve, lo cual, –según Butler–, constituye una fantasía y una parodia, puesto que el género no siempre se corresponde con el sexo en el que un individuo ha nacido (*Gender Trouble* 136). Asimismo, –continúa Butler–, tal elemento cultural no es más que un vehículo al patriarcado que favorece al hombre a expensas de la opresión a la mujer. Tal visión de género contradice la base de la teoría de Butler, la cual entiende aquel como algo fluido, inestable y movible. Con ello, Butler se propone afirmar la identidad de género del individuo como algo múltiple, así como retar al universo patriarcal, el cual se encuentra al servicio de una agenda cultural que ha favorecido históricamente al hombre más que a la mujer. A lo largo del capítulo elaboraré cómo este punto constituye justamente uno de los objetivos feministas más fervientes con el que las conversas participantes de este estudio se identifican también, y, por tanto, un punto en común con Butler y con las ideas feministas que la teoría de esta autora respalda.

El rechazo a la noción de *heterosexualidad forzada* constituye otro de los puntos clave en la idea de género de Butler, la cual critica que la sexualidad sea entendida como un acto categórico, de la misma manera que critica que el género sea entendido como algo binario, natural e infalible. Por el contrario, Butler propone la idea de un espectro identitario de sexualidad y de género según el cual se producen diversas posibilidades que no se asocian al sexo biológico. Para ello, Butler realiza una reexaminación de las categorías de sexo, de género y de sexualidad y afirma que estas deben cotejarse con la forma en la que el sujeto vislumbra aquellas para sí mismo. De ello se desprende que el sujeto *"generizado"* (*gendered*) y sexual debe construir un cuerpo sexual, una identidad de género y una sexualidad a partir de una posición que no siempre es la convencional, en cuyo caso actúa en contra de las normas socioculturales y religiosas vigentes del momento en el que Butler publicó originalmente su teoría.

Al intentar aplicar todos estos conceptos al grupo de conversas españolas y US latinas, vemos que la visión a la que Butler se opone de *heterosexualidad forzada*, la cual tiene su base en un concepto de *diferencia sexual* –según el cual hombre y mujer son sexualmente diferentes–, es justamente la visión que estas mujeres sostienen y ratifican sobre el cuerpo, el género y la propia sexualidad. Ello es materializado mediante prácticas corporales, sexuales, sociales y religiosas que se identifican con un concepto de diferencia sexual como de

---

[11] Término acuñado por Jacques Derrida, el cual hace referencia al privilegio de lo masculino.

heterosexualidad forzada, según las cuales la identidad de género y la sexualidad se corresponden con el sexo biológico en el que se ha nacido y no con lo que la cultura estipula sobre ello. Es decir, si para Butler, la cultura representa una fuente de *tiranía social* al condenar a todo aquel que comete unas transgresiones de género, para el colectivo de conversas, la cultura actual también representa una fuente de *tiranía social* al no alinearse sus convicciones con lo que los valores culturales de los territorios donde residen dictan sobre los paradigmas de género de tales territorios. No obstante, es importante aclarar que si para Butler, la religión constituye una fuente más de tiranía social, para las conversas de este estudio es todo lo contrario, pues aquella constituye una fuente ontológica infalible.

Por tanto, es importante hacer una distinción entre cultura y religión, pues, aunque ambas admiten históricamente puntos de convergencia con respecto a restricciones o prescripciones con respecto al género y a la sexualidad, estas conversas discrepan de lo que la cultura estipula, pero no de lo que la religión que han abrazado prescribe. Asimismo, estas mujeres no han abrazado una cultura, sino una religión, y es importante, pues, clarificar que cultura y religión no adquieren el mismo significado como en el caso de la teoría *butleriana*.

El género como *performance*

Tomando en consideración otros conceptos clave en la teoría *butleriana* de género, el concepto de *performance* aparece como uno de los más importantes para esta autora. Butler afirma que el género debe entenderse como una actuación o como una serie de prácticas – a las cuales llama "*actos constituyentes*" o "*actos performativos*" (citado en Jagger 23)–, que son reiteradas y que concuerdan con la visión de género con la que el individuo se identifica y se vislumbra a sí mismo. Tal idea tiene su predecesora en Simone de Beauvoir y en su idea de que "la mujer no nace, se hace", es decir, de que no es el producto de una condición preexistente, sino de una adquirida. En resumen, la visión de género de Butler se convierte en un "hacer" que debe ser reafirmado constantemente mediante unas acciones que se asocian con el género con el que el sujeto se identifica. Con ello, Butler, está criticando la idea de que los actos performativos hayan servido a unas normativas de género socioculturales y, en definitiva, a una matriz heterosexual, e insta a la reexaminación de aquellas y al rechazo del género como categoría binaria.

No obstante, esta no es la visión del grupo de conversas en cuestión, para las cuales existe una correlación entre el sexo biológico y el género, así como entre el sexo biológico y los roles de género. Tal correlación es justamente lo que permite a estas mujeres el cumplimentar las funciones religiosas que vinculan a la mujer con el rol reproductivo –según el cual a la mujer le es reservado el dar a luz, amamantar y cuidar de los hijos–, y al hombre con uno de productivo respectivamente – mediante el cual aquel sustenta económicamente a la familia–, especialmente en el momento estratégico como lo es la niñez y la crianza de los hijos. Esto no significa que los roles de género sean fijos e infalibles para estas mujeres, aunque sí que lo es una identidad de género que se asocia con el sexo en el que se ha nacido. Es por esta razón que estas mujeres conversas no solo trabajan dentro del hogar, sino también fuera de este, ocupando puestos de trabajo y contribuyendo a la economía familiar. De una forma u otra, tales dinámicas sociales adoptadas por estas mujeres no son sinónimo de una desigualdad entre hombre y mujer en términos de derechos, sino de una equidad y complementariedad. Es decir, hombre y mujer son ontológicamente iguales, pero sexualmente diferentes y, es justamente tal diferencia sexual la que estipula unos roles de género que, en definitiva, están anclados a las identidades religiosas con las que se identifican.

Una de las formas más representativas en cómo estas mujeres reiteran *actos performativos* o *constituyentes* propios del género con el que se identifican queda ejemplificado en el rezo islámico con otras mujeres y en la segregación de géneros que ocurre muchas veces tras la conversión.[12] Primero, la

---

[12] Es importante clarificar que no existe uniformidad de opiniones dentro de la comunidad académica musulmana con respecto al principio de segregación de sexos con respecto al acto performativo de la oración. Al igual que algunos lo consideran como una estrategia para evitar la tentación sexual que tal acto de postrarse, así como la escasa distancia física entre hombre y mujer incitaría, otros lo consideran como una forma de patriarcado que amplía la disparidad de los derechos de las mujeres en la vida pública. Debido a que no hay consenso ideológico, el acto de la segregación de sexos continúa siendo un punto controversial entre distintos académicos islámicos. Por ejemplo, Ibn Taymiyyah, en su libro *Majmu al-Fatawa*, afirma que la segregación de sexos es necesaria para mantener los principios de moralidad islámica y defiende aquella, especialmente en las sociedades islámicas; Al-Ghazali enfatiza en su libro *Ihya Ulum al-Din*, la importancia de tal práctica durante el proceso de educación académica en escuelas y universidades; y Yusuf Al-Qaradawi, en *The Lawful and the Prohibited in Islam* aboga también por una práctica de segregación de sexos en los espacios públicos y educacionales, argumentando que aquella promueve valores islámicos, así como una mejor armonía social.

Por otra parte, otros académicos defienden la postura contraria. Por ejemplo, Fatima Mersinni en *Beyond de Veil: Male-Female Dynamics in Modern Muslim Society* argumenta que la segregación de sexos es una forma de discriminación y de desigualdad entre hombre y mujer; Leila Ahmed en *Women and Gender in Islam: Historical Roots of a Modern Debate* afirma que es una práctica cultural, más que una de religiosa, que puede dar como resultado la discriminación de la mujer; y Amina Wadud en *Inside the Gender Jihad: Women's Reform in Islam* afirma que el resultado de tal práctica puede desembocar en el control patriarcal, pues limita la participación de las mujeres en la vida pública. No obstante, de las entrevistas y narrativas llevadas a cabo para este estudio, pude concluir

separación territorial que estas mujeres practican durante este acto religioso en diferentes espacios de la mezquita viene a cumplimentar normativas de género según las cuales hombres y mujeres no rezan en el mismo espacio. Segundo, el rezo islámico (postración y recital de las oraciones coránicas) representa un acto *repetitivo*, el cual debe llevarse a cabo cinco veces al día, acto que alude a lo que Butler afirma sobre la naturaleza del acto de género como algo *reiterativo* y *repetitivo*. La idea de rezar cinco veces al día constituye no solo un ejemplo de un acto *reiterativo*, sino también de un acto *performativo*, al ser simbólico de una adhesión al islam. Tercero, el obligado ritual de limpieza de ciertas partes del cuerpo o de omisión del rezo por completo en el caso de la mujer menstruante, es un ejemplo más de un *acto performativo* según el cual la acción u omisión de aquel ocurre de forma distinta según el sexo del sujeto.

En breve, la diferencia sexual (genitales) y la función que tal diferencia sexual ejerce en la construcción de género y de los roles de género actúa en concordancia con prescripciones islámicas que dictaminan las dinámicas relacionales entre hombre y mujer y las diferentes prácticas de género respectivamente.

El género como acto corporal

Otro aspecto de la teoría de género de Butler alude al acto corporal como vehículo identitario, algo que puede asimismo aplicarse en el caso de las conversas al islam. Butler inicia su argumento del cuerpo como vehículo identitario afirmando que los actos performativos no son meramente actos simbólicos de unas ideologías a las que representan, sino asimismo reales y tangibles mediante la materialidad, tangibilidad e instrumentalización del cuerpo. Butler afirma que: "Such acts, gestures, enactments, generally construed, are performative in the sense that the essence or identity that they

---

que estas mujeres sí llevan a cabo la segregación de sexos en determinados eventos sociales en los cuales las sociedades occidentales donde viven lo permitan y en lo posible, siguiendo un principio de *Mahram*. Esto significa que estas mujeres no participan de ciertos eventos sociales en los que se encuentren hombres con los que podrían optar a matrimonio, según unas normativas *Mahram*. Debido a que estas mujeres ocupan puestos laborales, es imposible practicar la segregación de sexos en tal ámbito, pero sí lo hacen con respecto a eventos laborales/sociales mediante la no participación de aquellos (especialmente en espacios de ocio como restaurantes), así como la participación en eventos intrínsecos al propio sexo como el amamantamiento u otras tareas vinculadas a la maternidad, eventos que se practican en la compañía de otras mujeres. Todo ello también es válido en el caso del hombre.

otherwise purport to express are fabrications, manufactured and sustained through corporeal signs and other discursive means" (*Gender Trouble* 136).

De la misma forma, las prácticas corporales de la conversa con respecto al rezo, a unas restricciones dietéticas, al concepto de modestia mediante el uso de una vestimenta adecuada y del cubrimiento del cuerpo en general, vienen a ser actos de género imposibles de cumplimentar sin el *cuerpo*. De ello se deriva que la identidad de género de la conversa es una que responde a un esencialismo biológico y a una visión según la cual lo cultural y lo espiritual se corresponden con el sexo biológico. No obstante, esta visión contrasta con la de la sociedad actual, la cual rechaza el concepto de preexistencia, –tanto con respecto a lo corporal/genital como a la orientación sexual–, desterrando la idea de que ambos conceptos se corresponden con el sexo en el que se ha nacido. Tal contraste de ideas es más evidente en el caso de las conversas españolas, las cuales viven en un territorio mucho más secular y con una permisibilidad ideológica más considerable que en el caso de las conversas US latinas.[13]

La idea del cuerpo como instrumento identitario es elaborado con más extensión a lo largo del capítulo. En esta sección me limito a mencionar tal idea y a apuntar que aquella constituye justamente uno de los puntos de convergencia con la idea de Butler.

El género como acto teatral

Finalmente, Butler afirma que los *actos performativos* y *constituyentes* son parte de una *teatralidad* en la cual el individuo es el actor y la sociedad, el escenario. En términos metafóricos, en esta supuesta obra teatral, al actor no se le permite elegir el guion –es decir, su identidad de género–, sino que esta es elegida por la sociedad según los paradigmas socioculturales a los que sirve. Así, Butler hace una crítica de ello y reivindica el derecho del individuo a cambiar el guion y su *performance* con base en una verdad ontológica interna con la cual aquel se identifica, que puede muy bien ser contraria a los valores culturales hegemónicos. De esta forma, Butler demuestra que las acciones performativas –aquellas que responden a una heterosexualidad compulsoria,

---

[13] Esta idea queda ejemplificada en la *ley de autodeterminación de género* que permite a un individuo cambiarse el nombre y sexo en el *Documento Nacional de Identidad* (o documento usado para propósitos de identificación en España) sin la necesidad de haber obtenido un diagnóstico de *disforia de género* ni de una operación quirúrgica de reasignación sexual. El único requisito para que un individuo pueda cambiarse el nombre y el sexo en dicho documento es el de obtener un informe médico o psicológico que avale la petición de cambio de sexo en los documentos oficiales y de haberse sometido a un tratamiento hormonal por, al menos, dos años.

como aquellas que no lo hacen–, responden a la idea de género como *actuación*, idea que también adquiere sentido en cómo las conversas españolas y US latinas al islam *actúan* el género con el que se identifican, el cual no solo determina los roles que adoptan como sujetos de género (como mujeres), sino también como sujetos religiosos. Es decir, para la conversa, la identidad de género no puede desvincularse de la identidad religiosa (y viceversa) y tanto la una como la otra actúan en contingencia mutua y como instrumentos al cumplimiento de unas funciones de género, así como de unas de religiosas. De ello se deriva que el género es una *performance* y un *acto teatral* (en términos *butlerianos*) en el cumplimiento de ambas funciones. Por consiguiente, las prácticas religiosas representan *performances* de género y actos teatrales de género al ser llevadas a cabo mayoritariamente de forma diferente según el género del individuo en el islam. Las conversas eligen ser parte de este "acto teatral" a través de unos actos –la *shahada* o profesión de fe, o la oración en la mezquita, por poner algunos ejemplos– que son *performativos, espaciales, corporales* y *discursivos* y que son específicos al sexo femenino. Primero, son *performativos* porque la mujer debe cubrirse el cabello mediante el uso del velo durante la *shahada,* algo que no le es requerido al hombre; asimismo, aquella no puede rezar o realizar ninguna actividad religiosa cuando está menstruando, al considerarse la sangre de la menstruación impura, algo que no afecta al hombre. Segundo, son *espaciales*, pues hombres y mujeres son segregados en el espacio de la mezquita tanto durante la oración como durante el estudio coránico. Tercero, son *corporales*, pues se requiere del cuerpo o de partes de este como vehículo religioso para la verbalización de los versos coránicos que deben recitarse de una forma exacta. Y cuarto, son *discursivos*, porque la mujer no puede adoptar posiciones de liderazgo, como es el caso del hombre en la figura del *imam*, lo que pone de manifiesto las limitaciones discursivas de aquella.

En breve, el género como acto teatral es manifestado mediante unas acciones que se llevan a cabo de forma diferente según el género de la persona, el cual se vincula al sexo en el que se ha nacido.[14]

---

[14] Aunque solo he mencionado el acto de la *shahada* como acto teatral de género, existen otros que son, asimismo, importantes. Por ejemplo, el pilar del *Zakat* (limosna), es asimismo llevado a cabo de una manera diferente según el sexo de la persona. Mientras que a la mujer se le requiere dar como limosna la cantidad de oro que ha adquirido de un año para otro –siempre y cuando no sea para uso personal, sino para propósitos de inversión–, al hombre no se le requiere este mismo acto, al ser el oro un objeto vinculado a la belleza, la cual, a su vez, representa un atributo intrínseco de la mujer y no del hombre. Por el contrario, el hombre lleva a cabo la obligación coránica de dar limosna mediante el rechazo del lucro económico, como puede ser el de no aceptar intereses

El género como plataforma de resistencia

De la idea del género como *performance* y de los actos que conforman aquella como *actos performativos* se desprende la idea de resistencia. Los actos de resistencia que la visión de género hegemónica produce y que Butler llama "*performances* sociales sostenidas" (Butler; citado en Jagger 21), equivalen a las injerencias que las conversas ejercen con respecto a las normas socioculturales vigentes típicas de las sociedades seculares modernas y de las sociedades islámicas patriarcales. En lenguaje *butleriano*, las acciones performativas de género de las conversas españolas y de las US latinas son *resistentes* –al no conformarse a los paradigmas de género o roles de género de las sociedades donde viven–, son *intencionales*–al no cuestionar la infalibilidad del islam con respecto a los roles de género que aquel estipula–, y son *contingentes* (citado en Jagger 22), –al actuar siempre según unas prescripciones coránicas con respecto a los roles de género–. No obstante, las resistencias que estas mujeres inician como sujetos de género no son fáciles, al ser, en muchas ocasiones, autóctonas del territorio donde viven, y haber estado expuestas a unos paradigmas de género que deben reexaminar, y en última instancia, rechazar, según la nueva religión a la que se han adherido.

Fricciones y resistencias de las conversas

Aunque la visión de género de Butler y de las conversas españolas y US latinas al islam es una que se sitúa a ambos extremos de un espectro ideológico, la idea de género como *performance* mediante la revisión de categorías socioculturales, hegemónicas y de unas prácticas reiterativas, es útil para explorar cómo estas mujeres interpretan unos roles de género que no se corresponden con los de una sociedad donde viven y a las cuales se resisten. Tales discrepancias ayudan a entender el grado de exclusión, de discriminación y de estigmatización que aquellas experimentan y de las cuales emergen activismos. Por ello, continuaré explorando cómo las ideas de Butler y de otros autores como Wittig constituyen actos políticos de subversión y cómo estas ideas pueden aplicarse al colectivo

---

bancarios o el de entregar el 2.5 % del mínimo de neto lucro si este alcanza la cantidad de 4000 $.

Otro ejemplo de género como acto teatral lo constituye el pilar del *Hajj* o peregrinaje a la Meca, el cual ocurre de forma diferente según el sexo con respecto a la vestimenta. Mientras que ambos –hombre y mujer– están sujetos a un código de vestimenta, este es mucho más estricto par la mujer que para el hombre, lo cual implica la existencia de diferencias entre ambos sexos con respecto al número de partes del cuerpo que deben cubrirse. Todo ello constituye actos teatrales de género para el cumplimiento de unas funciones religiosas que son llevadas a cabo de forma diferente según el sexo de la persona.

de conversas de este estudio, las cuales utilizan, de la misma manera, acciones performativas de género, así como actos políticos subversivos en países que no sostienen una agenda islámica.

La puesta en marcha de agencias que contrarrestan agendas patriarcales constituye un elemento clave en la teoría *butleriana* y útil para establecer analogías con el colectivo de conversas, tanto para describir cómo aquellas llevan a cabo actos políticos subversivos, como para examinar cómo resuelven tensiones que viven en sus realidades diarias por unas ideas de género que se perciben como obsoletas.

Para Butler, las acciones subversivas o las agencias requieren de la reexaminación de las categorías identitarias de género que tienen como propósito la desestabilización de paradigmas ideológicos con respecto al género y a sus roles. De la misma forma, la identidad de género de las conversas al islam de este estudio en conjunción con la nueva religión es una que implica la misma reexaminación y rechazo de las categorías de género previas a la conversión que no se alinean con las de los nuevos valores sociales, culturales y por supuesto, religiosos a raíz de su afiliación al islam. Asimismo, el acto de repetición con respecto a los *actos constituyentes* o *reiterativos* que deben llevarse a cabo para tal acto de la subversión constituye parte de la estrategia mediante la cual se produce aquella. Tal y como afirma Butler: "La tarea no es saber si hay que repetir, sino cómo repetir, o, de hecho, repetir mediante una multiplicación radical de género, *desplazar* las mismas reglas de género que permiten la propia repetición" (*El género en disputa* 287). Es, pues, necesario que estas mujeres reiteren unas acciones de género y unas prácticas religiosas que, asimismo, conlleven un valor político subversivo (mediante el uso del velo, por ejemplo). Tal y como afirma Butler: "solo puede ser posible una subversión de la identidad en el seno de la práctica de *significación repetitiva*" (*El género en disputa* 282), lo que debe tener lugar tanto en el espacio privado como en el público. De esta manera, y en terminología butleriana, "el sexo se convierte para estas conversas en una categoría política al servicio de la *matriz heterosexual*" (citado en Jagger 29), lo que se alinea con los valores religiosos islámicos y con la visión de género de aquellos.

La formación psicológica del "sujeto-género" (*gendered* subject) como acto subversivo

La formación del sujeto, es decir, la formación del "yo" en términos de género, constituye otro punto importante en la teoría *butleriana* de género, lo que esta autora lleva a cabo mediante la examinación del componente psíquico del sujeto en cuestión. Para ello, emplea los términos de *sujeción, poder* y *deseo*, los cuales pueden aplicarse a la conversa y a las identidades de género que aquella experimenta. Retomando una vez más la teoría de Butler, me propongo examinar cómo la conversa construye una identidad de género a través de la formación psicológica de un "sujeto/yo" y de un concepto de agencia que aquella debe iniciar como mecanismo compensatorio a toda la otredad social que experimenta. Ello ayudará a explorar cómo aquella interacciona con una sociedad que no contempla el islam ni al sujeto musulmán de forma positiva, lo que constituye una posición política en el espacio privado y con una familia de origen que no acepta la conversión al islam de un miembro de la familia; como en el espacio público, ante una sociedad que tampoco lo hace.

Tomando como punto de partida el paradigma *butleriano* según el cual el género requiere de actos performativos que simbolizan resistencia y agencia (citado en Lloyd 200), es necesario explorar cuáles son los vehículos mediante los cuales tales dinámicas se llevan a cabo en un colectivo de mujeres conversas al islam, las cuales no pueden desvincularse de factores internos psíquicos como de otros externos históricos, culturales, lingüísticos y políticos.

En su libro *Mecanismos psíquicos del poder* (1997), Butler elabora una teoría psíquica de la formación del sujeto y apunta a la necesidad de examinar cómo la incorporación del elemento psíquico converge con las normativas socioculturales que contribuyen a la formación de tal sujeto. Así, Butler examina cómo la psique constituye el lugar de confinamiento y de subordinación, pero también de agencia, mediante la dialéctica hegeliana del amo/esclavo que Hegel desarrolla en su *Fenomenología del espíritu* (1807). A través de la teoría de la sujeción, Butler explica cómo el poder ejercido sobre el *sujeto sometido* contrasta con el deseo inherente de aquel de libertad, y ambos constituyen las bases para la formación de un sujeto que se debate entre la opresión y la resistencia, pero también, entre la sujeción y la agencia.

De la misma forma, estas ideas pueden aplicarse a una teoría de formación del sujeto converso, pero más concretamente del sujeto *generizado* (*gendered subject*) en la figura de la mujer conversa.

No obstante, antes de adentrarme en la teoría de sujeción *butleriana* y en cómo Butler establece conexiones entre los conceptos de *sujeción* y *subjetivización* (o formación del sujeto *generizado*)[15], es necesario hacer un inciso y examinar cómo el término *subjection*, –en inglés–, que Butler emplea va a ser traducido y empleado en las siguientes páginas debido a la riqueza lingüística del español con respecto a la existencia de sinónimos de tal término.

---

[15] Butler presenta este término, el cual es expresado en lengua inglesa como "subjectivization". La traducción al español como "subjetivización" es algo problemática, pero necesaria para referirnos a este término *butleriano*. De una forma u otra, la *subjetivización* se refiere a la formación del individuo como sujeto de género y es de esta forma cómo me referiré a tal proceso en la conversa al islam.

La palabra *subjection* puede ser traducida al español como *sujeción*, pero también puede traducirse como *sometimiento*.[16] Asimismo, la búsqueda de sinónimos de estas palabras arroja como resultados las palabras *sumisión* y *subordinación*. Debido a ello, es importante ser muy consciente de cómo estos términos van a ser utilizados, pues el uso semántico de aquellos ofrece diferentes posibilidades. Por ejemplo, mientras que *sometimiento* y *sujeción* implican el acto involuntario de ser sometido, el término *sumisión*, implica uno de total pasividad a una fuerza ejercida sobre uno.

Si a esto añadimos que al utilizar el término *subjection*, –en inglés–, Butler se estaba refiriendo al acto de *subjetivización*, o sea, de formación del sujeto, la ambigüedad a que ello da lugar en español es aún mayor. Por esta razón, es necesario que al examinar la teoría *butleriana*, el lector sea consciente de tal espectro ideológico y conceptual según unos objetivos muy específicos con respecto a la construcción del sujeto de género.

Tras este breve contexto, y tomando como punto de partida a Butler y su teoría de *subjetivización* (o formación del sujeto-género), es necesario examinar cómo se produce la formación del sujeto *generizado* en la conversa que le permite navegar en una sociedad que se opone a los valores ideológicos islámicos con respecto a un tema de género.

Para ello, primero, es importante tener en cuenta "los mecanismos específicos mediante los cuales el sujeto es sometido" (Butler, *Mecanismos psíquicos del poder* 2) para poder examinar las bases desde las que surge la reacción a tal sometimiento, o sea, la agencia de la mujer conversa en una sociedad anti-islam que vislumbra a aquella bajo estereotipos de género y la somete a una otredad. En el caso de las conversas, tales mecanismos tienen sus raíces en una sociedad cultural islámica patriarcal, así como en las sociedades españolas y estadounidenses respectivamente donde residen, las cuales también ejercen una subordinación y un patriarcado sobre aquellas. Producto de ello, el sujeto emerge. Para entender esto, me referiré a Butler, la cual inicia una explicación de cómo ello ocurre apuntando a la condición paradójica de la *sujeción*, al afirmar que "la sujeción del deseo se convierte en el deseo por la sujeción", (citado en Jagger 92), lo que apunta a un *sometimiento* más que a una *sujeción* según he definido estos términos previamente. La paradoja de tal afirmación no reside en el deseo de ser sometido, sino en el hecho de que, según Butler, no existe formación del sujeto, –es decir, *subjetivización*– sin un sometimiento o sin un poder ejercido sobre aquel. De ello se deduce que la existencia del sujeto y formación de este es contingente al ejercicio de poder que tiene lugar sobre aquel, y, por tanto, necesario para la existencia de aquel.

---

[16] El diccionario online *Wordreference.com* ofrece esta traducción.

La idea *butleriana* de la sujeción y formación del sujeto es perfectamente aplicable al sujeto converso cuando entendemos que el concepto de *sumisión* del que se desprende la *sujeción* –como parte de las posibilidades semánticas de la palabra–, responde en el caso del sujeto musulmán al mismo significado semántico de la palabra *islam*, el cual significa *sumisión*. Las analogías que se producen entre este último significado y la teoría *butleriana* constituye una metáfora de cómo la conversa ejerce una subordinación a la religión que ha elegido y a las normativas de género que el islam estipula, pero también a una sociedad autóctona no musulmana con la que choca por unas normativas ideológicas y una praxis de género con las que no concuerda.

La doble naturaleza a la que la mujer musulmana conversa se sitúa entre el sometimiento que experimenta por normativas islámicas con respecto a la visión de género, así como por la presión ejercida por una sociedad occidental que no comparte ideológicamente tal visión, constituye parte de la ubicación liminal en la que se encuentra aquella (Martínez-Vázquez 10).

Mediante la teoría de la sujeción y la metáfora hegeliana del amo/esclavo, puede explicarse cómo la mujer musulmana conversa emerge como sujeto de género mediante los conceptos de sometimiento/sumisión, los cuales son contingentes a las fuentes de poder que se ejercen sobre tal sujeto y mediante las cuales aquel emerge y existe, pero de las cuales asimismo emergen también resistencias y agencias.

Durante el proceso psicológico de sujeción ejercido en el modelo de formación de Hegel utilizado por Butler, la supervivencia psicológica de ser sometido es posible mediante lo que aquel llama unos "vínculos apasionados" hacia su amo que son producto de mecanismos psíquicos cuyo objetivo es la existencia del sujeto (citado en Butler, *Mecanismos psíquicos del poder* 17). De la misma forma, puede afirmarse que la mujer conversa adquiere unos *vínculos apasionados* con una sociedad no musulmana de la que depende su existencia y funcionalidad en el territorio en el que vive, tanto desde una perspectiva económica como social. Tal y como diría Althusser, la rendición ante las normas sociales y ante la ley puede interpretarse como la consecuencia inevitable de una motivación narcisista cuyo objetivo es la propia existencia (citado en Butler *Mecanismos psíquicos* 126). Así, el sometimiento/sumisión de la conversa es sostenido por "el deseo de persistir en el propio ser, el cual exige someterse a un mundo de otros...solo persistiendo en la otredad, se puede persistir en el 'propio' ser" (*Mecanismos psíquicos* 39).

En breve, la teoría *butleriana* pone de manifiesto que tanto la sujeción al islam como la sujeción a la sociedad hegemónica es el proceso de devenir subordinado a un poder, pero también el proceso de devenir *sujeto*, pues tanto la sumisión como la sujeción constituyen las bases mediante las cuales este sujeto rompe psicológicamente con el confinamiento psicológico y con las normativas a las que ha estado sujeto, para revelarse y emerger como sujeto independiente, especialmente ante una sociedad que contradice el islam. En otras palabras, Butler afirma que es en el sometimiento o en la sumisión que emerge una ambivalencia entre un poder anterior [el poder que la conversa sostiene antes de la conversión] y una condición de posibilidad (*Mecanismos psíquicos* 24) mediante la cual aquella reafirma su identidad como musulmana y como sujeto *generizado*.

Como conclusión, la teoría de la sujeción psíquica de Butler y la metáfora hegeliana del esclavo/amo proporcionan los medios para entender la formación psicológica del sujeto musulmán que está expuesto a unas fuentes de poder representadas por la sociedad autóctona no musulmana, la cual constituye fuente de conflicto a la práctica de una identidad de género anclada en el islam, pero también fuente de agencia como sujetos religiosos, políticos y psíquicos.

Resistencias a los estereotipos de género

Si en un pasado, un discurso orientalista académico cuyo objetivo fue la justificación de unas empresas coloniales fuera el responsable de divulgar unas imágenes con respecto al Oriente Medio, a sus gentes y a su religión (el islam), en el presente, los medios de comunicación han sido los que han protagonizado la divulgación de un discurso sobre ideas e imágenes de esta religión y de sus gentes en torno a dos aspectos; uno, el vínculo que se ha atribuido entre terrorismo e islam; dos, la proyección del islam como fuente de opresión a la mujer musulmana. Ello ha dado como resultado la creación de estereotipos sobre aquella a que la han asociado al ámbito exclusivamente doméstico y reproductivo. Así, las falsas representaciones que emergen de los estereotipos que se sostienen sobre el islam y más especialmente sobre la mujer musulmana continúan siendo el *modus operandi* más usual bajo el cual se producen fricciones entre una sociedad autóctona desconocedora del islam y las conversas, las cuales son muy usualmente, confundidas por inmigrantes.

El estudio del Corán y la puesta en práctica de un activismo de género como estrategia de combate a las ideas erróneas sobre estas mujeres es un método que las conversas usan continuamente, no solo ante la sociedad no musulmana, sino muy especialmente ante la familia de origen con respecto a ideas religiosas, así como con respecto a los roles de género familiares y sociales que estas mujeres desempeñan.

Debido al hecho de que se ha vinculado el islam al papel de la mujer, ya sea en el espacio privado como en el público, es imperativo para estas mujeres derribar toda una serie de imaginarios socioculturales que se tienen de ellas. Por ejemplo, y entre los estereotipos más comunes destacan el no haber abrazado el islam por voluntad propia; el que no se les permite trabajar fuera del hogar; y el de que sus roles se limitan exclusivamente al área reproductiva y doméstica. No obstante, no solo el trabajo etnográfico llevado a cabo mediante la observación, los cuestionarios o las entrevistas para este estudio confirman lo contrario, sino que puede fácilmente corroborarse el papel social y cultural de estas mujeres en su participación en organizaciones islámicas como no islámicas [educativas, laborales, sociales], así como en sus roles de voluntarias y de trabajadoras remuneradas en la sociedad en la que residen.

Asimismo, y con respecto a los estereotipos que se sostienen sobre estas mujeres y con base en lo que ellas elaboraron en sus narrativas, pude concluir que aquellas niegan que esta religión sea fuente de un patriarcado, aunque sí reconocen que la cultura asociada a las sociedades islámicas constituye la mayor causa por la cual la mujer musulmana ha sido oprimida, así como la causa por la que han emergido estereotipos en torno a la mujer musulmana –sea esta, conversa o musulmana de origen–. De una manera u otra, estas mujeres están desafiando la visión de "mujeres tercermundistas"; de víctimas; de "oprimidas sexualmente"; o de "víctimas de un machismo" que el sistema social patriarcal de muchas sociedades musulmanas ha perpetuado en conexión con el islam (Mohanty, "Under Western Eyes" 338, 339).

Los estereotipos sostenidos en los territorios de España y de los Estados Unidos con respecto a la división de roles que se produce en el islam entre hombre y mujer ha sido interpretado como una táctica de control, de opresión y de ausencia de agencia por parte de la mujer musulmana. De alguna manera, la visión paternalista y de superioridad cultural que Said denuncia en *Orientalism* (1978) queda patente en la manera como estos territorios vislumbran a estas mujeres. Por esta razón, es importante que se les otorgue voz a estos hombres y mujeres conversos con respecto a cómo ellos mismos vislumbran los roles de género en las sociedades donde viven, para ver cómo las acciones e ideologías de aquellos ocupan un lugar central en un discurso feminista actual. Tal y como afirma Alcoff, es importante discernir entre "hablar de estas mujeres" o "hablar por estas mujeres" (citado en Kynsilehto 12). Asimismo, es importante tener en cuenta el *lugar de enunciación* (Spivak 246) desde donde se producen los discursos –los territorios de España y de los Estados Unidos–, los cuales no pueden asociarse ya más a referentes ideológicos estáticos a causa de las conversiones al islam en el Occidente, como debido a unas transformaciones ideológicas cada vez más comunes. Ello es importante para no caer en falacias académicas que no reflejan la realidad.

Subversiones de las conversas a las identidades de género hegemónicas territoriales

Los actos subversivos e iniciados por las conversas no constituyen actos meramente políticos, sino también actos feministas que no pueden desvincularse ni del cuerpo como *locus* de las prácticas de género, ni del significado simbólico que aquellas adquieren.

Asimismo, es importante tener en cuenta el contexto en el que tales prácticas son llevadas a cabo –sociedades occidentales–, para darnos cuenta de la magnitud ideológica y significancia que tales actos adquieren en términos de subversión y resistencia. Por ejemplo, la existencia de leyes progresistas en España en términos de género que incluyen en su hoja de ruta, leyes pro-aborto, pro-transgénero y pro-reasignación de sexo, –por poner unos ejemplos–, no solo contradicen las prácticas de género con las que estas mujeres conversas se identifican, sino que contradicen el mismo islam. Por esta razón, aquellas no pueden identificarse con políticas feministas de este país, al ser tales, contradictorias, en definitiva, con dicha religión. Estas leyes, aliadas a los feminismos occidentales, –españoles y estadounidenses respectivamente o a partes de estos–, chocan con la visión individual de las conversas españolas y US latinas, pero también con la visión que la *umma* o comunidad musulmana global sostiene con respecto a tales marcos jurídicos y a las prácticas de género que emergen de aquellos. A pesar de ello, el feminismo –valga la vaguedad del término–, constituye parte del contexto académico mediante el cual se pueden explicar algunas de las acciones subversivas de la mujer conversa al islam. Para poder entender esto, es necesario puntualizar que el feminismo occidental no es sinónimo de feminismo oriental, como tampoco del feminismo islámico como movimiento. Así pues, el contraste entre los feminismos occidentales y los paradigmas feministas islámicos con los que algunas de estas mujeres conversas se identifican constituye una posición ideológica mediante la cual se produce una subversión a prácticas y visiones de género que no se comparten.

Por ejemplo, la visión de igualdad de género, tal y como la mayor parte de los feminismos occidentales propagan en las sociedades españolas y estadounidenses, contrasta con la visión ideológica que las conversas sostienen sobre tal concepto de igualdad, no en materia de derechos, sino en materia de roles de género y de prácticas de género. Es decir, no es que estas mujeres no se identifiquen con un feminismo que les otorga derechos, sino que ni se adhieren a los feminismos locales que defienden políticas sexuales como las mencionadas anteriormente (P. ej. leyes pro-aborto), ni quieren ser identificadas con una adscripción feminista. Contrariamente a esto, el feminismo con el que estas mujeres se identifican es, como diría Margot Badran, un feminismo cuyo discurso y práctica se encuentra arraigado en el paradigma islámico (370). Asimismo, es este un feminismo no alimentado exclusivamente por activismos políticos, sino movido por una responsabilidad moral de implementar un sentido de justicia en sus vidas (citado en Anitta Kynsilehto 12), el cual tiene su expresión en la discrepancia con políticas sexuales que contradicen el islam.

El caso de las conversas US latinas difiere ligeramente al de las conversas españolas, expuestas las primeras a políticas sexuales menos liberales que las que existen en España debido a unas políticas *trumpistas* anteriores al gobierno vigente que rechazaron el aborto, el cambio de sexo y hasta no hace tanto, los matrimonios homosexuales. La base ideológica de tales políticas responde a una ideología mucho más conservadora que la de un gobierno español, así como a la inclusión de un elemento religioso evangélico protestante en el gobierno de Donald Trump (2016) que simbolizó la vuelta a unos esencialismos identitarios sexuales con los que se identifica también el islam. No obstante, el hecho de que exista una politización de todo lo cultural y religioso por parte de la pasada administración del presidente Trump, no solo se materializó en tales políticas sexuales en contra del aborto, sino en la protección de libertades religiosas en los Estados Unidos que discriminaron sutilmente entre "lo religioso cristiano" y "lo religioso musulmán". El cristianismo y el islam no fueron percibidos de la misma forma, lo cual quedó patente en varias ocasiones mediante políticas migratorias anti-islam, mediante la prohibición de entrada al país de sujetos de países de origen musulmán y mediante discursos anti-islam en distintos mítines políticos. A pesar de la importancia del componente moral y religioso en unas políticas de género *trumpistas*, las mujeres musulmanas US latinas residentes en los Estados Unidos continuaron siendo igualmente discriminadas o estereotipadas por una religión que entraba en total oposición, tanto con un territorio supuestamente secular, como con un cristianismo proyectado de forma positiva en la arena política de la administración *trumpista*.

Dada la gran politización con respecto a todo lo cultural y religioso que Trump empleó como estrategia política, y en específico, con respecto a todo lo que no se proyectaba como supuestamente estadounidense, no es difícil entender que se haya producido una emergencia de islamofobia y una deslegitimación a todo lo que se asocia con el islam en aquel territorio. Las mujeres conversas US latinas, –las inmigrantes y las no inmigrantes–, pero muy especialmente las veladas, han sido blanco de islamofobia, de discriminación y de delitos de odio por parte de algunas secciones de la sociedad estadounidense, cuyos valores nacionalistas estadounidenses constituyeron la base a una campaña electoral y a un partido cuya base ideológica fue la eliminación literal y simbólica de todo aquel que representa la diferencia. La religiosidad de estas mujeres mediante el velo fue y continúa siendo vista como un signo de otredad, independientemente de la nacionalidad de aquellas, pero mucho más si proceden del extranjero.

A modo de conclusión, las narrativas que se derivan de las entrevistas o cuestionarios de las conversas españolas, como las de las conversas US latinas, comparten como común denominador la discrepancia con unas políticas sexuales y de género liberales que contradicen el islam, como también comparten la experiencia de islamofobia. Asimismo, ambos grupos también son agentes de acciones subversivas. La entrevista o cuestionario para este estudio etnográfico constituyó para muchas de las participantes un ejemplo de ello.

Actos subversivos de las conversas

La hostilidad que todo lo islámico produce aún en las sociedades occidentales conlleva que el sujeto musulmán, pero más especialmente la mujer islámica a causa de su mayor visibilidad, lleve a cabo actos que son agentes, políticos y subversivos. En esta sección me propongo describir cuáles son algunos de estos actos concretos y cómo tales vienen a cumplimentar las resistencias que constituyen el objetivo de aquellos. Ejemplos de aquellos son el uso del velo, los diferentes actos de voluntariado que estas conversas realizan y el rezo islámico en lugares públicos.

Con respecto al uso del velo, mucho se ha hablado sobre este como símbolo identitario de la mujer musulmana. Por ello mismo, solo pretendo mencionar aquel para ilustrar la manera como las mujeres conversas españolas y US latinas participantes de este estudio lo utilizan como actos subversivos y políticos, los cuales se llevan a cabo en un ámbito laboral, pero también personal y educativo. Así, para la totalidad de mujeres participantes de este estudio y de otras que no incluí en este estudio, el velo constituye una acción reiterativa que no toman a la ligera y que una vez inician, raramente abandonan; representa una acción política, al ser llevado en un espacio público y ser regulado su uso en aquel; y representa una acción agente y vocal, al ser cuestionadas por ello, no solo por sus familias de origen, sino por la misma sociedad.

No obstante, el velo no es el único acto subversivo que estas mujeres utilizan como vehículo político de género. Otros, como su involucración en instituciones políticas, sociales y culturales, constituyen ejemplos de cómo aquellas ejercen activismos que no dejan de tener una carga política, puesto que ayudan a visibilizar discursivamente una discrepancia de opiniones en materia de género y de religión. Así, la participación de mujeres musulmanas en organizaciones civiles y mediáticas constituye una plataforma discursiva mediante la cual se propaga una narrativa cuyo objetivo es derribar estereotipos sobre el islam y sobre los musulmanes, pero también la difusión ideológica de temas controversiales. Los actos de voluntariado social de este colectivo mediante su participación de limpieza de calles o en comedores sociales constituye una práctica que también contribuye a derribar los estereotipos que vislumbran a la mujer musulmana como sujeto doméstico exclusivamente o como iniciadora de una autosegregación con respecto a grupos sociales exógenos.

Con respecto a las intervenciones mediáticas, es relevante apuntar que las mujeres son más proclives a protagonizarlas, por ser ellas mismas blanco social preferente. Así, las acciones repetitivas llevadas a cabo por estas conversas mediante discursos en diferentes plataformas sociales no son meros actos repetitivos, sino que requieren de la *resignificación* de unas categorías sexuales que concuerdan con políticas de género islámicas, las cuales, son llevadas a cabo mediante la correlación cuerpo/género. El cuerpo, así, se convierte en un aparato político subversivo mediante la puesta en práctica de tales actos performativos de género que se repiten mediante la representación de este cuerpo (velado en la foto de perfil de distintos medios sociales, por ejemplo); y de la palabra y el discurso (en las plataformas mediáticas sociales que usan). De forma más específica, puede afirmarse que el uso de tecnología social (Facebook, Instagram, TikTok u otros) a los que la mujer islámica se adhiere, constituye un vehículo para propagar ideas que concuerdan con el islam, para proponer resistencias y para derribar estereotipos sobre la mujer musulmana y sobre el islam. Más adelante, incluyo algunos estudios de caso que ejemplifican estas ideas.

Finalmente, otro vehículo subversivo lo constituye el rezo islámico en el espacio público, que normalmente se lleva a cabo en el ámbito laboral, lo que normalmente ocurre durante el Ramadán. No obstante, este no es el único ejemplo de rezo en el espacio público, pues el rezo islámico en las calles, aunque más sensacionalista y mediático, constituye otro escenario en el que algunos musulmanes –normalmente migrantes y musulmanes de origen–, han usado como arma política para pedir a los gobiernos occidentales el otorgamiento de construcción de mezquitas. El acto del rezo islámico en el espacio público y llevado a cabo mediante el cuerpo del musulmán – como algo tangible y visible– constituye el vehículo político mediante el cual se lleva a cabo un acto político de subversión y simboliza *el lugar de discordia y de fricción* con la sociedad no musulmana, pero también *el lugar de resolución* por parte del sujeto musulmán que, mediante el acto de postración en un lugar público; mediante el uso de una vestimenta con la que se cubre el cuerpo de una forma determinada; y mediante las recitaciones coránicas que ocurren de forma corporativa y que pueden ser escuchadas en árabe, son capaces de producir una aversión por parte de una sociedad dominante que no entiende el árabe y que no acepta esta religión en su territorio. Asimismo, también representa una resistencia a políticas anti-islámicas, especialmente en un territorio que no contempla lo musulmán como parte de sus identidades. Tal como Badran afirma: "Allí donde todo el mundo posee una variedad de identidades, destacar una identidad particular y hacerla visible [la musulmana] constituye una decisión política" (331).

Aunque todas estas acciones han sido llevadas a cabo por musulmanes de origen y no solo por conversos, debido a la homogeneización que se produce entre el musulmán de origen y el converso, es importante mencionar aquellas como actos subversivos que adquieren una connotación política con respecto a todo lo que se interpreta como islámico.

Estudios de caso y las voces de las conversas

Las convergencias que se producen entre conversión al islam y género han sido reportadas extensamente por varios académicos en el tema. [17] De hecho, la mayor parte de la investigación académica sobre las conversiones al islam se han centrado en la feminización del islam, y más específicamente en las razones por las cuales más mujeres que hombres occidentales se convierten a esta religión. No obstante, otras vertientes de investigación más recientes han indagado en las conexiones existentes entre la conversión al islam y el impacto que aquellas tienen en los roles de género, especialmente desde una perspectiva etnográfica. Por esta razón es importante cotejar lo que aquellos académicos afirman con lo que las mismas conversas de este estudio sostienen sobre la visión que tienen sobre sus propias conversiones religiosas, así como el impacto que la conversión y la adhesión al islam ha tenido en la identidad de género como mujeres musulmanas.

Asimismo, y debido a las transformaciones visibles e invisibles que la mujer conversa –la española y la US latina– experimenta a raíz de su conversión, las cuales no dejan de incitar fricciones, es necesario explorar cómo estas mujeres vislumbran tales fricciones, así como las estrategias y tácticas que emplean para contrarrestar los estereotipos que se les atribuye cuando mantienen unas prácticas de género dentro de los límites del islam. Para ello, emplearé el análisis de sus propias voces, las cuales representarán el punto de partida a unas conclusiones que se pueden hacer sobre este tema y sobre este grupo de conversas. Algunas de estas, son:

---

[17] Karin van Neuwkerk constituye uno de los puntos de referencia, así como todos los autores incluidos en su libro, *Women Embracing Islam.Gender and Conversion in the West*. Algunos de estos autores son Stefano Allievi, Nicole Bourque, y Marcia Hermansen. Ver en lecturas adicionales al final del libro.

Primero, la mayor parte del trabajo etnográfico arroja luz sobre las discrepancias que las conversas sostienen con respecto a los estereotipos que las sociedades de los lugares geográficos donde residen les atribuyen. De hecho, la visión que la sociedad sostiene de aquellas, y que asocia al islam como fuente de maltrato de la mujer musulmana fue rechazada por todas las mujeres participantes, las cuales reivindicaron el islam como justo y protector de los intereses de la mujer.

Segundo, todas las participantes rechazaron el aspecto cultural del islam mediante el cual se legitima el patriarcado. Por esta misma razón, y porque no han nacido en aquellas culturas, estas mujeres no se identifican con el patriarcado típico de las culturas islámicas de origen, aunque tampoco lo hacen con la cultura territorial donde viven, la cual, afirman, alienta la misoginia y el abuso doméstico. Más bien, estas mujeres denuncian la hipocresía de la sociedad española en la que la violencia de género ha continuado siendo uno de los problemas sociales más notorios, pero que critica el islam por su supuesto carácter machista y opresor.[18] La presencia de un marco jurídico en España –mediante leyes y otros instrumentos como la *Estrategia del Gobierno contra la Violencia de Género*, el *Observatorio de Violencia de Género y Doméstica del Consejo General del Poder Judicial (CGPJ)* o los *Juzgados de Violencia sobre la Mujer*–, no ha podido eliminar ni el número de víctimas mortales ni el número de denuncias que se producen cada año a pesar de todos los esfuerzos realizados por agencias gubernamentales, sociales y educativas. Por otra parte, en los Estados Unidos, el *CDC (Center for Disease Control)* ha reportado que una de cada cuatro mujeres en este país sufre violencia de pareja o de expareja.[19] La existencia de centros de detección de violencia de género, de centros de control, de agencias de prevención y de leyes que combaten este problema no son suficientes tampoco para crear un impacto en la emergencia de unas nociones de género que promuevan relaciones saludables entre ambos géneros, y, en última instancia, que destituyan el patriarcado.

Tercero, ninguna de las mujeres de este estudio se identificó con el feminismo islámico *per se*, sino más bien con la noción de feminismo universal y sus voces reflejan un discurso que no concuerda tampoco con el del feminismo occidental local donde residen, al ser este implícito de una ideología que no tiene en cuenta ni el islam ni el principio de equidad y complementariedad en el que creen. Asimismo, estas mujeres, aunque nacidas en territorio occidental,

---

[18] En el año 2019, en España, un total de cincuenta y dos mujeres fueron asesinadas a manos de sus parejas. https://www.rtve.es/noticias/20191125/51-asesinadas-43-huerfanos-mas-80000-denuncias-dramaticas-cifras-violencia-genero-2019/1992281.shtml

[19] https://www.cdc.gov/violenceprevention/intimatepartnerviolence/fastfact.html

denuncian el feminismo asociado a tales territorios, el cual no contempla el elemento religioso, lo que constituye, para aquellas, una contradicción a las democracias que tales territorios proclaman mediante leyes de libertad religiosa.

Cuarto, del análisis de las conversaciones y respuestas con las conversas españolas y US latinas que llevé a cabo para este estudio, pude concluir que los roles de género a los que se adhieren estas mujeres son contingentes a la diferencia sexual y al principio de complementariedad que sostienen entre géneros que no necesariamente se limita a un rol reproductivo y productivo entre mujer y hombre respectivamente, sino que depende de las circunstancias socioeconómicas y de las condiciones biográficas de estas mujeres y hombres conversos. Así, por ejemplo, la mayoría de las mujeres españolas conversas casadas con marroquíes (el caso más usual entre las participantes españolas), son las que cuidan de los hijos, pero a su vez, también ocupan puestos de liderazgo en la economía familiar, al ser estas, autóctonas del territorio donde viven, hablar el idioma nativo, y tener mayor soltura cultural a la hora de moverse en una sociedad en la que han nacido.

Finalmente, todas las mujeres participantes de este estudio me expresaron el descontento que experimentan con respecto a la visión ideológica que los territorios de España y de los Estados Unidos sostienen respectivamente, cuya praxis de género es aquella misma que critica del islam.

A continuación, presento algunos estudios de caso de varias conversas, las cuales aparecen sin su nombre verdadero.

Testimonio de Mariam

> Como mujer musulmana, la igualdad de derechos entre géneros es algo que me cuestioné cuando me convertí y algo de lo cual investigué muchísimo. Para mí, hombre y mujer tenemos los mismos derechos, pero hombre y mujer no somos iguales. Los feminismos actuales han intentado proyectar a ambos géneros como iguales, pero las sociedades desde donde surgen tales feminismos no tratan a la mujer con los mismos derechos que los hombres. El islam sí lo hace. No solo esto, sino que el islam ni siquiera adopta una posición fija imposible de negociar. Es decir, aunque haya trabajos que los hombres pueden hacer mejor y viceversa, eso no significa que tales tengan que ser realizados siempre por aquellos. En otras palabras, no debemos confundir el ser iguales con el tener los mismos derechos. Y aunque un análisis más profundo de la sociedad occidental no musulmana podría aceptar la igualdad de derechos, no aceptan que ello proviene de Allah y este es mi problema con el mundo occidental, porque solo cuando aceptas que Allah es el

creador del hombre y de la mujer y de todas las normas entre géneros, es que tienes que admitir que el hombre y la mujer son distintos e idóneos para roles específicos. Como también tienes que admitir que el matrimonio es el único escenario para una plena y satisfactoria sexualidad, tal y como el Corán estipula (testimonio de Mariam).

Las palabras de Mariam con respecto al concepto de igualdad de derechos reflejan una saturación del discurso con otras mujeres que opinaron de la misma manera sobre el mismo tema de igualdad entre géneros. No obstante, y a diferencia de otras participantes, Mariam hizo referencia asimismo a la visión que ella creía el islam sostenía sobre el tema de sexualidad, cuando mencionó que esta religión la contempla como parte de la agenda islámica con respecto a las relaciones entre géneros y no solo como parte de la procreación y supervivencia de la especie humana. Todo ello es importante porque contrasta con el estereotipo de opresión sexual al que la mujer musulmana está sujeta en la sociedad occidental española como en la estadounidense.

Las palabras de esta conversa se alinean con las de la conocida erudita y feminista islámica Margot Badran cuando afirma que: "el placer sexual es un derecho idéntico para los hombres y para las mujeres" (Badran 264), aunque uno que debe ser ejercido dentro del matrimonio. En efecto, Mariam elaboró durante la entrevista que ello constituye una manera de proteger a la mujer, tanto de embarazos no deseados y de enfermedades por transmisión sexual, como de unas emociones y sentimientos que ocurren producto de un vínculo sexual con una pareja con la que no existe la seguridad de establecer una relación estable. Según esta conversa, el sexo premarital constituye una transgresión religiosa y un vehículo mediante el cual la mujer es más vulnerable al sexo opuesto, no en conexión con su género *per se*, sino en conexión a una sociedad patriarcal que *cosifica* a la mujer sexualmente. Esto es de vital importancia porque tal argumento constituye un argumento no religioso para refutar la idea de que ambos géneros son tratados de la misma manera en concordancia con los objetivos de los movimientos feministas. Barlas afirma que: "However, the Qur' ān does not suggest that women's vulnerability is a function of their being the "weaker sex"; rather, it ascribes their vulnerability to the *existing* patriarchal social and sexual divisions of labor (*Believing Women in Islam* 233). No solo las sociedades patriarcales han ubicado a la mujer en una situación de vulnerabilidad y de desigualdad de derechos, sino que los mismos movimientos feministas tampoco han podido erradicar tal desigualdad mediante la permisibilidad sexual que se les otorga a las mujeres (como a los hombres), así como mediante otras políticas sexuales. Por ejemplo, las libertades sexuales que las feministas avalan, así como otras políticas *pro-choice*, mediante el libre uso de anticonceptivos y mediante leyes proaborto, son otras circunstancias mediante las cuales no se otorga libertad a la mujer, sino que se la vulnera física, mental y espiritualmente al promover situaciones en las que el cuerpo de la mujer y no el del hombre es *cosificado*, sexualizado y vulnerado. Por consiguiente, y según estas conversas, la permisibilidad sexual, así como la relatividad moral típica de sociedades occidentales y de movimientos feministas, no son aliados de la mujer no porque constituyan un obstáculo a la práctica del islam, sino porque vulneran la protección del cuerpo de la mujer y de los derechos de esta, cosa que no ocurre con el cuerpo del hombre, el cual es protegido social y culturalmente. El fracaso de las sociedades occidentales con respecto a la violencia de género que se produce contra la mujer constituye una prueba de que las ideologías asociadas a tales territorios, no protegen a la mujer ni a su cuerpo.

Por contrapartida, el islam, tanto mediante las prescripciones que aquel impone sobre sexualidad dentro del matrimonio, como mediante las interacciones entre géneros según las cuales se implementa una diferenciación de sexos y de roles de género, está protegiendo a la mujer de sociedades occidentales sexistas y misóginas cuyos sistemas sociales, culturales y políticos no protegen realmente a la mujer, sino que le ofrece a aquella un falso sentido de seguridad y de libertad. Por esta razón, estas mujeres vislumbran el islam como la única manera de proteger sus cuerpos y de no ser consideradas como meros objetos sexuales, a pesar de que sus ideas sobre sexualidad sean percibidas como estigmáticas, retrógradas y obsoletas. Una manera como aquellas implementan en sus vidas la segregación de géneros es mediante la auto imposición de una distancia tanto física como emocional con miembros del género opuesto con los que no existen lazos de consanguineidad (*Mahram*), tal y como puede corroborar durante el proceso de selección de participantes en el cual la disponibilidad de hombres de someterse a una entrevista fue uno de los mayores obstáculos para el estudio etnográfico. La revelación de mi identidad como mujer fue de ayuda en el caso de las mujeres, –en la mayoría de los casos–, pero no en el de los hombres. De hecho, de todas las peticiones a entrevistas que hice a hombres, ninguno accedió a una entrevista presencial, con la excepción de un participante de una edad bastante avanzada. Aun así, tuve que ir acompañada de alguien del sexo masculino y de religión musulmana para que tal participante me concediera la entrevista, pues de ninguna otra manera el entrevistado hubiera accedido a aquella. En el caso de las mujeres, todas las participantes reportaron que ya no mantenían contacto – ni físico ni emocional– con otros hombres que no fueran sus maridos o prometidos; que dejaron de saludar usando el contacto físico (algo que la pandemia del coronavirus alentó especialmente); y que dejaron de participar en redes sociales cuando esto implicaba intercambios verbales con el sexo opuesto. De nuevo, las normativas islámicas que dictan cómo, cuándo y dónde las interacciones físicas entre hombre y mujer deben ocurrir, constituye según estas conversas una estrategia religiosa a la protección del cuerpo y a la otorgación de derechos que tanto hombre como mujer tienen.

Testimonio de Leila

La visión que el feminismo occidental *mainstream*, igual que las sociedades en Occidente, han sostenido sobre las dinámicas familiares en el islam constituye otra manera mediante la cual esta religión se ha vinculado al patriarcado. No obstante, el discurso de estas mujeres no coincide con la visión que las sociedades occidentales tienen de la familia y de los roles de género.

El siguiente testimonio constituye un ejemplo de cómo estas mujeres vislumbran sus roles de género mediante unas dinámicas sociales y familiares que protegen a la mujer y sus derechos.

> *Creo que el islam es garante de derechos para todos: hombres, mujeres, niños, ancianos, animales y hasta plantas. El islam promueve la armonía entre personas y el planeta. Ahora bien, el hecho de que la mujer pueda hacer cosas que el hombre no puede, como dar a luz, hace que la mujer sea especial en este sentido. Pero esto también ocurre con familias no musulmanas en las que, sin la mujer, toda la familia se desmorona, por decirlo de alguna manera. El islam ubica a la mujer como centro de la familia y de la sociedad para que ambas funcionen bien y le da su lugar y su reconocimiento como madre. En cambio, esto no ocurre con la mujer occidental no musulmana, de la cual se espera de ella que trabaje fuera y dentro de la casa. Las mujeres musulmanas casadas con hombres musulmanes tenemos la opción de trabajar o no fuera de casa (a menos que la situación económica no lo permita), con la diferencia de que se nos reconoce el trabajo que hacemos en la casa.*
>
> *Es más, te diré que los paradigmas occidentales son contradictorios e hipócritas. La mujer occidental quiere una carrera, hijos y una familia, pero tiene que elegir entre ser remunerada económicamente mediante una carrera so pena de ser vista como una mujer que abandona a sus hijos o de cuidar de sus hijos so pena de ser vista como una "simple ama de casa". Las mujeres musulmanas no tenemos tanta opción en este sentido, pues la crianza de los hijos es prioritaria, pero se nos reconoce el rol vital en la crianza de aquellos, así como el sacrificio de dejar una carrera, aunque sea por un tiempo. Una mujer occidental no musulmana que hiciera esto sería vista como ignorante y anticuada, aparte de oprimida por parte de un marido que la ha obligado a no trabajar, que es como la sociedad nos ve a nosotras. No solo esto, sino que las mujeres musulmanas casadas con hombres musulmanes no tenemos la carga económica de sostener el hogar, algo de lo que la mujer no musulmana*

no puede presumir. ¿Cuántos hombres no musulmanes esperan de sus esposas que tengan trabajos, aparte de que cuiden de la casa y de los hijos...todo a la vez? (testimonio de Leila)

Las palabras de Leila son claras con respecto a los roles de género y a las expectativas que se tienen de las mujeres musulmanas en el islam con respecto a la familia y al matrimonio. Una vez más, el factor equitativo con respecto a los derechos de la mujer y protector de los intereses de esta constituye el hilo conector con las narrativas de muchas otras participantes.

Algunas de estas mujeres defendieron su postura ideológica afirmando que la visión islámica con respecto a la familia no resulta tan ajeno al territorio occidental de hace tan solo unas pocas generaciones, en el cual la familia patriarcal era la normativa. No obstante, tales sociedades patriarcales no protegen los derechos de las mujeres, cosa que el islam sí hace según estas conversas.

La importancia del rol femenino en la crianza de los hijos en correlación con las características biológicas de la mujer (la mujer puede amamantar, por ejemplo), y con el papel social de esta en la familia (las mujeres normalmente cuidan de los padres mayores o coordinan el cuidado de aquellos), son también argumentos a las que muchas otras conversas hicieron alusión cuando se les preguntó por razones que defendieran el papel de la mujer en el ámbito doméstico. De las respuestas de aquellas se deduce que la diferencia de roles de géneros no yace solamente en las diferencias sexuales y biológicas entre hombre y mujer, sino en el hecho de lo que tales diferencias sexuales y biológicas pueden hacer para asegurar una armonía dentro de la familia y de la sociedad, lo que da como resultado la protección de toda la familia y por extensión, la de la sociedad por entero.

Otras conversas hicieron alusión a otros derechos que el islam le otorga a la mujer, como, por ejemplo, la elección de pareja, el derecho a divorciarse, el derecho a heredar y de ser propietarias sin tener que compartir con un marido unas propiedades, así como el derecho a tener un trabajo remunerado sin tener que compartir los beneficios económicos con la pareja.[20] Todos estos representan ejemplos de cómo estas mujeres sienten que el islam está protegiendo sus intereses, siendo esto último algo de lo que la mujer occidental no musulmana no goza. Más bien al contrario, mientras que a la mujer musulmana se le da la opción de criar a sus hijos en casa y de no tener que aportar económicamente

---

[20] Esto se basa en el concepto de *nafaqa* según el cual la mujer no es responsable del mantenimiento de la familia sino el hombre. Esto no significa que la mujer no pueda contribuir, sino que puede hacerlo siempre y cuando no interfiera con sus responsabilidades familiares y lo lleve a cabo siempre practicando el principio de modestia, tan importante en el Corán.

a la familia, –algo reservado para el hombre–, la incorporación de la mujer occidental no musulmana al mercado de trabajo, no la ha eximido de las responsabilidades familiares y domésticas, como tampoco de tener que contribuir a la economía familiar. No solo esto, sino que la institución matrimonial –el "contrato sexual" al que Carole Pateman hace referencia en su libro *The Sexual Contract* (1988)– ha otorgado al hombre el derecho de ejercer privilegios sobre la mujer, imponiendo una subordinación en aquella. Tal visión contrasta con la interpretación que estas conversas hacen del islam sobre matrimonio y familia. No obstante, aquellas admiten que la visión de Pateman coincide con la lectura patriarcal cultural de las sociedades islámicas de origen, que son asimismo culpables de la subordinación de la mujer.

Las entrevistas, mediante las cuales estas mujeres compartieron sus ideas en torno al islam y a la visión que este tiene de la familia y de la mujer, constituyó una forma de encauzar unos feminismos para derrocar los estereotipos que la sociedad y las familias de estas conversas sostienen sobre la mujer musulmana. Tal visión es una que se debate entre el "engaged surrender"[21] (Wadud, "Alternative Qur'anic Interpretation" 10) y entre una teoría de liberación sexual en el islam, de la cual Barlas hace referencia en su libro *Believing Women in Islam* (2019).

La visión de género que estas conversas sostienen no puede desvincularse de la religión, pero tampoco de las sociedades en las que residen. Asimismo, tampoco pueden relegar la religión al espacio privado como el cristianismo ha hecho en las últimas décadas. Muy por el contrario, el islam traspira todas las áreas de la vida y las prácticas islámicas deben llevarse a cabo mediante unas prácticas corporales visibles y mediante unos roles sociales que, asimismo, son visibles.

Testimonio de Bea

Un punto de interés a mencionar con respecto a los feminismos occidentales lo ha constituido la inclusión de la mujer homosexual, lo que ha tomado auge en las últimas décadas como forma de rechazo a todo lo homofóbico y a la emergencia de modelos de sexualidad alternativos. No obstante, tal modelo de sexualidad no siempre se ha correspondido con uno de feminidad hegemónica, sino que ha sido entendido en términos de omisión y proyectando a la mujer homosexual con unas deficiencias. Con base en tal afirmación, las conversas

---

[21] El concepto de "engaged surrender" al que Wadud alude en su artículo, hace referencia a dos hechos. Uno, al concepto de *sumisión* que la misma palabra "islam" hace referencia en términos semánticos. Dos, a la disposición por parte de la mujer musulmana de abrazar tal sumisión, sin que ello sea sinónimo de subordinación de la mujer, sino de equidad, de justicia social y moral, tal y como esta autora cree el islam otorga a la mujer.

se encuentran en un espacio liminal que no las identifica, ni con un sistema de sexualidad patriarcal ni con una visión pro-homosexual. Es decir, por una parte, y en términos de orientación sexual, estas mujeres se identifican con un modelo patriarcal de heterosexualidad y de heterosexualidad forzada a la que hacía referencia Butler con el término de *compulsory heterosexuality*. Por otra parte, aquellas no se identifican con una orientación sexual *homo*, al contradecir este el modelo sexual que el Corán estipula, y acarrea, por tanto, una connotación *haram*. No obstante, es importante puntualizar que, aunque estas mujeres condenan la homosexualidad, no condenan al individuo que la practica, idea que se deriva de que todo ser humano es un agente moral responsable de unas acciones propias y de que la relación entre creador y ser humano no debe ser intervenido ni juzgado por nadie. De ello se desprende que el modelo de sexualidad, feminidad e identidad de género de estas conversas es uno que constituye un modelo propio que no se ajusta ni a un colectivo homosexual ni a una sociedad patriarcal o hegemónica y cuya base ideológica la constituye el elemento religioso. Bea, una de las conversas a las que le pregunté por la visión que el islam tiene de la homosexualidad, explicó al respecto lo siguiente:

> *La homosexualidad no está aceptada en el islam, pero yo no puedo juzgar a un homosexual como otras religiones han hecho o como muchos musulmanes culturales hacen. La razón por la que no tengo ningún derecho a juzgar es porque cada persona va a dar cuenta de sus hechos. La sexualidad del hombre homosexual es entre él y Allah y yo no puedo intervenir. Allah es quien juzga, no el hombre, y, por tanto, debo omitir cualquier juicio. De hecho, tengo amigos homosexuales que conocí antes de convertirme y con los que comparto un elemento en común. Ambos somos marginados, alienados, estereotipados y discriminados por la sociedad que margina, aliena, estereotipa y discrimina. Ellos por su sexualidad, yo, por mi religión. Ellos saben lo que yo pienso de la homosexualidad y yo, lo que piensan del islam y no pasa nada. De hecho, me siento mejor con ellos que con otras personas que eran mis amigos, pero que dejaron de serlo a raíz de mi conversión al islam* (testimonio de Bea).

Tal y como anticipé anteriormente, las palabras de esta conversa son relevantes por ser reflejo de una flexibilidad ideológica que rompe con estereotipos que se atribuyen al grupo de musulmanes y más concretamente, que se atribuyen a lo que aquellos sostienen sobre el individuo homosexual. El vínculo que se produce entre homosexualidad y unas deficiencias en términos de género está aún muy vigente, especialmente en unas sociedades latinoamericanas con un fuerte componente cultural y religioso. Por esta razón, los US latinos conversos deben doblemente neutralizar varios tabúes con respecto a la homosexualidad; primero, con la sociedad hegemónica estadounidense que, aunque haya aceptado matrimonios homosexuales desde una perspectiva legal, aún no lo ha hecho totalmente en el ámbito social; y segundo, con el grupo racial y étnico propio que mantiene una visión de sexualidad mucho más estricta que la de la sociedad estadounidense.

Contrariamente a ello, la particularidad que presenta el grupo de conversos españoles con respecto a tal visión es una de más flexibilidad, lo que se debe a la generalizada secularidad que existe en España, así como a la cada vez más aceptación de una comunidad y de una agenda LGTBIQ+ en este país. No obstante, el converso español como el US latino debe superar de una forma u otra unas barreras culturales o familiares de base que condenan al sujeto homosexual, y sujetar aquellas a las prescripciones coránicas de respeto, armonía y convivencia con el sujeto homosexual. Aunque se necesitan más estudios etnográficos para conocer la ideología de los conversos con respecto a temas como el aborto, la homosexualidad, la inmigración, y otros temas de corte social, las respuestas de los participantes con respecto a sexualidad e identidad de género dejan entrever que estos sujetos se vislumbran como agentes morales, –responsables de unas acciones propias y no, de las acciones de un prójimo–, y que el respeto hacia el *otro* es vital según la interpretación que aquellos hacen del Corán. Por esta razón, y con respecto a cómo estas mujeres vislumbran la sexualidad, la feminidad y la identidad de género asociada a su sexo, hace que estas mujeres se sitúen en un espacio liminal con respecto a varios grupos sociales involucrados con los que interaccionan.

Capítulo 3
De José a *Hassan*: masculinidades alternativas y resistencias al patriarcado

Planteamiento y problematización: el estado de la cuestión

Los estereotipos a los que el islam está sujeto han recaído mayoritariamente en la mujer musulmana y en la idea de opresión bajo la cual aquella supuestamente se encuentra. Asimismo, movimientos sociales de tipo feminista como los estudios culturales bajo los cuales se han examinado las identidades de géneros han tenido como objeto de estudio mayoritariamente a la mujer. No obstante, es necesario explorar aquellas no solo desde un posicionamiento femenino, sino también desde uno de masculino. Ello ayudará a conocer cuáles son los factores que contribuyen a la existencia de sociedades patriarcales, siendo, no la religión, sino más bien la interpretación culturalista que se hace de aquella, uno de los muchos factores que contribuyen al patriarcado. Asimismo, es necesario explorar un mismo tema de patriarcado en el islam desde la posición masculina, en concreto desde la perspectiva del converso masculino al islam.

Objetivos de la investigación

Los objetivos de este capítulo comparten similitudes con el capítulo anterior. Asimismo, y de la misma forma que la historia constituía un factor importante con respecto a los feminismos, también el factor histórico es importante de tener en cuenta para examinar de qué manera han evolucionado los roles de género para el hombre. Por ello, me propongo: a) explorar cuáles son las convergencias que se producen entre conversión al islam y la emergencia de la identidad masculina en la figura de cinco españoles y de cinco US latinos conversos al islam; b) examinar las convergencias que se producen entre islam y patriarcado en conjunción con el estereotipo que Occidente sostiene del hombre musulmán como opresor. En esta línea de pensamiento, propongo que estos hombres no vislumbran el islam como patriarcal. Más bien, al contrario, son iniciadores de resistencias anti-patriarcales, tanto con respecto a la visión islámica culturalista que promueve la desigualdad de derechos entre los géneros, como con respecto a la visión masculina hegemónica del territorio occidental donde residen; c) examinar cuál es el discurso, militancia y activismos de estos conversos españoles y US latinos, no solo con respecto a las identidades de género sino también con respecto a los roles de género; y d) analizar el impacto que los parámetros étnicos, raciales, económicos y culturales crean en la identidad de género de estos hombres conversos. En concordancia con este último objetivo, es importante examinar si el modelo de masculinidad asociado a los territorios de España y de los Estados Unidos debe ser cuestionado al estar aquel centrado en la figura masculina representada por el hombre blanco, heterosexual, occidental, cristiano o secular y cuyo estatus económico responde al de "un hombre en el poder, un hombre con poder y un hombre de poder" (Kimmel 51).

Para poder abordar los objetivos mencionados, es importante distinguir entre las categorías *hombre* y *masculinidad* respectivamente, es decir, entre "*ser hombre* y *ser masculino*" respectivamente (Fabian García 94). Estos términos deben entenderse, no como sinónimos el uno del otro, sino teniendo en cuenta de que "el proceso de construcción de 'los hombres' como sujetos genéricos no es homogéneo y coherente" (Núñez 29), sino múltiple, pues no todos los hombres son iguales, como tampoco lo son todos los hombres conversos. Lo que sí es igual entre los sujetos conversos –cuanto menos entre los sujetos participantes de este estudio–, es su identificación con un proyecto anti-patriarcal y con una praxis de género que es sustentada mediante la propia interpretación del islam, del texto coránico y de los *haddits* (dichos del profeta Mahoma) con los que aquellos se identifican. Así, tales bases ideológicas constituyen pilares dogmáticos bajo los cuales los conversos se apoyan para extraer sus propias conclusiones con respecto al islam, y en específico, con respecto a la ideología de género que profesan y practican. Es decir, estos sujetos no solo estudian el texto sagrado según un contexto histórico, sino que también lo hacen bajo un marco temporal actual y en función del territorio en el que residen, el cual no contempla ni el elemento religioso ni el islámico. Esto es importante porque es primordialmente a partir de los textos religiosos, que aquellos redefinen unas identidades como sujetos de género (lo que el Corán dice sobre cómo ser hombre), y secundariamente, como sujetos raciales, culturales y sociales. Esto no significa que tales parámetros no tengan relevancia, sino que la tienen siempre y cuando no contradigan el islam. Por ello mismo, existe un proceso de reapropiación de valores y criterios islámicos que son infalibles, así como la negociación de paradigmas culturales, étnicos, sociales o raciales que constituyen una estrategia a través de la cual entienden sus identidades como hombres musulmanes, pero también como hombres musulmanes españoles, latinos, etc. Tal negociación implica que la cultura y las normas sociales del grupo endógeno, por muy importantes que sean, no constituyen el filtro exclusivo a la visión de masculinidad que sostienen. De hecho, estos conversos ponen mucho énfasis en que no se los identifique como musulmanes culturales, –como muchos homólogos musulmanes de nacimiento–, sino que quieren ser identificados como hombres musulmanes occidentales. Por esto mismo, es de vital importancia examinar también cuál es el impacto que los parámetros socioeconómicos, políticos y culturales en los territorios donde viven tienen con respecto a la construcción de las identidades de género de este grupo de conversos españoles y US latinos. Ello dará a conocer cómo tales factores tienen un impacto o interfieren en cómo estos hombres viven sus masculinidades en conexión al islam. Esto significa que no es adecuado que homogeneicemos a estos conversos y los asociemos al grupo de musulmanes que ha nacido en el islam, para el cual la cultura y el origen nacional representa parámetros identitarios más comunes. De la misma forma, es importante no homogeneizar a todos los conversos, pues existen diferencias, tanto intergrupales como intragrupales. Por tanto, la brecha que se produce entre grupos, así como dentro de cada grupo, respectivamente en función de factores como la raza, la lengua, la cultura, el estatus económico o el contexto religioso previo a la conversión, tiene implicaciones con respecto a las masculinidades. Estas diferencias deben ser entendidas "como parte de las luchas al nivel de la representación y de la organización de las distinciones de género" (Núñez 13).

El estudio de las masculinidades como disciplina

La ausencia de estudios de género centrados en el hombre de la misma forma como ocurre con los feminismos crea vacíos intelectuales con respecto a la emergencia de modelos de masculinidad. Asimismo, la carencia de una investigación académica de corte más sociológico con respecto a estudios etnográficos sobre cómo los activismos de género masculino pueden retar el patriarcado, constituye también una limitación académica. Por otra parte, tampoco existen muchos procesos organizativos por parte de hombres conversos ni la promoción de coaliciones que representen procesos de articulación con o sin proyección política. A pesar de ello, tanto el escaso corpus de autores que se ha dedicado al estudio de las masculinidades en comparación con el feminismo, como el trabajo etnográfico empleado por parte de algunos autores como Mara Viveros y Michael Kimmel, así como el análisis cualitativo de las respuestas del colectivo masculino del presente estudio, van a formar parte del corpus teórico para este capítulo para poder llegar a conclusiones y a una teoría con la que se pueda contribuir al estudio de las masculinidades de los conversos españoles y US latinos al islam. Un avance sobre tales respuestas revela una saturación del discurso que indica unanimidad en cómo aquellos vislumbran tales masculinidades e identidades masculinas, lo que siempre ocurre en conexión con el islam.

Así, y en un intento de mapear la disciplina que aborda el estudio de las masculinidades, cabe mencionar que aquel tiene sus orígenes bajo dos perspectivas; una, desde un posicionamiento que reivindica de forma autónoma el estudio de identidades masculinas; dos, como aliada a los feminismos, tanto occidentales como islámicos (Viveros, "Teorías feministas y estudios sobre varones" 25) A continuación, exploraré cuáles son bajo ambas perspectivas las intersecciones que se producen entre la conversión al islam y el converso como sujeto de género. Es decir, cuál es el impacto que la conversión y adhesión al islam tiene en la construcción de la identidad de género.

Las masculinidades y los estudios masculinos

A diferencia de los feminismos –occidentales e islámicos–, el estudio de las masculinidades como disciplina ha recibido poca atención, tanto a nivel académico como social, aunque esto esté cambiando. Una de las primeras contribuciones al estudio de las masculinidades fue los Men's Studies, importantes, porque vislumbraron al hombre y su identidad no como el género por antonomasia, sino en función a unos contextos de corte social, cultural y económicos determinados. Es decir, la identidad masculina ya no puede generalizarse más, sino que debe analizarse sobre la base de bagajes socioculturales y económicos a los que el hombre está expuesto (Minello 12). Ahora bien, las razones por las cuales el estudio de las masculinidades no se ha arraigado de la misma manera que lo han hecho los feminismos, puede explicarse por una agenda feminista occidental que se ceba a costa del sujeto masculino, y más especialmente, del sujeto masculino no occidental como promotor de sociedades patriarcales, así como por la hoja de ruta feminista, la cual ha intentado proyectar el islam como "cabeza de turco".

Asimismo, es importante recalcar que, desde el punto de vista académico, tampoco existe, como en el caso de los estudios culturales de género, una corriente a la que se la pueda llamar "masculinidades islámicas", así como ocurre en el caso de los feminismos islámicos, sino que lo que existen son relativamente escasas publicaciones sobre el tema. Por esta misma razón, este capítulo se vislumbra como necesario para el estudio del sujeto converso al islam –cuanto menos, del español y del US latino–, como sujeto de género, al tener como objetivo abordar las convergencias que se producen entre conversión al islam e identidad de género. Para ello es imperativo que incluyamos, no solo la "categoría género" sino la "categoría "sujeto musulmán" y explorar cuál es el rol de este como sujeto de género con respecto a la creación de identidades masculinas alternativas, pero también con respecto a resistencias patriarcales en las sociedades occidentales donde viven estos hombres. Tales resistencias deben examinarse en conexión con las lecturas islámicas culturales que se hacen de género, –representadas mayoritariamente por la diáspora islámica masculina–, pero también en conexión con la visión de género occidental hegemónica que también contribuye al patriarcado. Las negociaciones que el converso debe realizar al estar expuesto a esta doble visión patriarcal conducirán a la construcción de masculinidades alternativas por parte de este colectivo de hombres conversos al islam, así como a la reformulación de un discurso de género. Este es el caso de los participantes del presente estudio. Asimismo, es imperativo puntualizar que tales masculinidades alternativas en el converso no contemplan ni identidades "queer" ni "trans", pues tales contradicen la base identitaria religiosa de este sujeto, y en última instancia, contradicen el islam y la forma como este vislumbra la masculinidad.

Las masculinidades asociadas a los feminismos

El hecho de que las mujeres conversas redefinan sus identidades de género producto de la conversión al islam, me lleva a la premisa de que el hombre converso pasa por un mismo proceso. Por consiguiente, es necesario estudiar cómo se produce este, incorporando asimismo las identidades de las mujeres conversas que comparten con sus homólogos conversos la misma experiencia de la conversión, así como transformaciones como sujetos de género que se producen a raíz de aquella. Es decir, y aunque el estudio de las masculinidades constituya una disciplina académica en sí misma, es importante que la abordemos en conjunción con los feminismos islámicos, al ser el elemento religioso el común denominador entre ambos géneros.

El estudio de estas masculinidades "islámicas", tanto como modelo independiente, así como asociado a los feminismos, es ubicado en un espacio ideológico y territorial liminal, entre una sociedad que no contempla el islam como base ideológica y una sociedad musulmana de origen con la que se vincula el discurso patriarcal islámico, –normalmente compuesta por migrantes que han nacido en el islam y que emigran a Occidente–. De ello se deriva que el proceso de construcción con respecto a la idea de masculinidad es una que responde a la famosa frase de Simone de Beauvoir con respecto a un sujeto de género que no nace, sino que se hace. Ouzgane reitera esta idea y afirma que la masculinidad es el proceso de *hacerse* hombre (2). Ello implica un proceso investigativo según el cual, por una parte, el converso va indagando en los textos sagrados e interpretándolos, y por la otra, va negociando normativas mientras se apropia de los dogmas islámicos que ajusta en su vida y en su realidad diaria para que tales dogmas y textos adquieran sentido. Tal proceso no termina nunca y dura toda la vida. Es decir, "esta posición hay que mantenerla día a día, ya que siempre existe el riesgo de contaminación de 'lo femenino' (Valcuence del Río y Blasco López, 4).

Asimismo, la adquisición de un modelo de masculinidad para este sujeto es asimismo contingente a las experiencias biográficas, sociales, políticas, culturales y económicas, pero también a otras de históricas, raciales, étnicas y lingüísticas. Todo ello desemboca en una identidad de género que no es homogénea o universal, sino cambiante y fluida (Kimmel, 49) y que adopta formas locales en el territorio donde se vive y según el grupo étnico al que se pertenece. Téllez y Verdú añaden que las concepciones y las prácticas sociales con respecto a la masculinidad varían en función de los tiempos y lugares (85) y Jociles Rubio que la edad, la clase social y la etnia son también condicionantes de tal concepto (citado en Téllez y Verdú 86).

Todo esto sugiere que el estudio de las masculinidades como disciplina conduce al análisis de formas alternativas de masculinidades que representan diferentes versiones de aquellas en función de las experiencias mencionadas anteriormente. Por consiguiente, las masculinidades de estos conversos pueden muy bien experimentar discrepancias con el modelo hegemónico de masculinidades del territorio local desde donde emerge aquel. Esto llama a la revisión de tal modelo hegemónico, y a un concienzudo análisis de cómo aquel ha ganado terreno, se ha impuesto mediante un patriarcado y ha sido legitimado.

El estudio de unos modelos –el islámico y el hegemónico occidental–, entendidos según los territorios locales desde donde se proyectan, nos ayudará a entender la plataforma de partida desde la cual el converso construye un modelo alternativo que incluye el elemento humanístico, pero también el religioso islámico, el cual no es alentado en Occidente, primordialmente porque incorpora "lo religioso".

La noción de masculinidad o lo que significa "ser hombre"

Las aportaciones académicas sobre los estudios de masculinidades han sido abordadas desde la perspectiva occidental, excluyendo así otras perspectivas geopolíticas que no incluyen diferencias sociales, económicas y, sobre todo, culturales. A raíz de esto, es importante tener en cuenta toda una serie de factores que afectan el universo masculino mediante unas "marcas corporales, que son reinterpretadas culturalmente en función de un modelo dicotómico y jerárquico…que reelabora/construye la genitalidad en clave cultural" (Valcuende del Río y Blanco López, "Hombres y masculinidad" 2).

A ello debe añadirse que, en las últimas décadas, y mayoritariamente en los países desarrollados, se han incorporado nuevas visiones sobre la noción de masculinidad que responde a lo "homo", o a lo "trans", tanto desde una perspectiva de género como desde una de orientación sexual. Aunque se han hecho intentos por incluir tales visiones de masculinidad alternativas (igual que se ha hecho con los feminismos), el punto de referencia universal continúa siendo una identidad de género que se sostiene en oposiciones binarias y según un sistema sexo/género (Rubin 44). Es decir, que vislumbra al hombre como a un "sujeto, productor y portador de género" (Gutmann 48), y a la mujer como a uno de reproductor. No obstante, esto no siempre es la realidad, pues la mujer –tanto la occidental como la no occidental–, continúa siendo una parte esencial en la economía familiar mediante el trabajo remunerado, así como en el espacio doméstico, mediante los roles reproductivos y domésticos simultáneamente. Al hombre, en cambio, se le ha otorgado el rol de proveedor, eximiéndolo de los roles domésticos, lo que ha contribuido a la noción de masculinidad patriarcal que continúa, a causa de toda una serie de beneficios que aporta al hombre y a pesar de todos los cambios experimentados del anterior y presente siglo. Es decir, "la masculinidad tradicional continúa existiendo porque... ofrece a los varones una posibilidad de auto conceptuación y de socialización que continúa siendo importante, ya que a través de la relación con los similares se fortalece la autoestima mediante la pertenencia grupal" (Guasch 122). Kimmel expresa lo mismo diciendo que "la masculinidad es una aprobación homo social" (55). La relación entre el hombre y su entorno social constituye, pues, un parámetro importante mediante el cual se ha venido a definir la masculinidad, la cual no puede entenderse sin la incorporación de un homólogo que confirma, refuerza y comparte una visión sobre la virilidad. En otras palabras, la masculinidad requiere de un aparato social y el género se construye con cada encuentro social, al mismo tiempo que aquel adquiere un "estatuto social" (Téllez y Verdú 87, 89).

Kimmel concuerda con Guasch con respecto al factor social y afirma que la masculinidad "no es la manifestación de una esencia interior; es construida socialmente; no nos sube a la conciencia desde nuestros componentes biológicos; es creada en la cultura" (49), aunque se haya recurrido a la biología como forma de legitimación.

Así, el orden social bajo el cual los cuerpos, los sentimientos y las acciones adquieren un sexo definido socialmente (Valcuende del Río y Blanco López 3) es algo de lo que el converso no queda exento, al estar asimismo expuesto a un trasfondo social como a uno de cultural específico del grupo étnico con el que se identifica o en el que ha nacido.

A lo largo del capítulo exploraré cómo las varias definiciones que se han ofrecido históricamente sobre masculinidad y los aspectos que se atañen a esta pueden aplicarse asimismo al sujeto converso español, así como al US latino respectivamente, los cuales sostienen un modelo de masculinidad que actúa en conjunción con los feminismos islámicos y con una visión de igualdad de derechos entre géneros.

Es decir, el estudio de las masculinidades, así como la puesta en escena de "nuevas prácticas y agencias masculinas" por parte de este sujeto converso, no puede llevarse a cabo de forma aislada, sino que debe hacerse desde una perspectiva relacional de género. El hombre, pero también la mujer, son responsables de condenar las acciones patriarcales que subordinan a la mujer, lo que hacen mediante el elemento religioso como base ideológica de agencias anti patriarcales. Esto significa que los activismos y la lucha por la igualdad de género deba llevarse a cabo desde "lo religioso" y no exclusivamente desde "lo social, político, cultural o incluso étnico/racial".

Masculinidades hegemónicas en el sujeto de género

El modelo de masculinidad hegemónico se ha vinculado incuestionablemente al patriarcado, y, por tanto, a la posición de dominación del hombre y de relación entre géneros en la que el hombre ha sido el opresor y la mujer la oprimida. La exploración del modelo de masculinidad hegemónico es importante no solo porque conforma el punto de partida ideológico del converso y de la sociedad en la que aquel ha crecido, sino también porque constituye el punto de referencia de las sociedades islámicas de origen que también sostienen aquella misma visión y con las que se establecen puentes culturales e ideológicos. Es importante, pues, examinar este modelo de partida para entender cómo el converso va a deconstruir toda una serie de ideas de género "erróneas" a raíz de la conversión.

José María Valcuende del Río y Juan Blanco López definen el sistema de masculinidad hegemónico como "un conjunto de cualidades asociadas a un sexo… unas cualidades 'naturales' que deben ser recreadas y transformadas a través de una cultura que elabora *un ser*, que, en contraposición a la mujer se nos presenta…como elaborado culturalmente" (Valcuende del Río y Blanco López 4). La jerarquía a la que tal modelo responde vincula lo masculino intrínsecamente a la capacidad de reproducción y más específicamente a la capacidad de fecundación. Esta visión de lo masculino conlleva que la construcción del *ser* como sujeto de género sea una que se basa en la mutua exclusividad (se es hombre porque no se es mujer y viceversa), tanto con respecto a unas características inherentes y naturales que se atribuyen al hombre y a la mujer respectivamente, como a una praxis de género. Castells y Subirats ratifican esta visión diciendo que "ser hombre significa fundamentalmente no ser mujer" (63) y Téllez y Verdú añaden que "el varón se hace hombre al romper el vínculo psíquico con su madre y al aprender lo que no deber ser asumiendo una identidad que se opone a la de otros grupos, estos son, mujeres, niños y homosexuales (95).

Así, el hombre, dotado de unos órganos que lo clasifican como tal, es activo y, por tanto, no es pasivo; es fuerte, y, por tanto, no es débil; es pragmático, y, por tanto, no es emocional. En contraposición, la mujer, –dotada de útero y de pechos–, es paciente, sumisa y bondadosa y, por tanto, no es fuerte, práctica ni valiente.

Por otra parte, la construcción sociocultural de un modelo de género según el cual "se normaliza el privilegio masculino frente a la subordinación femenina" determina que la relaciones entre ambos sean "asimétricas, instrumentalizadas y desiguales (Téllez y Verdú 95), lo que tiene su base en un elemento biológico e implica la emergencia de unos roles de género que definen al hombre como productor/portador de género, y a la mujer como reproductora. De esta manera, la transgresión de tal modelo –mediante un cambio de sexo– con respecto a las características biológicas, como con respecto a los roles sociales que no se corresponden con el sexo biológico, conlleva que "la mujer sea masculinizada" (Valcuende y Blanco López 7), o que el hombre sea "feminizado". Ello es expresado lingüísticamente muy bien mediante, adjetivos como "marimacho", o en inglés "tomboy". Igualmente, y bajo tal modelo sociocultural de masculinidades, un hombre al cual se le atribuyen características femeninas sería identificado con los términos de "maricón" o "afeminado". No obstante, la base freudiana de este modelo de género encuentra cada vez menos apoyo en las sociedades actuales que aceptan tanto lo transexual como lo transgénero, como es especialmente el caso de España, país en el que el cambio de sexo puede ser, incluso, subsidiado por el gobierno.

De todo lo expuesto, concluyo que el modelo histórico hegemónico de masculinidad se ha encontrado "inscrito en sus genitales" (Valcuende del Río y Blanco López 6) y es, por tanto, natural y estable. No obstante, otras posiciones de género, como la representada por Butler en el capítulo anterior, afirman que, muy por el contrario, el género no es natural porque debe reiterarse mediante unos actos de género que deben ser repetidos mediante una *performance*.

Otros autores concuerdan con Butler y afirman que, aunque la corporeidad asigne unas características y unos roles, estos deben asegurarse, mantenerse y afirmarse continuamente (Valcuende del Río y Blanco López 6) para mantener el *statu quo* y la posición de dominación sobre "el otro" –o sea, sobre la mujer– , sin la cual la masculinidad no existiría. En otras palabras, "la masculinidad existe en tanto exista la feminidad, por lo tanto, la masculinidad es una construcción relacional" (Fabián García 22) en la cual ambos géneros se necesitan el uno al otro como "en un sistema interdependiente" (Olavarría 123). Las conexiones que pueden establecerse entre la construcción de las masculinidades y las teorías de Butler y de Hegel –mediante la analogía del amo/esclavo, tal y como elaboré en el capítulo anterior–, pueden aplicarse una vez más a cómo el hombre construye su identidad como sujeto masculino. Por tanto, si la construcción del sujeto femenino –la *subjetivización* (el llegar a *ser*) – no puede ocurrir sin la subordinación y sumisión hacia el hombre, la construcción de género del hombre se produce desde el proceso opuesto, es decir, desde la perspectiva de la subordinación y no del "ser subordinado". En terminología hegeliana, puede decirse que no puede existir amo sin esclavo, ni esclavo sin amo, pues ambos perderían la definición que la misma naturaleza les ha asignado. No obstante, esta naturaleza es destronada cuando amo y esclavo se dan cuenta de la pérdida potencial de unos roles de sumisión/poder, respectivamente, que han heredado de la visión sociocultural que la sociedad hegemónica les ha otorgado.

La analogía del amo/esclavo, –según la cual existe una lucha inherente entre ambos por la pérdida/adquisición de los roles de poder/subordinación, respectivamente–, puede aplicarse a la lucha entre géneros a causa de la misma tensión que ocurre entre ellos con respecto a la pérdida/ganancia de un mismo poder entre ambos que está en juego. Aunque los movimientos sociales hayan sostenido históricamente una visión de masculinidad según la cual "ser hombre es, de entrada, hallarse en una posición que implica poder" (Bourdieu, *La dominación masculina* 21), aquella ha sido retada mediante movimientos intelectuales y académicos, –como los feminismos y los estudios de masculinidades–, así como por otros de carácter social, como el famoso y mediático caso legal de difamación entre Johnny Depp y su exesposa Amber Heard. Por muy sensacionalista que pueda parecer este caso, el poder simbólico que encierra aquel es extremadamente importante, pues derroca la ausencia de infalibilidad de los movimientos feministas que han sido politizados con un objetivo para favorecer unas agendas de izquierdas y no a las mujeres realmente, así como para reclamar una masculinidad cada vez más difusa en Occidente.

Todos estos movimientos académicos y sociales pueden ser útiles en el estudio de masculinidades de los conversos españoles y US latinos, los cuales no están de acuerdo con la visión hegemónica de masculinidad, pero que, por ser musulmanes, son homogeneizados bajo una visión culturalista del islam, simbolizada por el colectivo de musulmanes de origen en la diáspora. Este modelo islámico cultural, así como los imaginarios culturales que Occidente ha sostenido sobre los musulmanes en su discurso orientalista –herencia de los colonialismos que aún perduran–, son responsables de que se atribuya a los conversos una misma representación. No obstante, ni la lectura cultural islámica ni la visión orientalista del islam en Occidente difieren tanto la una de la otra, y ambas constituyen la plataforma de partida en la adquisición de un modelo propio de masculinidad que los grupos de conversos españoles y de US latinos van construyendo. Tal modelo propio va a responder a unas "masculinidades no hegemónicas" (Connell y Messerschmidt 846) que son, a su vez, anti patriarcales, que retan las sociedades que reconocen al hombre como superior y que condenan al hombre islámico que hace una lectura cultural del islam justificando el patriarcado como fuente de opresión. A pesar de todo ello, el converso al islam experimenta la paradoja de ser atribuido un estereotipo según el cual aquel promueve la desigualdad entre géneros en materia de derechos, falacia que debe desmantelarse. Para ello, es imperativo que, al examinar las masculinidades de los conversos españoles y US latinos de este estudio, así como de otros conversos, tengamos en cuenta modelos no hegemónicos cuya base de acción es la religión, algo que ni los feminismos occidentales ni los estudios de masculinidades occidentales han incorporado.

El modelo de masculinidad del sujeto español y US latino va a constituir, no solo un instrumento de género para reivindicar ideas de igualdad de derechos entre hombre y mujer, sino un modelo de ciudadanía mediante el cual aquellos reivindican una posición religiosa que es a su vez, política. El islam, y no unas normas socioculturales, constituye la base de una masculinidad que promueve los valores de igualdad y de justicia social y que no teme la "defensa reaccionaria de un orden de género 'natural' que se percibe amenazado por la emancipación de las mujeres y el cuestionamiento de la hetero normatividad" (Viveros, "Teorías feministas" 32), sino que, muy por el contrario, trabaja en conjunción con los feminismos que abogan por la igualdad de derechos con respecto a la mujer, pero también con respecto al hombre.

Masculinidades islámicas diaspóricas y el sujeto US latino

El estudio de las masculinidades en el US latino converso al islam en conexión con un componente migratorio ha sido muy poco estudiado. No obstante, es imperativo examinar el rol de las diásporas en el análisis de las identidades de género de este sujeto en conjunción con el elemento religioso, y más específicamente con relación al islam. Para ello, voy a utilizar una teoría transnacional que tenga en cuenta cómo y por qué se producen migraciones por parte de este individuo, así como cuál es el impacto que tales diásporas ejercen en la conversión, como en la religiosidad de este sujeto. Ello ayudará a entender de qué manera las migraciones contribuyen, asimismo, a la creación de una teoría de género y de masculinidades.

Partiendo de la base de que el estudio de las masculinidades en conjunción con el islam ha sido percibido como una masculinidad no hegemónica, en otras palabras, como una "deviant masculinity" (Amar 45), es importante entender que es justamente el islam, el eje bajo el cual las identidades de género de los conversos US latinos adquieren sentido. Asimismo, es importante puntualizar que aquellas pueden muy bien diferir de las identidades de género de otros musulmanes de origen, que, viviendo en un mismo territorio, no comparten la misma visión de género de los conversos. Por consiguiente, es incorrecto homogeneizar a todos los musulmanes en el mismo grupo, pues tanto el contexto biográfico y cultural, como el sistema ideológico mediante el cual se rigen distintos grupos de musulmanes, puede ser muy diferente.

Adicionalmente, se debe tener en cuenta para el estudio de las masculinidades del converso US latino que no solo el componente religioso es importante, sino también una serie de parámetros muy exclusivos a este grupo, tales como raza, etnia, cultura y lengua. La consideración de estos factores va a contribuir a la propuesta de un discurso de género islámico en territorio estadounidense que puede diferir con el de los musulmanes nacidos en el islam emigrados a Occidente. Esto no implica la emergencia de unas identidades de género que son similares entre ellos, pues ni la cultura es la misma, ni tampoco las experiencias biográficas con respecto a un posible proyecto migratorio por los cuales ambos grupos han pasado. Aun así, tales divisiones o desacuerdos entre grupos no constituyen para el US latino un elemento disuasorio necesariamente en la conversión o adhesión al islam, sino que tienen un impacto en la manera como este sujeto adapta el islam al propio grupo étnico, social, lingüístico, etc. Es decir, las exclusiones representadas en el cuerpo de los conversos, –no solo en términos religiosos, sino también en los factores recién mencionados, como por ejemplo, en el color de la piel o en el acento extranjero–, en contra de lo que sostiene Berger (61)[1] no tienen un elemento disuasorio en el US latino, sino que tales pueden funcionar muy bien como un sistema de plausibilidad y de inclusión.

Asimismo, aunque no todos los conversos US latinos han experimentado migraciones a los Estados Unidos –al haber nacido en este país–, para aquellos que sí que lo han hecho y que poseen ciertos rasgos biológicos asociados a ciertas razas y etnias, así como un acento que los descubre como extranjeros, lo cierto es que experimentan un mayor grado de alienación con una sociedad hegemónica. Para estos últimos, pues, la adhesión al islam constituye un factor sinérgico con respecto a la otredad bajo la cual son percibidos, pero también un factor de protección con un cuerpo de conversos con los que se sienten arropados ante la sociedad hegemónica no musulmana. Por otra parte, la ausencia de un proyecto migratorio por parte del US latino converso, pero sí de unos ascendientes, no lo exime de una herencia racial, étnica, o cultural de aquellos, como tampoco del impacto que la diáspora de estos familiares crea en el converso. Ello refleja la visión que Peter Mandaville sostiene sobre las dinámicas migratorias, según las cuales unos individuos experimentan el impacto de la migración si los ascendientes de hasta de tres generaciones anteriores han emigrado entre países y mantienen una relación con el lugar de origen y una memoria del país de origen que se materializa a lo largo del proyecto migratorio.

---

[1] Berger afirma que la pluralidad de contextos sociales constituye "an important cause of the diminishing plausibility of religious traditions" (61,121).

Adicionalmente, a todo ello, el modelo de masculinidad previo a la conversión (sin relación alguna con el islam), es parte de la herencia de grupo y el punto de partida según el cual se construye y redefine la nueva identidad de género, una que debe concordar con el islam y con la idea de igualdad de géneros que este promueve. Tanto el modelo de masculinidad heredado, como aquel que se va redefiniendo en concordancia con el islam constituyen masculinidades no hegemónicas marginales circunscritas en un mismo sujeto que es percibido bajo una visión de otredad, independientemente de si se ha nacido en los Estados Unidos o no. Las expectativas que la sociedad hegemónica sostiene con respecto a la aculturación del sujeto latino y los parámetros culturales y lingüísticos que se espera de aquel que adopte, no son las mismas para el sujeto musulmán latino, el cual es percibido como incapaz de adaptarse a un estilo de vida estadounidense, pero que se le demoniza por no hacerlo. Tales dinámicas sociales son contradictorias y constituyen el *modus operandi* según las cuales se estereotipa y discrimina a este sujeto. En concordancia con esta idea, emerge una visión de género y de masculinidad que se le atribuye de patriarcado y machismo. No obstante, el converso discrepa de esta idea mediante la construcción de un modelo de masculinidad que es expresada según un proceso de hibridez cultural e ideológico entre varios grupos sociales a los que aquel es expuesto o pertenece; los musulmanes de origen con los que comparte una religión; el grupo racial y étnico latino en el que se ha nacido; y el grupo dominante hegemónico con el que se coexiste. Tal hibridez es incorporada a un modelo de masculinidad y de identidad de género que es exclusiva de este grupo de conversos US latinos y que está marcado por el conflicto como por la negociación en una especie de "tira y afloja". Este modelo de masculinidad es no hegemónico, es alternativo, y representa un proyecto de género que responde a este grupo étnico concretamente, así como religioso, el cual, a pesar de su diversidad cultural, comparte el islam como propulsor ideológico. Por tanto, este modelo de masculinidad es construido "desde adentro…y pretende desestabilizar la hetero normatividad" (Fabián García 203).

Aunque el grupo de US latinos conversos constituya un grupo pequeño en comparación con el grupo de los musulmanes de origen viviendo en los Estados Unidos, aquellos son parte de un nuevo discurso islámico en este territorio. Por una parte, tal discurso incorpora ideológicamente lo que el islam estipula sobre la visión de género del hombre, y por la otra incluye la práctica de unos modelos de masculinidad heredados de los países latinoamericanos con los cuales mantienen lazos, ellos o sus ascendientes, siempre que aquellos no contradigan el islam.

Las transformaciones con respecto a la imagen que este grupo (US latinos conversos) va adquiriendo como *hombres musulmanes*, pero también como *hombres musulmanes latinos*, desemboca en que el sentido de pertenencia de aquellos sea cuestionado por los grupos étnicos a los que pertenecen, los cuales no incorporan el elemento religioso islámico. La estereotipación, discriminación y estigmatización que experimentan por parte de diversos grupos exógenos, pero muy especialmente, por parte de grupo endógeno de latinos que los perciben como traidores al grupo étnico, hace que estos conversos establezcan fuertes vínculos con otros hombres musulmanes latinos con los que comparten la religión, la raza, la etnia y la lengua como estrategia de compensación por unas actitudes negativas de las que son blanco. En breve, el nuevo modelo de masculinidad que estos hombres practican es uno en el que seleccionan y desechan aquellos aspectos culturales del grupo latino que son *halal* y *haram* respectivamente, mucho más cuando aquellos se refieren a la sexualidad y al género. Por ejemplo, la proximidad física durante distintas interacciones sociales, la visibilidad del cuerpo en conexión a la sexualidad, y los valores patriarcales, entre otros, son ejemplos de aspectos culturales con los que el grupo general de US latinos se asocia (valga la vaguedad del grupo), pero que contradice el nuevo sistema ideológico de aquellos. Aunque tales valores adquieren importancia y otorgan sentido de pertenencia al grupo de latinos – mucho más si estos son emigrados–, los US latinos conversos no se identifican con tales. El hecho de que aquellos no atribuyan su identidad en términos de raza o de etnia de la misma manera como lo hace el grupo racial/étnico al que pertenecen, sino en términos de religión, no hace, sino, crear una alienación mayor con aquel. De ello se deriva que estos conversos sean percibidos por miembros de su propio grupo como que no son ni lo "suficientemente hombres" ni lo "suficientemente latinos".

Un ejemplo del conflicto cultural que muchos conversos mexicanos experimentan especialmente es el rechazo de algunos símbolos religiosos tan arraigados a la cultura mexicana como la Virgen de Guadalupe o las fiestas de calendario religiosas católicas, mediante las cuales tanto hombre como mujer reafirman unos roles de género específicos dentro de la familia. Tales símbolos religiosos no son solo intrínsecos a una religión –el catolicismo–, sino a una cultura –la mexicana–, lo que añade más alienación entre un grupo de US mexicanos conversos con el resto del grupo étnico o racial al que pertenecen, al no identificarse con aquellos. El mensaje patriarcal subyacente existente tanto en la cultura de este grupo de mexicanos, como en la interpretación cultural que hacen del catolicismo, en la figura del *Machista*, representa el punto de referencia de masculinidad para estos hombres US mexicanos conversos, modelo que deben derribar y por lo que son estigmatizados por sus propias familias de origen. Las convergencias que se producen entre el modelo cultural patriarcal y las desigualdades de género implícitas en la religión no hacen sino reforzar y legitimar un sistema sexo-género que favorece al hombre mediante unas relaciones de poder y un modelo de sexualidad y de masculinidad falo céntrico. Esta misma idea puede extrapolarse a otros grupos de latinoamericanos viviendo en los Estados Unidos y convertidos al islam.

Por otra parte, y en términos de género, las convergencias que se producen entre género, cultura y religión también es expresado en un concepto de *Marianismo* que es aplicado a la mujer latina y con el cual las mujeres US latinas conversas no se identifican. Por tanto, las características de sumisión, abnegación y sufrimiento ubicadas en la figura de María, y más específicamente de María como Virgen (asexuada), constituye un ejemplo de cómo la religión católica proyecta en la mujer una característica de subordinación y represión sexual, algo que no coincide con la visión de sexualidad de estos conversos. De la misma forma, la interpretación que se hace de Dios y de la reencarnación de este en la forma masculina de Jesús es la manera mediante la cual el hombre católico latino es simbólicamente ubicado en una posición de poder sobre la mujer. Todos estos constituyen ejemplos de cómo la religión católica, la cual es asociada al grupo nacional/étnico/racial de los latinos, promueve unos roles patriarcales y de cómo los conversos deben romper el vínculo con una religión con la que eran asociados previamente a la conversión al islam, así como con unos roles de género sexistas que la interpretación cultural de tal religión promueve. Tales rupturas desafían el imaginario del *"macho latino"* pero también retan la identidad de este y su visión de "ser hombre" (Viveros, "El machismo latinoamericano" 13). Por ello, al examinar la identidad de género del US latino, es importante que derribemos la imagen homogeneizadora que se ha tenido de la masculinidad latinoamericana y que pensemos el machismo latinoamericano como el resultado de prejuicios etnocéntricos y como la fabricación de imágenes nacionales difundidas a través de la cultura y de la sociedad.

Por el contrario, las identidades masculinas latinoamericanas son múltiples y diversas, tal y como lo muestran numerosos trabajos realizados en la región y no pueden ser reducidas a generalizaciones homogeneizadoras sobre los varones latinoamericanos (Viveros, "El machismo latinoamericano" 25).

Una nueva propuesta identitaria: el sujeto converso anti patriarcal

En un intento de definir el nuevo punto de referencia ideológico con respecto a la identidad de género del US latino converso y su idea de masculinidad, es imprescindible recordar que la religión (islámica) representa el mayor parámetro identitario para este individuo, el cual no puede negociarse como lo hicieran otros aspectos identitarios como la lengua (mediante el Spanglish) o la cultura (mediante un concepto de aculturación). Si antes de la conversión, aquel definía su identidad en términos de nación, raza, lengua o grupo étnico, ahora es la religión y la interpretación de género del islam lo que toma precedencia, una que es sinónimo de igualdad y de justicia.

Estos sujetos, igual que sus homólogas conversas, sienten una fuerte obligación con respecto al estudio y comprensión de los textos coránicos, los cuales consideran como verdades infalibles. Por consiguiente, el estudio e interpretación de aquellos constituye un vehículo e instrumento para la praxis de unas prácticas u omisiones que deben llevarse a cabo con respecto al cumplimiento de normativas.

De los resultados del trabajo etnográfico que llevé a cabo pude concluir que, para todos los participantes, la interpretación que estos hacen de las convergencias que se producen entre género y Corán tiene su base en la idea de igualdad, justicia, respeto y complementariedad entre géneros, la cual justifican de la siguiente forma.

Primero, la estricta distinción sexual que el Corán establece entre ambos sexos no implica una distinción entre ambos como seres morales. Por el contrario, hombre y mujer se encuentran bajo la misma agencia moral. Es decir: "the Qur'ān itself does not suggest that sex or sexual differences are a determinant of moral personality, gender roles, or inequality" (Barlas, *Believing Women in Islam* 193). Asimismo, Wadud afirma que "the Qur'ān does not strictly delineate the roles of women and the roles of man to such an extent as to propose only a single possibility for each gender (that is, women must fulfill this role, and *only* this one, while men must fulfill this role, and only men *can* fulfill it" (Wadud, *Qur'ān and Woman* 63). Estas palabras son importantes porque concuerdan con las respuestas de los participantes y de los estudios de caso ofrecidos en el capítulo anterior con respecto al grupo de españolas y de US latinas conversas sobre cómo vislumbran los roles de género. Lo mismo ocurre en el caso de los hombres conversos de este estudio. Así pues, y sobre la base de estas narrativas, estos conversos creen en un modelo en el que no existe una correlación sexo/género específico con respecto a los roles de género, sino en un sistema en el que tanto hombre como mujer pueden cumplimentar cualquier rol, aunque existan roles que son idóneos para hombres y mujeres respectivamente. Tal idea no significa que el hombre debe llevar a cabo necesariamente el rol de proveedor, aunque sí que este es idóneo para aquel, al ser otorgado a la mujer las funciones biológicas del embarazo y de la crianza láctea. Ello tiene su base en un principio de complementariedad que no es solo biológico sino también social. Tal y como afirma Wadud, "hombre y mujer son contrarios, pero no contradictorios" (citado en Barlas, *Believing Women* 161). Por tanto, el reconocimiento que el islam hace con respecto a las diferencias sexuales no es una forma de establecer una jerarquía moral u ontológica, sino una forma de *cumplimentar* y de *complementar* unas funciones que deben ser llevadas a cabo para el buen funcionamiento social y familiar, lo que ocurre mediante la repartición de los roles productivos y reproductivos entre hombre y mujer respectivamente que es llevado a cabo por mutuo acuerdo entre esposos.

El elevado número de matrimonios interraciales entre hombres conversos y musulmanas de origen, cuya interpretación del islam es más cultural que religiosa y cuyos recursos lingüísticos y económicos de estas últimas son menores, conlleva una división de roles cuya carga económica y doméstica recae en el hombre y en la mujer respectivamente. El énfasis que el islam hace sobre los principios de equidad, complementariedad y mutuo acuerdo entre cónyuges es la manera mediante la que los conversos justifican el posicionamiento anti patriarcal del islam. No obstante, ello no hace sino reforzar los estereotipos según los cuales el hombre musulmán es el opresor y la mujer la oprimida. El marco occidental bajo el cual se interpretan tales agencias no tiene en cuenta ni la elección personal ni la religión de los ciudadanos (Badawi 34), lo cual constituye, al fin y al cabo, una actitud paternalista y una representación falsa sobre estos sujetos.

En las entrevistas o cuestionarios realizados a hombres conversos españoles y US latinos, los conceptos de igualdad, equidad y complementariedad en la división de roles se visionan como centrales, pero también los valores de libertad y libre elección con respecto a la conversión a una religión aún vista como estigmática con respecto a lo que aquella estipula sobre los roles de género.

Al preguntarles a estos hombres cuál era la división de responsabilidades en sus propias familias, la mayoría contestó que ambos cónyuges cargaban de forma igualitaria con los roles económicos y familiares. No obstante, el hecho de que la mayoría de los hombres ostentaban trabajos mejor remunerados y con una carga laboral más intensa, era sinónimo de que la responsabilidad doméstica recayera en su mayor parte en la mujer, la cual estaba más sujeta a trabajos temporales y a unas condiciones laborales menos seguras, como también a una presión cultural más fuerte del cuidado de los hijos, especialmente por parte de la familia política que visiona el islam de forma cultural.

De todo ello puedo concluir que, aunque el Corán no aboga por un modelo laboral basado en la división sexual (Barlas, *Believing Women* 199) ni por una división de roles que se vincula específicamente a un género (Wadud, *Qur'ān and Woman* 8), la carga económica de la familia es usualmente llevada a cabo por el hombre y la doméstica por la mujer respectivamente. Tal es la ideología de los sujetos de este estudio y la experiencia de muchos de ellos. A continuación, presento varios estudios de caso que dan testimonio de ello.

Las voces de los conversos españoles y US latinos

Las voces de los conversos españoles y US latinos que incluyo en este capítulo constituyen una de las bases sobre la que se asienta el estudio etnográfico *per se*, y son autorrepresentaciones de ellos mismos, y de la visión que sostienen sobre sus propias masculinidades. Es importante anticipar que las voces que presento a continuación son unánimes ideológicamente con el resto de los sujetos. Estos testimonios fueron extraídos de los cuestionarios con respecto a la pregunta de si creían que el islam era machista.

Testimonio de Juan

Aunque no pude contar con muchos testimonios de hombres conversos y estos fueron tanto escasos como escuetos, pude observar una unanimidad de opiniones con respecto a cómo estos conversos visionan el papel del islam, tanto con relación a cómo vislumbran sus identidades de género como con respecto a cuáles son los roles que deben ocupar como hombres dentro de la sociedad y de la familia. El primer testimonio pertenece al de Juan, un converso español al islam cuyo nombre he cambiado para propósito de anonimato:

> *Hombre y mujer son iguales en derechos y en responsabilidades, pero no son idénticos, lo que se debe a la diferencia biológica y psicológica entre ambos. Si hombres y mujeres no fueran iguales, el Corán no estaría refiriéndose a cada uno por separado con respecto a las funciones de cada uno respectivamente. No obstante, eso no significa que ambos no tengan una misma responsabilidad moral. Es decir, ambos son distintos en sexo, pero iguales moralmente. Por tanto, hombre y mujer son diferentes, pero iguales con respecto a tener que dar cuentas de sus acciones.*

> *Con respecto a los roles, hay cosas que los hombres hacemos mejor y viceversa, y ello representa un modo para ayudarnos el uno al otro y para sentirnos completos.*

> *Lo que me molesta de todo esto es lo que la gente dice que el islam es una religión machista. A ver, creo que hay un elemento histórico importante en el Corán que no podemos olvidar, y es que la sociedad en la que el texto sagrado fue escrito era una sociedad muy patriarcal. Por esta razón, hay cosas que el profeta Mahoma ordenó que el hombre tenía que hacer y que la mujer no tenía que hacer, justamente para proteger a esta del patriarcado de la época, porque si no, aquella hubiera permanecido vulnerable. No obstante, el islam va más allá de proteger a la mujer. Por ejemplo, el hecho de que la mujer tenga la elección de trabajar o no. El hecho de que la mujer puede guardar para sí lo que gana en un trabajo remunerado es otro ejemplo. Al fin y al cabo, esto no lo pueden decir el resto de las mujeres españolas, a las cuales la sociedad les exige un*

montón, como, por ejemplo, que trabajen dentro y fuera de casa, que tengan hijos, que amamanten, que se cuiden de los hijos, etc. Lo veo en mis hermanas y en sus familias (testimonio de Juan).

Este testimonio corrobora el sistema de complementariedad al que he hecho alusión previamente según el cual existe una división de roles productor y reproductor entre hombre y mujer respectivamente. Estos conversos no perciben este hecho como una condición paternalista o patriarcal del islam, sino como un privilegio y como una forma de cumplir con unas diferencias biológicas para las cuales hombre y mujer fueron creados. Ello, no obstante, no le resta a la mujer unas capacidades cognitivas e intelectuales para llevar a cabo funciones laborales. La relevancia de este argumento no yace en uno de humanístico, según el cual la mujer es merecedora de los mismos derechos que el hombre, –tal y como se entiende en Occidente–, sino en uno de religioso que otorga igualdad ontológica y moral a ambos géneros, pero les atribuye distintos roles según las necesidades familiares, sociales y económicas.

La prioridad del rol de la mujer musulmana como madre, el cual precede al del rol profesional, contrasta con la decisión de muchas parejas españolas y estadounidenses que priorizan la carrera laboral a un proyecto de planificación familiar según el cual se tienen los hijos más tarde, se tienen menos o no se tienen.

Testimonio de Jamal

El testimonio de otro converso al que llamaré Jamal, cuando le pregunté si creía que el islam era justo con la mujer, fue especialmente interesante al centrarse en las conexiones que aquel visiona existen entre la identidad de género y el aspecto holístico del islam, aspecto por el cual aquel se sintió atraído por esta religión al principio cuando se convirtió. Este converso afirmó lo siguiente:

Me encanta que me hagas esta pregunta de si el islam es machista porque hay muchos malentendidos con respecto a este aspecto del islam. El islam, no solo es justo con la mujer, más que las sociedades cristianas y seculares, sino que es un sistema justo con todo y con todos; con las mujeres, con los hombres, con los niños, con los mayores, con la naturaleza y con los animales. ¿A ver qué religión puede hacer este reclamo y lo practica? En el Occidente hay abuso doméstico a la mujer, a los niños y no digamos a los mayores, a los cuales se les "encasilla" en residencias de ancianos, que, en realidad, son morideros. Y esto, justamente, es lo que me atrajo del islam, este sistema de justicia con todo lo que Allah ha creado (testimonio de Jamal).

La interpretación que se puede hacer de este testimonio es especialmente interesante por varios motivos. Primero, porque alude a todo un sistema social en el que no solo se incluye al hombre, sino también a la mujer, a los hijos, a los padres, a los animales y a la naturaleza. En segundo lugar, las palabras de este converso son importantes porque vislumbra la manera como religión y cultura no pueden disociarse la una de la otra. Es decir, las normativas religiosas se convierten en normativas culturales que actúan para el bien de la sociedad. El hecho de cuidar a unos padres ancianos es un ejemplo de ello, pues no solo se cumplimentan unas normativas religiosas, sino también unas de sociales. Por consiguiente, la idea de que una religión haya podido mantener un sistema de responsabilidad social mediante el cual todos los musulmanes –religiosos y culturales–, se rigen por unas normas sociales infalibles (como el cuidado a los padres mayores), no solo otorgó a Jamal autenticidad al islam como sistema espiritual sino como sistema social. La sinergia entre ambos aspectos de este sistema ideológico ofrece plausibilidad y es algo a lo que muchos conversos recurren cuando defienden su conversión a esta religión.

De la misma manera, este sistema moral que rige lo religioso y lo social es aplicado a las normativas y dinámicas entre géneros, unas que deben ser llevadas tanto con el cónyuge como con cualquier homólogo vecino, compañero de trabajo, familiar, etc. Es decir, las interacciones de armonía no solo deben buscarse con el esposo o la esposa, sino también con un superior, con otros ciudadanos, y, en definitiva, con el prójimo. De esta manera, el sentimiento de satisfacción y gratificación que estos sujetos adquieren con todas las personas con las que entran en interacción producto de practicar las normativas islámicas, constituye la máxima prueba para aquellos de que el islam es la religión verdadera. Tal y como afirma Fabián García: "las políticas de masculinidad no se pueden preocupar solo de interrogantes sobre la vida personal y la identidad. Deben preocuparse también de asuntos de justicia social" (163). Según estos conversos, la visión holística del Corán es una en la que no se puede omitir ningún aspecto de la vida. Este testimonio es relevante porque expresa la opinión de todos los participantes de este estudio, y también porque concuerda con la misma línea ideológica de las respuestas de los sujetos participantes femeninos sobre este tema.

Testimonio de Hassan

El testimonio de Hassan, un converso US latino, ofrece un aspecto que los anteriores testimonios no hacen al enfatizar la importancia del grupo étnico con respecto a la visión de roles de género entre hombre y mujer. Hassan afirmó:

> *El islam otorga a la mujer un lugar especial, por muy paradójico que resulte. Después de estudiar mucho el Corán, he llegado a la conclusión de que la mujer tiene más privilegios que el hombre, lo que está ligado a su condición de madre. Eso no significa que el hombre no pueda*

participar de la crianza de los hijos. Yo, como padre, también he cambiado pañales y otras responsabilidades de limpieza de la casa, igual que mi mujer. Y esto es algo que me ha causado problemas con mi familia de origen, pues dicen que ya hago bastante trabajando fuera de casa y que no tendría que llevar a cabo ciertas tareas de limpieza del hogar. Mi familia, latina de origen, continúa siendo muy patriarcal, contrario a la visión que yo tengo con la familia que yo he creado con mi esposa. Ellos me dicen que, ya que soy musulmán, que ejerza los derechos que el islam me otorga, sin saber que el islam no es machista para nada (testimonio de Hassan).

La visión que se desprende de esta narrativa concuerda con los estereotipos que se tienen del islam como patriarcal y opresivo, contrario a cómo aquel es interpretado por todos los musulmanes conversos que respondieron el cuestionario o que fueron entrevistados. Una vez más, se puede confirmar el papel complementario que estos hombres creen que hombre y mujer desempeñan, no solo con respecto a un trabajo remunerado, sino también con respecto a las funciones domésticas como la crianza de los hijos y la gestión del hogar. Así, hombre y mujer están igualmente capacitados para trabajar, como para criar a los hijos y llevar la casa, pero ello no implica que sea el hombre necesariamente el que tenga que trabajar fuera del hogar, sino que tal decisión está sujeta a diversos factores laborales y económicos.

En la mayoría de los casos, la responsabilidad de cumplir con los roles domésticos recae principalmente en la mujer, mientras que la responsabilidad de los roles económicos recae mayoritariamente en el hombre, mucho más si tenemos en cuenta que tales roles se alinean con los valores culturales patriarcales típicos con los que se asocia el grupo latino. En breve, la masculinidad expresada por el converso US latino es una que, aunque pueda ser vista paradójica al tomar aspectos religiosos del islam, pero también culturales con el grupo de origen con el que se mantienen lazos sanguíneos, se ajusta a ambos modelos. Es decir, estos hombres continúan siendo los mayores proveedores de sus familias, pero de una manera en que "la paternidad va permeando cada vez más la identidad de estos varones" (Fuller, "El cuerpo masculino como alegoría" 209). La complementariedad que el converso practica con respecto a los roles de género no representa una estrategia de dominación y de desigualdad, sino de diferencia en términos de identidad (Fabián García 28). Los vaivenes y los "tira y afloja" con respecto a unas acciones que expresan la masculinidad ante los homólogos masculinos y femeninos, depende del grupo con el que se interaccione, pero de forma más importante, de si ello constituye una transgresión a un principio coránico. Ello no significa que el converso español y US latino sea agente de unas prácticas sexistas, sino de que "la subordinación y la dominación no son situaciones fijas: más bien son el producto actual de procesos dinámicos e interactivos, y como tales, están abiertos al reto y al cambio" (Susan Bourque 135). Por consiguiente, existe una fluidez y dinamismo que estos conversos experimentan, tanto con respecto a las identidades religiosas, como también con respecto a las prácticas de género que van redefiniendo. Estas sufren un proceso de elaboración a medida que la afiliación al islam va incrementando y a medida que la identidad cultural de este sujeto va transformándose, tomando y desechando valores y prácticas culturales del grupo de origen, de la sociedad dominante y del grupo de musulmanes de origen viviendo en esa sociedad. Si a esto añadimos la hibridez al que este sujeto está sometido tanto en términos nacionales, como culturales y lingüísticos, aún es más importante que no interpretemos la masculinidad de este sujeto en función de aquellos mismos factores. Como resultado, es imperativo que tengamos en cuenta que los activismos de estos hombres van dirigidos a "la posibilidad de cambio en las relaciones de género, en la idea de que un patrón dominante de la masculinidad está abierto al desafío de la resistencia de las mujeres al patriarcado, y de los hombres como portadores de masculinidades alternativas" (Connell y Messerschmidt 846). Estas masculinidades no deben entenderse como simplemente opuestas a unas de hegemónicas, sino como exclusivas de este grupo. Tampoco deben ser entendidas como lo que Gomáriz entiende como las masculinidades referidas a las diversidades de hombres negros, latinos, judíos y homosexuales (22), pues, aunque existen áreas de solapamiento con aquellos, tal modelo no incluye el factor religioso o islámico como parte de su abanico ideológico. Es por esto por lo que las masculinidades de estos conversos al islam son llevadas a cabo "en lo personal", lo que concuerda con las afirmaciones de casi todos los participantes con respecto al secretismo derivado de su condición de musulmanes. Tal y como Fabián García afirma: "Lo personal emerge como un nuevo campo para situar la lucha contra los dispositivos de control y subjetivación hegemónicos. Lo personal se convierte en lugar para la resistencia" (117). Al no existir planteamientos políticos de este colectivo de hombres con respecto a las masculinidades, ni marcos explicativos formales, tanto los discursos de resistencia con una familia de origen que no entiende la conversión, como las prácticas de género de estos conversos, se producen en el espacio privado. Fabian García explica que "las nuevas masculinidades se formulan como el cuestionamiento crítico permanente al poder patriarcal y a la masculinidad hegemónica, cuyo núcleo son las prácticas cotidianas" (203). La desestabilización del sistema patriarcal se nutre no tanto de unas acciones discursivas, formales o políticas como los feminismos iniciaron desde que se empezaran tales corrientes ideológicas, sino de unas acciones de género que emergen de lo individual.

Testimonio de Guillermo

Tanto la atribución de estereotipos como la práctica de la islamofobia es un hecho común y generalizado en sociedades occidentales donde residen los conversos españoles y US latinos. No obstante, el trato que el hombre y la mujer musulmanes reciben respectivamente, es distinto. Mientras que la mujer musulmana recibe usualmente un trato más paternalista, el hombre musulmán es mayoritariamente vinculado al terrorismo islámico o a unas características típicamente masculinas de violencia, agresividad y opresión. Aunque muchos de los hombres participantes de este estudio reconocieron que no ejercían un *dawa* o proselitismo del islam en círculos laborales o sociales, al conocérseles tales vínculos con el islam, estos individuos reportaron ser estigmatizados; percibidos como migrantes musulmanes; percibidos como españoles traidores de un mismo grupo nacional; o triplemente estereotipados por unas supuestas normas de género que entran en conflicto con la sociedad. Primero, por la asociación con una cultura de origen sexista –especialmente, en el caso de los US latinos–; segundo, por la asociación con un elemento de opresión por su adherencia al islam; y tercero, por la asociación de agresividad y violencia por los vínculos terroristas con los que el islam se vincula y, por consiguiente, con este sujeto. Tales imaginarios socioculturales tienen como resultado que estos conversos inicien unas agencias con respecto a las percepciones a las que están sujetos. Por tanto, mientras que, en el caso de la mujer, tales iniciativas agenciales van dirigidas a contrarrestar un discurso de género según el cual es percibida como oprimida, en el caso de los hombres, aquellas tienen como objetivo el rechazo de la visión que se tiene de ellos como opresora. La práctica –discursiva o agencial–, constituye la estrategia para combatir los estereotipos y las actitudes islamófobas alentados por los medios de comunicación, pero también para proyectar la idea de que ni la mujer musulmana es oprimida ni de que el hombre musulmán es opresor. [2]

Asimismo, y con relación a los medios sociales, el uso de foros, blogs u otras plataformas sociales como *Facebook* o *TikTok* constituyen ejemplos de cómo estos conversos adoptan posiciones políticas simbólicas mediante la ruptura y corrección de estereotipos con respecto al islam y a la visión de género de aquellos, lo que llevan a cabo mediante la condenación de prácticas sexistas y mediante la transmisión de unas masculinidades saludables.

---

[2] En el año 2002, el caso del *imam*, que justificó el maltrato físico a la mujer acogiéndose al texto sagrado coránico, causó mucha controversia a nivel mediático. Noticias como estas no hacen, sino que homogeneizar a todos los musulmanes y reducirlos al mismo estereotipo de opresión. El artículo puede leerse en el siguiente enlace: https://elpais.com/diario/2002/04/12/sociedad/1018562402_850215.html

Los estudios de caso y las respuestas del resto de los participantes son unánimes con respecto a la homogeneización que estos hombres experimentan, con respecto a la atribución de discursos patriarcales que no concuerdan ni con el Corán ni con la praxis de género bajo la cual estos sujetos intentan vivir. Asimismo, y muy especialmente en los Estados Unidos, el imaginario bajo el cual el grupo latino musulmán es machista constituye un factor sobreañadido a los estereotipos que los latinos experimentan ya de por sí. Todo ello desemboca en que este sujeto sea percibido como doblemente opresor, lo cual es reforzado por una herencia histórica patriarcal. No obstante, la visión de masculinidad de estos sujetos participantes contrasta con el vínculo que se les ha atribuido como generadores de unas masculinidades dominadoras y opresivas.

Así lo expresó Guillermo, uno de los participantes españoles:

La idea de que los hombres musulmanes somos machistas es un mito y una tergiversación de lo que realmente somos. Se tiene que desmitificar esta idea y combatir la ignorancia sobre el islam mediante una actitud de docencia a todos aquellos que nos discriminan. No obstante, también es importante contextualizar el Corán, pues hay una historia detrás de cada texto. Lo ideal es examinar cada texto en el mismo árabe porque las traducciones no dejan de ser traducciones. Así que contestando a la pregunta de si el islam es machista, te diré que, en pocas palabras, el machismo no tiene nada que ver con el islam y que todo es un montaje que vende. Los musulmanes en España somos la cabeza de turco. Antes, lo habían sido los Republicanos durante el franquismo, luego los homosexuales, y ahora nos toca el turno a nosotros. La sociedad necesita a alguien sobre el cual culpabilizar de todos sus males... (Guillermo, nombre inventado)

Estas palabras revelan la importancia de romper con los estereotipos del islam y del sujeto musulmán. Como afirma Sara Martin: "se trata así, pues prioritariamente, de distinguir entre lo masculino y lo patriarcal, incidiendo en el hecho de que el patriarcado es una construcción específica de un tipo de masculinidad, hetero sexista, homófoba, racista y machista" (90).

La imagen que se tiene del hombre musulmán como sexista está tan arraigada que la mayor parte de los participantes expresaron su malestar al respecto durante la entrevista/cuestionario como forma de resistir tal estereotipo.

Como conclusión, y en relación con el análisis del trabajo etnográfico y de los estudios de caso, pude concluir que la masculinidad de los conversos españoles y de los US latinos de este estudio tienen como imperativo cuestionar el poder a través de la práctica islámica. Asimismo, la construcción de género del converso responde a un sistema de relaciones significantes de poder que coloca a los sujetos en permanente tensión entre lo que indica la normativa, las resistencias a tales normativas y la praxis de género del converso mediante la aplicación de una "resistencia que reta el cerco patriarcal" (Fabián García 9), y la renuncia a roles de género de dominación que retan la visión patriarcal que se tiene del islam y del sujeto musulmán.

Cuerpo, sexualidad y patriarcado como lugar identitario

La idea del cuerpo como lugar donde se reproducen las identidades religiosas no puede aplicarse solo al uso del velo en la mujer, a las modalidades dietéticas que el converso experimenta o al uso de una vestimenta modesta que el Corán alienta –tanto en el hombre como en la mujer–, sino que también debe aplicarse a la sexualidad del converso y a las nuevas resignificaciones que el cuerpo del hombre musulmán converso adquiere en conjunción con su nueva identidad religiosa. Tal relación entre cuerpo e identidad religiosa puede explicar la adquisición de un modelo de masculinidad que se apoya en el islam, pero que constituye un instrumento mediante el cual se han perpetuado los estereotipos de aquel como opresor sexual y machista.

Una de las formas mediante las cuales se resisten tales estereotipos es mediante la idea de que la sexualidad en el islam no se encuentra vinculada exclusivamente a la reproducción, sino también al placer sexual, algo que se aplica tanto al hombre como a la mujer. Como afirma Barlas: "The Qur'ān recognizes sexual *differences*, but it does not adhere to a view of sexual *differentiation* (*Believing Women in Islam* 192). En otras palabras, el acto y el placer sexuales constituyen ejemplos mediante los cuales se implementa una igualdad de derechos y una complementariedad entre hombre y mujer, lo que contrasta con la imagen del hombre musulmán como depredador sexual y de la mujer musulmana como reprimida y oprimida sexualmente. Hombres y mujeres son, de la misma forma, seres sexuales y, por tanto, el acto sexual es producto de un consenso y mutuo acuerdo, de la misma manera que lo son los roles de género. Por consiguiente, la sexualidad en el islam no es utilizada para establecer una jerarquía entre hombre y mujer según unos estereotipos con los que se asocia, sino un medio a través del cual se lleva a cabo una "islamidad" en términos de sexualidad. Así, de la misma manera que el modelo hegemónico de masculinidad se encuentra "inscrito en sus genitales" (Valcuende del Río y Blanco López 6), es este mismo cuerpo, y estos mismos genitales los que adquieren una nueva significación para el converso, así como un instrumento para "cuestionar, trastocar y transformar las relaciones de género hegemónicas" (Fabián García 144). Tales relaciones no solo ocurren como cuerpo individual, sino como un cuerpo que es racial, étnico, y religioso –la *umma*–. Esto es importante porque se ponen de relieve las discrepancias en cuestiones de masculinidad que emergen entre el sujeto converso y el grupo racial/étnico al cual aquel pertenece. Por una parte, el converso está intentando derribar toda una serie de paradigmas patriarcales. Por la otra, el grupo racial y étnico al cual pertenece aquel sostiene una visión de género centrada en el pene como referente de la virilidad (Fabian García 129). García y Ruiz afirman sobre esta visión que:

> El pene, como realidad material, se convierte en falo, como dimensión simbólica del poder y la dominación. La vivencia erótica se reduce así a una obsesión penetrativa como práctica asociada a la 'perentoriedad sexual', que lleva a percibir erróneamente que no hay relación sexual si no se ejecuta una penetración y a centrar el disfrute en la propia descarga eyaculatoria, más que en la experiencia del compartir erótico. (22)

La importancia de tales definiciones en conexión a la adquisición de la identidad masculina es que según aquellas "el sexo se presenta como 'lo real' y lo 'fáctico', la base material o corporal en la que interviene el género como un acto de inscripción cultural" (Butler, *El género en disputa* 283). Tal inscripción cultural, según la cual el género masculino tiene su base en "lo genital", es una en la que "quien quiera ser considerado un 'verdadero hombre' deberá sostener y defender un honor entendido como masculinidad, que le sirve para reafirmarse ante las mujeres, pero fundamentalmente ante los hombres (Patti; citado en Alejandra Martínez 102), lo cual no puede escapar del cuerpo masculino y de sus genitales como la base de tal masculinidad. Tal visión cultural no puede entenderse, si no es en conexión con un patriarcado.

Desde una perspectiva cultural como social en la actualidad, tal visión de masculinidad hegemónica de las sociedades en cuestión y con la que los conversos no se identifican es una que se correlaciona con el elevado uso de prostitución como de trata humana para la explotación sexual, ambos en auge, y ambos en respuesta a la demanda sexual del hombre. La visión que el *putero* tiene sobre su propia sexualidad es una en la que "el sexo es una tecnología de dominación hetero social que reduce el cuerpo a zonas erógenas en función de una distribución asimétrica del poder entre los géneros" (Preciado 22). Todo ello concuerda con los paradigmas culturales hispanos (españoles y latinos) patriarcales, los cuales son parte de la herencia cultural que los conversos heredan de los sistemas ideológicos previos a la adhesión al islam y que resisten.[3]

Asimismo, la flexibilidad legal de España y de algunos países latinoamericanos como México (país de donde proceden algunos de estos conversos) en los que

---

[3] Según Gómez Suárez, Águeda *et al.*, el 40 % de los hombres españoles admitió, al menos una vez, haber recurrido a la prostitución como estrategia a la práctica sexual.

existe una despenalización de la prostitución o una regularización de esta, respectivamente, no hace, sino, incrementar la prostitución y, por tanto, normalizar la visión de masculinidad de poder y opresión hacia la mujer. De esta manera, es necesario que las sociedades occidentales lleven a la práctica una introspección con relación a cómo las masculinidades de un grupo de hombres son encauzadas para no caer en contradicciones hipócritas con respecto a la supuesta atribución de opresor sexual al sujeto musulmán.

No solo esto, sino que la hipersexualización de la mujer mediante la visibilidad corporal (top less en las playas o cultura cinematográfica en la que no existe ningún filtro visual a escenas de sexo, por ejemplo); la falta de modestia en la indumentaria; la disponibilidad sexual mediante una cultura de promiscuidad; el uso de los medios de comunicación o sociales como transmisores de aquella; las violaciones sexuales no penalizadas lo suficiente; o el pago de servicios sexuales, representan diferentes ejemplos mediante los cuales los conversos no se identifican en términos sociales en los territorios donde residen. Dado que muchos de estos escenarios son alentados y legitimados por un grupo de hombres no musulmanes mediante los cuales se valida el acto patriarcal, se produce una alienación entre los conversos y unos homólogos de un mismo grupo nacional, étnico, cultural o social. Ello significa que las capas de exclusión que estos conversos experimentan son múltiples. La omisión en la participación de unos actos sexuales *haram* (como salir en grupo a participar de sexo de pago), la publicación de resistencias discursivas en medios de comunicación sociales (como *Facebook*) y los discursos en círculos personales, son ejemplos de resistencias de los conversos.

Estos hombres justifican tales resistencias mediante un discurso intelectual, acogiéndose a las estadísticas sobre el alto número de embarazos no deseados, de abortos, y de contagios de infecciones de transmisión sexual para afirmar y validar un estilo de vida islámico mediante los cuales se imponen unos límites en materia de sexualidad que el islam estipula. Asimismo, lo hacen mediante la requerida modestia que el Corán impone a través del uso de una indumentaria que no sexualiza al individuo, lo que es símbolo de unas masculinidades que ideológicamente están "descentradas del pene" (Fabián García 130) aunque requieren de este para la experiencia de la sexualidad. Esta visión es una en la que "renuncian al acto penetrador como única instancia del encuentro erótico; reconocen el deseo de sus parejas; y abandonan el privilegio masculino de la descarga eyaculatoria como núcleo del placer" (Fabián García 131).

Con todo ello, no solo están proponiendo un nuevo modelo de masculinidad anti patriarcal, sino que están rompiendo el estereotipo que se les atribuye. Boscán diría a este tipo de sexualidad que es una en la que "ya no puede seguirse definiendo con base en el puro acto penetrador" (33).

Por otra parte, la visión del converso con respecto a un tema de sexualidad no es una en la que existe una posición de poder, sino una en la que existe una total igualdad con el cónyuge en materia de derechos y en la que se produce una "desinstalación del pene" (Fabián García 132).

Las tensiones que existen entre la visión de una sexualidad arraigada en la cultura patriarcal histórico-racial heredada y los requisitos de la nueva religión deben resolverse adoptando nuevas posiciones mediante la renuncia a un poder, lo que promueve igualdad con la mujer, pero desigualdad con otros hombres del mismo grupo familiar, social, laboral o incluso religioso. Ruiz afirma que ello significa:

> que los hombres deben des-empoderarse de aquellos ejercicios de poder discriminatorios, inequitativos y mal tratantes. Si han estado en el poder patriarcal, ahora se trata de renunciar a él [y] poner en otro lugar lo que sería el poder como experiencia transformadora de realidades. (80-81)

Conclusiones

Tanto los estudios de caso como el análisis cualitativo de las respuestas de todos los participantes sostienen un modelo de masculinidad del hombre converso que no refleja una posición militante, como tampoco lo era la de la conversa española o US latina, participante de este estudio. No obstante, no, por ello, menos efectiva a la hora de identificarse con una praxis anti patriarcal, que, en la misma línea de los feminismos islámicos, defiende una igualdad de derechos entre ambos géneros y una complementariedad con respecto a los roles de género.

Asimismo, tal visión de masculinidad responde a una sexualidad que es reflejo de prescripciones coránicas como de paradigmas democráticos de las sociedades donde se ubican y que, sobre todo, retan los estereotipos del hombre hispano como del sujeto nacido en el islam pero musulmán culturalmente. Por consiguiente, los activismos de estos conversos, –aunque no militantes de unas masculinidades ni como movimiento social ni como plataforma de acción–, son unos que cuestionan profundamente el sistema patriarcal en conexión con el territorio donde residen y con todo un sistema sexo-género occidental. De esta forma y mediante este posicionamiento, tal modelo consigue combatir el modelo hegemónico patriarcal de "ser hombre" con respecto a las identidades, así como con relación a una praxis que representa nuevos puntos de referencia.

La propuesta de una visión de masculinidades como categoría política en conjunción con el elemento religioso en una sociedad no religiosa, aunque poco probable a causa de unas sociedades occidentales cada vez menos religiosas, debería ser parte de la diversidad ideológica de la que las sociedades occidentales se conforman. Al no existir líneas de trabajo que incluyan el elemento religioso y el impacto de este en organizaciones específicas de hombres y mucho menos de hombres musulmanes que incorporen una perspectiva relacional de género, ello hace que no exista tampoco un registro ni académico ni social que pueda medir las actividades y agencias que estos conversos inician en términos de género. Lo que sí es medible son las narrativas y las voces de estos conversos, cuya base ideológica es indiscutiblemente el elemento religioso islámico, el cual es también parte de la cosmovisión holística que estos hombres sostienen. En efecto, el islam lo abarca todo y así es como estos hombres entienden, no solo la relación con la mujer, sino con el "otro". Por consiguiente, la visión de las masculinidades del sujeto converso no puede enfocarse desde una perspectiva aislada, sino que debe trascender todas las áreas de la vida y todos los géneros. En otras palabras, "la masculinidad no es un asunto exclusivamente masculino, sino, por el contrario, una cuestión relacional" (Viveros, *De quebradores a cumplidores* 48) en la que el hombre es productor y portador de género, pero la mujer es "coproductora de la masculinidad social" (Fabián García 79), ambos siendo actores sociales en la producción de igualdad y equidad. Tales posiciones no pueden entenderse como categoría universal, sino que deben examinarse según la raza, etnia, lengua, así como también según unas experiencias biográficas, sociales, políticas, religiosas y culturales concretas. Ello significa que estos hombres han tenido que liberarse de normas sexistas que en el anterior código ideológico los definía como hombres, pero que ahora los alienaría del islam y de la idea de masculinidad de esta religión. Estos hombres, musulmanes, pero españoles y US latinos también, trascienden los espacios bajo los cuales definían la masculinidad antes de la conversión, lo que expresan trabajando fuera y dentro de la casa, involucrándose en los espacios de crianza, implementando una expresividad emocional y respetando la decisión de la mujer con respecto al uso del velo, por poner varios ejemplos. La nueva noción de masculinidad, pues, no solo es ideológica, sino que también actúa en el plano pragmático, en un espacio privado, pero también en uno de público. Las masculinidades de estos conversos en los territorios donde se ubican no son nuevas, sino que lo que es nuevo es que involucran lo religioso y más concretamente, lo religioso islámico. Al final, la masculinidad de este sujeto implica el cuestionamiento del sistema cultural heredado, la alteración de las representaciones de carácter simbólico genérico y la reasignación de roles masculinos y femeninos. Así, se produce la ruptura del modelo heredado de la sociedad, del grupo étnico, y del sistema sociocultural en el que se ha nacido.

Todo ello va a contribuir a que este sujeto redefina su identidad, lo que en definitiva definirá una manera de ser musulmán, pero también de ser hombre.

El futuro de las masculinidades, aunque incierto, es prometedor en que no es solo la mujer o los feminismos los que están involucrados con iniciativas para la promoción de igualdad de derechos entre géneros, sino que es el hombre también el que está llevando a cabo iniciativas tanto conceptuales como de praxis, cambiando así el papel histórico que este ha tenido con relación a la mujer. Los conversos al islam de este estudio constituyen ejemplos de ello.

Capítulo 4
Identidades de los conversos como sujetos de género: afinidades y discrepancias

Introducción

En previos capítulos abordé cómo los conversos españoles y US latinos definían sus identidades como sujetos de género masculinos y femeninos respectivamente. Asimismo, examiné cómo los roles de género a los que se adhieren constituyen instrumentos para expresar las identidades religiosas. No obstante, es importante también examinar las afinidades y discrepancias que ambos géneros experimentan en la formación de la identidad como sujetos de género respectivamente. Por tanto, y aunque existen similitudes obvias entre ambos géneros con respecto a transformaciones por las que deben pasar con respecto a dichas identidades, también existen diferencias en cómo hombre y mujer construyen aquellas, cómo son percibidos por una sociedad, cómo lidian con los estereotipos y cómo resisten una islamofobia con respecto a la correlación que se produce entre religión y género. Con relación a este trasfondo, me propongo en este capítulo: 1) examinar las interacciones que se producen entre género y conversión al islam y más en concreto, las razones por las que se produce una conversión más acusada en las mujeres que en los hombres. Con ello, pretendo examinar qué aporta el islam a la mujer que no aporta al hombre; 2) estudiar cómo se producen las identidades de género en conexión con el cuerpo y unas prácticas corporales islámicas tanto en el hombre como en la mujer. Ello permitirá ver las diferencias que se producen entre hombre y mujer en un tema de identidad de género; y 3) explorar más específicamente cómo el cubrimiento del cuerpo mediante un protocolo de vestimenta específico constituye una herramienta religiosa para el sujeto musulmán, como también una estrategia de género en una sociedad no religiosa que sexualiza al hombre y a la mujer de forma diferente. Ello arrojará luz sobre las diferencias que se producen entre géneros con respecto a cómo aquellos construyen una visión de género en conexión al islam.

Todos estos objetivos corroborarán que en definitiva el islam constituye el filtro más importante a través del cual emerge una idea de género para ambos grupos de españoles y US latinos, hombres y mujeres.

Religión y género: la feminización del islam

Durante las pasadas décadas, la religión, y en especial el islam, ha cobrado más importancia en el mundo occidental, especialmente en conexión a un elemento geopolítico. Asimismo, el género como fuente identitaria, junto con los roles de género, ha adquirido una mayor relevancia social, lo que se ha manifestado en movimientos sociales de naturaleza feminista. Las convergencias que se han producido entre género y religión, por tanto, no pueden omitirse, especialmente, en las sociedades occidentales en las que el islam está creciendo cuantitativamente en el nombre de practicantes, así como cualitativamente en las leyes que regulan esta religión.[1]

Desde que se iniciara una de las primeras olas de conversiones al islam en conexión a un elemento terrorista en la década de los dos mil hasta la actualidad, puede decirse que ha existido un patrón social de conversiones al islam que se ha mantenido a favor del género femenino, de manera que por cada hombre que se convierte, cuatro mujeres lo hacen (Willy Jansen 1). En esta línea de pensamiento, es importante explorar cuáles son los motivos de la conversión en términos de género para poder entender el impacto que ello crea en las sociedades donde aquellas ocurren en términos de lo cultural, de lo político y por supuesto, de lo religioso. El análisis de ello ayudará a entender que las mismas razones por las que más mujeres que hombres se convierten al islam, se encuentra estrechamente relacionado con la visión de género que emerge del islam y que protege a aquellas de un patriarcado que el hombre no necesita de la misma manera.

Uno de los estudios más elaborados entre género (especialmente femenino) y religión, lo proporciona Karin van Neuwkerk en *Women embracing Islam* (2006). Aunque aquel constituya un punto de referencia en este tema, tanto este estudio como otros omiten explorar cuáles son los motivos de la conversión en el hombre en comparación a los de la mujer, así como el análisis de cómo estos hombres definen sus masculinidades, tanto a nivel individual como relacional con respecto a unos homólogos, lo que elaboré en el capítulo anterior. No obstante, es importante explorar tales motivos desde una perspectiva relacional entre géneros.

Interacciones entre religión y género

Las interacciones que se producen entre religión y género en el contexto peninsular (de España) han sido estudiadas desde una perspectiva histórica del franquismo en este país. En aquel periodo histórico, la práctica de la

---

[1] Recientemente, en el mes de septiembre del 2023 en Francia se prohibió el uso de la *habaya* en las escuelas.

religión católica, cuyas expectativas eran mayores en la mujer que en el hombre, estuvo vinculada al elemento político franquista y a los ideales femeninos que aquel sostuvo de sumisión y piedad que se atribuían a la mujer de forma intrínseca. Asimismo, la alianza existente entre el régimen franquista y la Iglesia Católica alentó que la mujer perpetuara unos roles reproductivos, así como educativos; reproductivos, exhortándola a una natalidad prolífica, y educativos, mediante los cuales se aseguraba la transmisión de unos valores específicos a generaciones posteriores.[2] Ello se consiguió mediante su rol estratégico en la educación infantil, tanto en el área doméstica como social a través de la participación de aquella en diferentes organizaciones nacionalistas femeninas.[3] Tales instituciones tenían como objetivo divulgar valores religiosos y políticos franquistas que abogaban en contra de la liberación social, sexual y moral de la mujer, valores que contribuyeron a la formación de una visión de género totalmente conservadora y religiosa. Por consiguiente, el papel de retaguardia que la mujer llevó a cabo para el gobierno fascista en aquel momento de la historia de España fue decisivo para perpetuar un modelo de feminidad hegemónica –proyectado como natural y verdadero– (Blasco Herranz, "*Más poderoso que el amor*" 90), y ligado a unos valores de maternidad, matrimonio, educación y cuidado de los hijos, mantenimiento de la familia y la transmisión de la religión (Blasco Herranz "«Sección Femenina» y «Acción Católica» 56). La atribución de estos mismos valores con relación a la feminidad y a los roles que esta debe desempeñar son, asimismo, respaldados en el islam. No obstante, el islam ha sabido enfatizar muy bien la responsabilidad moral a la que tanto hombre como mujer están sujetos, mientras que el catolicismo de la época franquista atribuyó una religiosidad intrínseca a la mujer en función de su género. Debido al hecho de que la mayoría de los conversos españoles y US latinos proceden de un contexto católico previo a la conversión, en el cual existen unas expectativas religiosas mayores en la mujer que en el hombre, es lógico que haya más mujeres que inicien unas inquietudes religiosas y espirituales como respuesta a unas expectativas de género que han heredado del contexto religioso previo. Una vez han sido expuestas al islam, han encontrado en esta religión la existencia de unas normativas de género que las protegen y no, que las sexualiza como hacen las sociedades occidentales, las cuales han privatizado la religión, y, por tanto, la posibilidad de proteger el cuerpo de esta en el ámbito público. Tal idea ocurre tanto en el caso de

---

[2] La perpetuación de los roles reproductivos en la mujer fue posible mediante una política de prohibición de métodos anticonceptivos, así como mediante un mensaje propagandístico según el cual el papel ideal de la mujer era el del matrimonio y de la maternidad.

[3] Aquí me refiero al bando llamado de los *nacionalistas* de la guerra civil española, al mando del que fue dictador durante casi cuatro décadas, Francisco Franco.

españolas como de US latinas y constituye para ambas un atractivo de esta religión.

No obstante, existen otros factores que han facilitado que más mujeres que hombres se hayan convertido al islam, como es el hecho de que más mujeres que hombres han podido establecer relaciones de pareja con parejas musulmanas que las exponen al islam y, por tanto, a los valores que este propaga, en parte debido al mayor número de migrantes musulmanes hombres que de mujeres migrantes. La muestra del presente estudio etnográfico corrobora este hecho y la mayoría de las mujeres –españolas y US latinas– casadas, lo hicieron con hombres musulmanes de origen y migrantes a España y a los Estados Unidos respectivamente. Por otra parte, y en el caso del hombre, el hecho de que menos mujeres musulmanas de origen emigren a España y a los Estados Unidos como proyecto autónomo, hace que menos hombres españoles autóctonos puedan conocer el islam potencialmente a través de una pareja.

Un hecho significativo es que todas las conversas casadas reportaron que sus parejas las expusieron al islam sin ningún tipo de presión, aunque asimismo admitieron que la práctica endógena matrimonial era algo alentado por las familias de estos hombres. Ello pudo haber impuesto cierta presión a que se produjera la conversión, pues la no pertenencia al islam las excluye de todo un sistema social y familiar. Tal y como Jansen afirma: "The understanding of the larger impact of social ties for women's conversions, compared to men's, is seldom a sufficient explanation for the gender differences" (Foreword, XI).

Ante este contexto de base, es posible sugerir que tanto el factor sociológico como el ideológico actúan de forma sinérgica, de manera que la mayor exposición al islam despierta en estas mujeres el deseo de materializar unas normativas de género que, aunque se vislumbren como patriarcales por la sociedad hegemónica, les da un sentido de protección hacia su género y de claridad con respecto a los roles de género que desempeñan.

En el caso de las US latinas conversas, existen motivos añadidos que facilitan la conversión para estas mujeres con respecto al género de estas. Por ejemplo, el hecho de que muchas de aquellas emigran a los Estados Unidos desde unos países latinoamericanos de forma autónoma y con unas vulnerabilidades económicas, culturales y laborales, conlleva que busquen una estabilidad a través de una relación matrimonial con una pareja con la que mantienen lazos afines, como es el caso de hombres musulmanes de origen y emigrantes a los Estados Unidos con los que comparten una misma experiencia migratoria y una condición de extranjería. Tal afinidad es importante y constituye un factor atrayente para estas mujeres a iniciar una relación con hombres musulmanes de origen que se identifican con unas deficiencias sociales y con unas biografías migratorias. Una vez se inicia la relación, se produce, en muchos casos, un estudio del islam que desemboca en la conversión que, aunque pueda ser nominal al principio, no significa que no termine en un auténtico compromiso con el paso del tiempo. Todas las mujeres latinas a las que pude cuestionar, cuya pareja las expuso al islam, no solo abrazaron este, sino que adoptaron un estilo de vida musulmán de forma mucho más profunda que sus esposos musulmanes de origen, los cuales practicaban el islam de forma cultural.

Adicionalmente, no solo más mujeres que hombres se convierten al islam, sino que más mujeres que hombres utilizan la religión como una estrategia discursiva y como parte de una praxis de género que simboliza una *contra visión* a la praxis de género "convencional" pro-feminista de las sociedades donde residen. Ello es especialmente vigente en el territorio español, con uno de los grados de religiosidad, espiritualidad y anticlericalismo más elevados de Europa y en los que la mujer religiosa es vista como retrógrada, así como la religión un obstáculo a una visión de género saludable. No solo esto, sino que es específicamente el islam, la religión por antonomasia que se vislumbra en contra de una agenda feminista por unos estereotipos de opresión a la mujer. No obstante, esto discrepa de la manera en como estas mujeres entienden el islam. La vulnerabilidad que la mujer ha experimentado a causa de las sociedades patriarcales constituye una de las razones por las que más mujeres han visto en esta religión una estrategia de protección a su género que el hombre no necesitaba. Así, las mujeres conversas han encontrado un sentido, no solo a ser mujeres, sino a ser mujeres, en sociedades que las sexualizan y las reducen a objetos sexuales. Por tanto, el islam constituye una protección a la vejación e hipersexualización a la que la mujer occidental es continuamente expuesta en estos territorios y en Occidente en general, algo que el hombre no ha tenido que sufrir de la misma manera. De esta manera, parece lógico que el mensaje del islam sea más atractivo a un colectivo de mujeres que de hombres, los cuales, ubicados en sociedades patriarcales, no han sido en comparación a la mujer, sexualizados y subordinados de la misma manera que sus homólogas femeninas mediante el abuso doméstico, la prostitución, la trata humana para la explotación sexual o el micro-machismo en diferentes áreas sociales, educativas y laborales, por poner solo algunos ejemplos.

No obstante, ello no significa que el hombre no encuentre otros atractivos por los que se convierte a esta religión. Por ejemplo, y tal como quedó patente en el capítulo anterior, el islam ha representado una forma de transgredir unas masculinidades patriarcales, pero también una estrategia para devolver al hombre un lugar ideológico que los valores occidentales feministas les han "robado" (Jansen 8). Por consiguiente, la conversión al islam constituye una estrategia de género tanto para el hombre como para la mujer, que no solo tiene beneficios terrenales, sino también espirituales. El islam ofrece a estas mujeres y a estos hombres la posibilidad de ser mujeres y hombres, no en "términos occidentales" sexualizando el cuerpo, –especialmente en el caso de la mujer–, sino en términos intelectuales, ideológicos y morales. Algunas mujeres participantes de este estudio reportaron claramente la perspectiva materialista mediante la cual percibían haber sido tratadas por hombres con los que habían establecido relaciones románticas previamente a la conversión, aunque también algunos hombres se identificaron con la misma visión. Estos mismos hombres también expresaron su malestar con respecto a cómo los homólogos masculinos vislumbraban a las mujeres en términos exclusivamente físicos. Aunque las experiencias de estos conversos sean subjetivas, la unanimidad con respecto a las narrativas revela que el islam aporta a ambos géneros una forma de proteger el cuerpo, pero también una forma de llevar a cabo unos roles de género que desembocan en relaciones satisfactorias entre hombre y mujer. En otras palabras, el islam ofrece a los conversos –pero más especialmente a las mujeres–, el marco ideológico desde el cual denuncian la sociedad occidental con respecto al trato que se le da a la mujer en aquel territorio, pero también la solución a la degradación que aquella ha experimentado en las últimas décadas. Es, pues, el islam, y no unos movimientos feministas occidentales, la base ideológica para estos hombres y mujeres para apoyar una visión de género que protege, y, en definitiva, otorga dignidad al cuerpo y a la persona, lo que se materializa en el caso de la mujer, en el papel de esposa y madre. De forma más precisa, el elevado prestigio que el islam otorga a la mujer con relación a su maternidad y cuidado de la familia constituye uno de los atractivos añadidos, al no tener que mantener unos roles reproductivos y productivos simultáneamente. Ello es también una realidad en el caso de aquellos hombres conversos que concuerdan con factores culturales con los que España y Latinoamérica se identificaron no hace tantas décadas anteriores con respecto al rol productivo del hombre. Tales valores islámicos no solo tienen sentido religiosa y culturalmente, sino que ayudan a estos conversos a definir unas identidades de género que les otorga sentido como hombres y mujeres dentro de territorios en los que existe un gran número de divorcios, violaciones y abuso doméstico.

    Para estos conversos, el islam representa la respuesta a una sociedad que no sabe lidiar con las vejaciones que se producen en términos de género, –mayoritariamente a la mujer, pero también al hombre–. Es decir, las falsas democracias existentes en Occidente son una paradoja a lo que las sociedades españolas y estadounidenses simbolizan respectivamente al no poder amparar el cuerpo del individuo (especialmente el de la mujer). En un territorio occidental en el que existe una separación entre estado y religión, la visión holística del islam en ambos espacios privado y público, solo hace que otorgar sentido al converso. Por ello, el islam es visto como un sistema ideológico plausible.

Al mismo tiempo, las experiencias biográficas nocivas que estos hombres y mujeres han experimentado antes de la conversión con respecto al género (divorcios, maltrato de pareja, etc.) son factores que influyen tanto en la conversión como en la adhesión al islam, por mucho que ello sea a expensas de ciertas libertades.[4]

En conclusión, el islam proporciona tanto al hombre como a la mujer conversa unos límites bien establecidos entre lo *halal* y lo *haram* con respecto a unas identidades de género y a una praxis de género que aportan sentido, propósito y dirección a sus vidas, tanto en el espacio privado como en el público. Tal y como afirma Jansen: "Converts seek boundaries, rules, and interpretations. Islam offers a clear model that articulates and solves the experience of transgressed sexual norms and uncertain relationships between the sexes" (8). Tal idea es importante porque revela las sanciones ideológicas a las que los conversos están sujetos por desviarse de una ideología *mainstream* con respecto a las interacciones entre hombre y mujer. Tal es el objeto de la siguiente sección.

Corporeidades e identidad de género: el cuerpo como yacimiento de fricciones

Tanto el cuerpo como las prácticas corporales constituyen afinidades en cómo ambos géneros redefinen las identidades de género en concordancia con las identidades religiosas. El cuerpo, pues, se encuentra en la base de ambas identidades, pues es como hombres y como mujeres que se lleva a cabo una religiosidad. El estudio del análisis del cuerpo y de las representaciones de este, constituye el método mediante el cual puede examinarse cómo los conversos construyen tales identidades religiosas. En otras palabras, las convergencias que se producen entre religión y cuerpo proporcionan la base para examinar cómo estos sujetos definen unas identidades como sujetos religiosos, lo que ocurre de la misma forma para hombres como para mujeres. Martínez Díaz afirma que: "La performance es experimentada por todos y todas, pues se trata de un proceso en el que participamos independientemente de nuestro género" (3). Ello nos lleva a plantearnos preguntas como: ¿qué representa el cuerpo del converso(a) en conexión con su religión?; ¿cómo la visión que los conversos tienen del cuerpo entra en oposición con el territorio?; ¿cuáles son las convergencias que se producen entre cuerpo, identidad religiosa y cultura?; y

---

[4] La segregación de sexos, practicada en algunas sociedades islámicas; el uso de una vestimenta que cumpla con el requerimiento de modestia que el islam estipula, las normas dietéticas que impiden el consumo de ciertos alimentos y la no participación en ciertos eventos sociales (clubes nocturnos, fiestas donde hay alcohol, etc.), son ejemplos de la falta de libertades según el sistema ideológico en el que estos conversos han crecido.

finalmente, ¿cómo se resuelven las identidades de género del sujeto converso en conexión a un cuerpo sexual que es a su vez, un cuerpo religioso y un cuerpo social? Para poder contestar todas estas preguntas y otras, voy a partir de una propuesta que se debate en tres temáticas: 1) el cuerpo del converso/a como lugar de fricción con la sociedad hegemónica que usurpa metafóricamente a aquel de unas feminidades y masculinidades respectivamente; 2) la redefinición de unas identidades de género como hombres y mujeres respectivamente mediante el concepto islámico de *modestia*, el cual es aplicado al cuerpo del converso/a; 3) las agencias y resistencias de los conversos con respecto a una sociedad no musulmana que estereotipa y discrimina al sujeto musulmán mediante el cuerpo y su cubrimiento, el cual constituye el lugar de *performance* religiosa, algo que no atañe exclusivamente al *hiyab*.

Las convergencias entre cuerpo y religión, conlleva que las exploremos no solo en términos de *lo corporal* masculino y femenino, sino también en términos de *lo musulmán*, estableciendo así puentes ideológicos que ambos géneros utilizan para construir unas mismas identidades religiosas. Para ello, es importante entender que la experiencia del cuerpo no es fija ni estática de la misma manera que no lo es la identidad del individuo. Esto significa que, así como es imperativo estudiar la evolución de las identidades sociales, políticas y por supuesto, religiosas, también lo es examinar cómo estas últimas son contingentes al cuerpo, el cual sufre, igualmente, evoluciones y transformaciones físicas como ideológicas.

La idea de una identidad que está localizada en el cuerpo, –la cual no es estática ni fija–, está sustentada por un importante corpus de autores[5], los cuales vislumbran "las experiencias del cuerpo y las memorias inscriptas en este cuerpo" (Ricouer, *La memoria, la historia* 529) como vehículo de la identidad de género, que, en el caso del converso, es ignorada, usurpada o incautada por una sociedad que estigmatiza al sujeto musulmán. [6]

Usurpaciones y atribuciones identitarias de género en el converso/a

Las identidades de género como los roles de género del converso/a español y US latino ha constituido una de las maneras mediante las cuales aquel ha expresado una identidad religiosa producto de la conversión. Asimismo, también ha constituido una forma mediante la cual una sociedad hegemónica no musulmana ha despojado simbólicamente a los musulmanes y conversos al islam de unas feminidades y masculinidades según el criterio hegemónico

---

[5] Butler 1993; Grosz 1994; Mellor y Shilling 1997; Traversa 1997; Weitz 1998; Acha y Halperin 2000; Lopes Louro 2000; Warner 2000.

[6] Otros autores han elaborado el tema del cuerpo como lugar de memoria. Algunos de estos son: Connerton (1989), Bourdieu (1999) y Csordas (1994).

de género del territorio donde se ubican. Así, por ejemplo, se ha tachado al hombre musulmán de machista, opresor y agresor sexual en conexión a su género y religión, y a la mujer musulmana de subordinada, oprimida, reprimida sexualmente y asexuada. En concordancia con ello, la visión paternalista y de víctima que Occidente ha ejercido especialmente sobre la mujer musulmana, ha constituido el método mediante el cual se han atribuido unas características al individuo musulmán y se ha tildado a esta religión de sexista. No obstante, la visión patriarcal bajo la cual el sujeto musulmán (y converso) ha sido percibido no difiere mucho de la realidad patriarcal de las sociedades occidentales donde se ubica. Por esta misma razón, tales sociedades han utilizado a la mujer musulmana como punto de mira, en conjunción con la supuesta opresión según la cual aquella se encuentra sujeta, como forma de estigmatizar el islam, en lugar de al hombre musulmán, –para el cual se le reservan otros estereotipos, como el de terrorista–.

Al mismo tiempo, otros factores como la raza, la etnia, el origen nacional, la lengua o la cultura han contribuido a añadir exclusiones a estos sujetos que aun los apartan más de la "versión oficial" que la sociedad ostenta en términos de género. En esta línea de pensamiento, la *negación* de feminidad que especialmente la mujer musulmana experimenta a manos de la sociedad no musulmana, tanto por unas características de subordinación y de sumisión como por el cubrimiento de su cuerpo a causa del código de vestimenta que debe cumplir, es la manera mediante la cual se ha hecho referencia a aquella en términos de "bulto" o de "sombra", invalidando así su condición de sujeto de género, aunque no su condición de sujeto reproductor. La *animalización* que se le atribuye a la mujer musulmana en conexión a su capacidad reproductora y a su maternidad es una de las maneras mediante las cuales se refuerzan los estereotipos de aquella como oprimida. Este es especialmente el caso en la sociedad española en la que la media de hijos por mujer es de solo un hijo.[7] De la misma manera, esta estigmatización es transferida a todo aquel que profesa el islam, en este caso, la conversa. Por consiguiente, ya sea en el caso de la cultura latina –valga la vaguedad del término–, en la cual las familias numerosas también constituyen la norma, como en el caso de los españoles, para los cuales existe una tendencia contraria, la homogeneización que se produce entre musulmanes de origen y conversos al islam conlleva que la sociedad no distinga entre los primeros, cuya cultura de origen sostiene un alto índice de reproducción, y los conversos, a los cuales se les atribuyen unos mismos patrones sociales reproductivos. Ello implica que las identidades de

---

[7] Álvarez, Rafael J. "Las mujeres en España tienen su primer hijo cinco años más tarde de lo que querrían" *El Mundo*. 4 agosto, 2019. Accedido 6 de junio, 2020. https://www.elmundo.es/espana/2019/08/04/5d45c7e7fdddff2f798b463a.html

género de estos sujetos son percibidas en oposición a las de hegemónicas (española y estadounidense), las cuales vislumbran al sujeto en conexión a un valor de individualismo, el cual precede al proyecto reproductivo familiar. De forma contraria, los musulmanes entienden sus identidades de género en conexión a un factor social y familiar que requiere del apoyo mutuo entre miembros de la familia y de la comunidad, lo que concuerda con una cultura que alienta las familias numerosas.

Asimismo, otro aspecto mediante el cual se despoja simbólicamente a los conversos de unas feminidades o masculinidades es mediante la atribución de parámetros occidentales, tales como la visibilidad del cuerpo y ciertas normativas sexuales con las que el converso no coincide ideológicamente. Tales valores son proyectados por los medios de comunicación masivos y por un modelo consumista que ha enfatizado la idea de que el cuerpo debe *visibilizarse* y *usarse*, no exclusivamente en conjunción a la función reproductora, sino en conjunción a un modelo de sexualidad libre y de fácil acceso. Tales ideas no actúan por sí solas, sino que se encuentran directamente vinculadas a la idea social de estética como a la idea del cuerpo como propiedad privada del individuo. La forma en la que las sociedades occidentales han afirmado y definido las identidades de género y sexuales en conexión al ideal de belleza – que existe, no para ser cubierto, sino para ser visibilizado–, de la misma forma como ha hecho con la práctica de sexo y la disponibilidad de este sin límites, ha sido una forma mediante la que se ha favorecido la necesidad sexual y emocional del hombre más que la de la mujer. Ello da como resultado la existencia de paradigmas culturales según los cuales el hombre es más sexual que la mujer y se legitima tal necesidad sexual a expensas del género femenino.

No solo esto, sino que el sistema neoliberal económico en Occidente constituye otra manera mediante la cual se refuerza una visión de género que favorece al hombre mediante una industria de productos o servicios dirigidos a la alteración y estética del cuerpo femenino, así como instrumentos para el placer sexual, visual y emocional masculino. El uso de estimulantes sexuales para el placer sexual–normalmente para el hombre– es un ejemplo, así como una industria billonaria enfocada en la cirugía cosmética –más usualmente para la mujer–, y la creación de otros negocios cuyo blanco es aquella y su embellecimiento. Todo ello constituye las maneras en las que unos valores sociales patriarcales determinados son materializados y legitimados en sociedades económicas neoliberales para el servicio y placer sexual del hombre.

Otras maneras mediante las cuales el cuerpo de la mujer ha sido utilizado para legitimar la sexualidad masculina son la prostitución legal y la existencia de trata humana para la explotación sexual en países receptores de aquella, las cuales responden a la demanda de un público casi en su totalidad masculino que emplea el cuerpo de la mujer para el placer sexual del hombre.[8] Esta idea no puede sostenerse si no es al servicio de las necesidades físicas y emocionales del hombre dentro de un contexto patriarcal. Con ello, queda patente cómo un sistema sexo-género patriarcal funciona paralelamente a uno de económico mediante unos valores sociales que son satisfechos para el hombre a expensas del cuerpo de la mujer.

No obstante, estos valores que Occidente sostiene de belleza y sexo contrastan con la visión que los conversos/as tienen de su cuerpo, el cual debe ser cubierto y el cual es reservado exclusivamente para el espacio doméstico con una pareja con la que se comparte un vínculo legal matrimonial. Por consiguiente, es necesario examinar cómo el cubrimiento del cuerpo con una vestimenta que cumple las normativas islámicas relega a los conversos, y más especialmente a las conversas, a una esfera social que les niega una individualidad, así como una feminidad o masculinidad respectivamente, en términos hegemónicos. La robusta industria textil, junto con el consumo masivo de moda en la actualidad, han alentado que sus productos constituyan una fuente de individualidad, secularidad, erotismo y referente socioeconómico. Zambrini (2010) afirma, al respecto de la vestimenta como forma de identidad, que aquella:

> está "apelando a la noción de un "yo" que se separa de un "otro", y lo convierte en individuo. El cuerpo se transforma en el lugar de la frontera que distingue a cada individuo de sus otros pares, y los rostros operan como la marca principal de la diferencia íntima y subjetiva. (143)

Por ello mismo, el uso de una indumentaria holgada que cubre el cuerpo de la mujer musulmana es sinónimo de una negación de sexualidad, individualidad y *género*, es decir, de ser vistas como mujeres.

Por consiguiente, los conversos, fieles a un principio de belleza que debe ser expuesto solo en el espacio privado, quedan relegados de un sistema sexo-género dominante que los tilda de sujetos asexuados, especialmente cuando se trata de las mujeres. Todo ello nos lleva al concepto de *modestia*, el cual es necesario analizar para entender cómo el cuerpo es utilizado por los conversos para redefinir unas identidades religiosas.

El concepto de modestia como estrategia identitaria de género

El término *modestia* en el islam, conocido como *hay'a* en árabe, se encuentra estrechamente ligado a lo que asimismo se conoce con otro concepto, el *awrah* que significa "lo que debe ser cubierto" y que hace referencia a las partes del

---

[8] Se entiende como *países destinatarios* de trata humana para la explotación sexual, aquellos países donde las mujeres son transportadas o explotadas para la venta de sexo.

cuerpo que no se permiten mostrar según el Corán. El requerimiento islámico de *modestia* y de unas normativas muy claras sobre lo que es *halal* o *haram* en lo pertinente a la indumentaria, hace que sea necesario examinar cómo los conversos incorporan y transforman cambios en su apariencia e indumentaria en conexión con las identidades religiosas que están redefiniendo, –como hombres o mujeres respectivamente–, lo que constituye un punto en común en cómo ambos géneros construyen tales identidades.

Para el hombre, el *awrah* abarca desde la parte del ombligo hasta las rodillas, mientras que, para la mujer, el *awrah* se extiende a todo el cuerpo, con excepción de la cara y de las manos, aunque esta norma es bastante genérica, pues en realidad depende del grado de cercanía consanguínea que la mujer mantiene con un sujeto del sexo opuesto. Tal normativa es entendida en el islam con el término *mahrem*. [9] De este concepto, se deduce que las identidades de género en el converso se encuentran estrechamente ligadas al concepto de *modestia* con respecto al cubrimiento del cuerpo, lo que constituye una de las muchas prácticas corporales junto con el ayuno, el rezo y unas normas dietéticas específicas que son necesarias para el cumplimiento de las prácticas religiosas islámicas.

Asimismo, el concepto de modestia no solo hace referencia en términos cuantitativos con relación al número de partes del cuerpo que son expuestas o cubiertas, sino que también es definido en términos cualitativos. Es decir, la actitud que se proyecta mediante el cuerpo y cómo este se presenta mediante el grado de sensualidad que una indumentaria incita, los gestos corporales y movimientos y el tono de conversación empleado, son otras formas mediante las cuales el cuerpo es articulado, lo que determina el grado potencial de sexualidad que todo cuerpo puede generar. Asimismo, una actitud recatada, de recogimiento y de reserva hacia la propia persona–especialmente al tratar con personas del género opuesto–, mediante el control de la mirada y mediante el uso de un lenguaje que se aleja de cualquier prueba de afecto, diversión o flirteo, son formas mediante las cuales se logra el ideal de modestia, tan importante en el islam. Tales actos de modestia son parte de cómo las feminidades y masculinidades del converso son ejercidas, lo que no concuerda con los valores de la sociedad no musulmana ni tampoco de las culturas hispanas que dictan unas dinámicas entre hombre y mujer en las que tanto el afecto físico y el flirteo entre géneros son elementos culturales normalizados.

---

[9] Este concepto estipula el grado de visibilidad del cuerpo de la mujer con base al tipo de parentesco que se mantiene con el sexo opuesto. Es decir, si los lazos de consanguineidad entre el hombre y la mujer son unos que prohíben el matrimonio entre aquellos –padre con hija; hermana y hermano, abuelo y nieta, tío y sobrina–, la mujer no debe cubrirse todo el cuerpo, sino solo las partes privadas de este, las cuales están reservadas para el esposo.

El contraste que se produce en cómo los conversos materializan sus identidades de género en comparación con las de unos sujetos no musulmanes refuerza aún más la segregación social entre unos grupos y otros, así como los estereotipos según los cuales los musulmanes se autoexcluyen ante grupos exógenos a su religión. No obstante, la idea de modestia no es negociable para las conversas, lo que se explica en el hecho que la belleza en el islam se considera un rasgo intrínseco de la mujer (Boulanouar 142). Esto significa que toda mujer es capaz de incitar una sexualidad en la persona incorrecta, por lo que el cuerpo (y la belleza de este) debe relegarse solo ante individuos dentro de un sistema que estipula la visibilidad de aquel. Con base a esto, tanto la sexualidad como la belleza son actos privados en el islam, para el beneficio de la familia y más especialmente para el cónyuge, hecho por el cual cualquier vestimenta que incite sexualidad en cualquier otro contexto, es *haram* o prohibido. Es, pues, vital, que todos los esfuerzos deban hacerse para mantener la visión del cuerpo dentro del hogar y los actos de modestia deben implementarse fuera de aquel.

Tal visión no solo contradice la visión social de belleza que sostiene el territorio donde vive el converso, sino que también contrasta con la visión neoliberal económica de Occidente. Adicionalmente, y en este territorio, el hecho de que la exhibición del cuerpo sea algo normalizado (y hasta alentado) mediante una indumentaria sensual, y mediante la existencia de lugares específicos para la exhibición del cuerpo (bares nocturnos, playas nudistas) crea contrastes ideológicos adicionales. Por esta razón, todos los conversos participantes de este estudio reportaron que no asistían a ningún lugar de ocio en el cual el cuerpo fuera visibilizado deliberadamente.

La exhibición pública del cuerpo, concepto prohibido en el islam, desemboca en que los conversos queden fuera de la convencionalidad en términos de género, así como de la sexualidad que Occidente estipula, y que se refuercen aún más los estereotipos con los que se conoce a la mujer musulmana de reprimida sexual o incluso de asexuada. Un ejemplo de ello ha sido la gran controversia que el uso del *burkini* ha creado, debido al cubrimiento total del cuerpo que se adquiere con esta prenda, especialmente en países como Francia, cuya secularidad es uno de los rasgos identitarios nacionales. Todo ello no hace sino desterrar, especialmente, a estas mujeres conversas de unas identidades de género hegemónicas y las asocia a los estereotipos ya mencionados.

Las contradicciones que el sistema occidental plantea, el cual alardea de abrazar valores de igualdad entre géneros y de justicia entre ciudadanos, pero rechaza a aquellos sujetos que, por edad no responden a los valores de juventud, de belleza y de sexualidad, representan una paradoja y una falacia a los valores de justicia, igualdad y libertad. Tal es el caso de la mujer menopáusica, la mujer estéril, la mujer longeva y la mujer sin unos órganos sexuales en conexión con una enfermedad (pechos y útero).

Lo mismo puede aplicarse al hombre, el cual no queda exento tampoco de unas usurpaciones con respecto a su género y a su sexualidad en unas mismas circunstancias de enfermedad o de edad avanzada, circunstancias en las cuales su masculinidad no es sinónimo de fuerza y de virilidad, y, por tanto, de control sobre el cuerpo femenino sobre el que ya no puede ejercer un poder, sino que es sinónimo de debilidad y asexualidad.

De todo ello se deriva que si la exhibición del cuerpo de la mujer –joven, bello y sano–, constituye la forma mediante la cual aquella afirma su identidad de género para unos propósitos sociales (y sexuales) en las sociedades occidentales; en el caso del hombre, no es su cuerpo el instrumento mediante el cual se afirma la identidad masculina, sino el poder que tal cuerpo otorga, lo que no ocurre ni en la vejez ni en la enfermedad. Tal como afirma Norma Fuller, la identidad masculina está definida según el poder de actuación (citado en Sánchez y Dalla Corte 195). El empoderamiento que el cuerpo masculino ofrece mediante la superioridad que ejerce sobre la mujer, mediante el control de la sexualidad propia y la de la mujer mediante unos recursos sexuales que la sociedad asegura para el hombre hace que este afirme una identidad masculina que no es más que el reflejo de un modelo hegemónico patriarcal. No obstante, ello no concuerda con la ideología del sujeto musulmán converso, pues tanto el honor con el que se debe tratar al cuerpo como la renuncia al privilegio del patriarcado constituye la manera mediante la cual aquel rompe el cerco patriarcal, deconstruye la masculinidad hegemónica y afirma una identidad de género que no puede desvincularse de lo religioso y de lo que el islam estipula con respecto al cuerpo.

Por otra parte, la práctica de las identidades y prácticas de género del converso (hombre) en conexión con el concepto de modestia no son neutras, especialmente con el propio grupo étnico, sino que ocurre a expensas de fricciones con homólogos masculinos que se adhieren a un modelo patriarcal o a unos paradigmas del grupo étnico que no acepta que "un miembro del clan" se desvíe de unos roles con los que históricamente se ha asociado la figura masculina. Esta idea es ejemplificada en estereotipos como el *latín lover* o el *macho ibérico*, y experimentada especialmente en el caso de los conversos latinos, para los cuales la raza y la etnia, así como los valores asociados a tales constituyen fuertes parámetros identitarios, especialmente en unos territorios a los que han emigrado y en los cuales se requiere de una fuerte identidad con el grupo de origen. Ello desemboca en que estos hombres experimenten un estatus liminal con una sociedad hegemónica a causa de una idea de masculinidad y feminidad basada en valores seculares, individualistas y capitalistas, y por un grupo de origen con cuyos valores sexistas tampoco se identifican. Tal y como afirma Roald: "Individuals belonging both to the majority and the minority group tend to 'stereotype themselves as well as others in terms of their common attributes as group members' (6). La marginalización que estos sujetos experimentan constituye en definitiva un modo de supervivencia social, al mismo tiempo que de pertenencia a ambos grupos sociales.

En conclusión, el modelo patriarcal en conexión a las identidades de género occidentales constituye la manera mediante la cual la sociedad occidental ha despojado tanto al hombre como a la mujer (musulmanes o no) de unas masculinidades y feminidades mediante un modelo corporal basado en la estética, en la visibilidad del cuerpo, y en la sexualidad de este, pero también en conexión con el modelo capitalista que sostiene este territorio.

Por último, tal modelo de identidad de género bajo el cual Occidente ha *cosificado* el cuerpo de la mujer mediante las representaciones que se han hecho de aquel constituye una paradoja a la idea de igualdad entre géneros que aquel ha difundido mediante un sistema democrático y legal. Ello supone un contraste con el modelo de identidad de género de los conversos, el cual defiende un modelo de sexualidad según el cual el cuerpo es *sexual*, pero no es *sexualizado* para unos propósitos materiales, pues: "Within Islam a woman's sexuality does not diminish her respectability...what Islamic morality forbids is the public flaunting of sexuality" (El Guindi 136-37). El cuerpo, pues, representa el instrumento sexual de placer y de reproducción, pero también de religiosidad mediante un concepto de modestia que debe reiterarse continuamente, lo cual abordaré en el siguiente apartado.

El cuerpo y su cubrimiento como *performance* de género

La idea de Butler según la cual el género se presenta como una *performance* y como una serie de actos reiterativos (Butler, *El género en disputa* 17) es un concepto que puede aplicarse a cómo los conversos experimentan las identidades religiosas en conexión con el cuerpo. Incorporando el concepto de modestia tan importante en el islam me propongo indagar en las relaciones que se producen entre identidades de género, los cuerpos y las vestimentas de estos cuerpos dentro de un contexto territorial ideológico en el cual lo islámico entra en oposición. El uso de una indumentaria específica viene a representar, no solo un símbolo religioso, sino la estrategia que los conversos utilizan para redefinir la nueva identidad religiosa.

Para ello, es importante resaltar que el género como *performance* debe entenderse tanto en función de la corporalidad, como también en función de cómo la cultura interpreta esa corporalidad, la cual representa el filtro a través del cual el sistema sexo-género es ejercido y mediante la cual se atribuyen significados a ese cuerpo. Tal y como afirma Susan Bordo, ningún cuerpo puede librarse de la inscripción de la cultura o de las significaciones *generizadas* de esa cultura (212). El punto de referencia que la cultura representa para el converso con respecto a cómo el cuerpo es empleado, pero también cómo es vestido para cumplimentar unas identidades religiosas, no puede ser omitido debido a las transformaciones que tal referente cultural sufre a raíz de la conversión. Tales reajustes representan *performances* de género a causa de los cambios que se producen en un código de vestimenta que los *alinean* con el islam, pero que los *alienan* con el grupo étnico y cultural propio.[10] Es decir, la feminidad y la masculinidad, más allá de ser una noción fija y esencial "es al mismo tiempo la posición en las relaciones de género, las prácticas por las cuales los hombres y las mujeres se comprometen con esa posición de género, y los efectos de estas prácticas en la experiencia corporal, en la personalidad y en la cultura" (Connell 35). Por consiguiente, es en la aniquilación de los valores y tradiciones culturales originales que no concuerdan con el islam, que el converso se redefine en términos de género, algo que es materializado mediante la incorporación del concepto de modestia en la indumentaria y en otras prácticas corporales importantes, asimismo. Ambas representan marcadores religiosos en el islam y, por tanto, identitarios.

El hiyab y la vestimenta islámica como *performance* de género

Mucho se ha escrito sobre el uso del velo desde una perspectiva identitaria, social, cultural y política. A pesar de la existencia de discrepancias en una misma comunidad de musulmanes con respecto a si el Corán estipula la obligación del uso del velo o no[11], todos los participantes de mi estudio me expresaron que no lo consideraban como obligatorio, pero sí la práctica del concepto de modestia que tanto el velo como una indumentaria específica proporcionan con su uso. No obstante, casi todas las mujeres participantes de este estudio usaban el velo y aquel continúa siendo por antonomasia el principal atuendo con respecto a un código de vestimenta que se usa para materializar la identidad religiosa. Por esto mismo, es importante analizar de qué manera el uso de la vestimenta –en cualquiera de sus modalidades–, tiene un impacto en las representaciones corporales y en las implicaciones que tal vestimenta tiene en las identidades. Ahora bien, es importante subrayar que

---

[10] Aunque el término "cultura latina" no transmite exactitud a causa de las múltiples culturas con las que se puede asociar este término, para propósitos pragmáticos utilizaré este término cuando me refiera a la cultura de los US latinos, los cuales han nacido ellos o sus ascendientes en un país de Latinoamérica.

[11] Tales discrepancias emergen de la Surah 24:30-31 en el Corán, lo que ha dado pie a distintas interpretaciones con respecto al componente obligatorio del uso del velo en la mujer.

las expectativas por parte de la sociedad hegemónica con respecto a un código de vestimenta difieren entre el migrante musulmán y el converso al islam. Es decir, la visión normalizada que se tiene de la mujer inmigrante con respecto al uso del velo y de otras "indumentarias islámicas" no se corresponde con la de las conversas españolas, a las cuales se las demoniza por utilizarlas al ser estas mujeres autóctonas de los territorios en cuestión. No obstante, ambas, sujetas a unas mismas normativas islámicas de modestia, cumplimentan, mediante tal código, unas mismas identidades religiosas. En este momento, podemos decir que los *cuerpos* no son simplemente materias corpóreas, sino también producciones religiosas, morales y sociales, las cuales establecen convergencias con unas normativas culturales, étnicas y raciales que no pueden ser omitidas. Por consiguiente, las adscripciones que el velo adquiere son múltiples y no siempre producto de una normativa religiosa, sino de una cultural. No obstante, esta no es la visión que el mundo occidental ha interpretado del uso de esta prenda, sino que aquella ha representado un signo de sumisión en la mujer, así como una representación de desigualdad entre géneros, a causa del carácter intrínseco de opresión sexual y fundamentalismo religioso que se ha atribuido al islam. Es por ello, que se ha dado por sentado que el uso del velo es impuesto en la mujer musulmana. En otras palabras, el velo en la mujer musulmana ha sido considerado una "cuestión pública" (Wagner 1) que no pasa inadvertida y que es expresada en comentarios sexistas como paternalistas. Norma Fuller afirma al respecto del uso del velo en Occidente que las diferentes partes anatómicas adquieren un simbolismo en conexión con la identidad y que "en la cultura occidental, la cabeza no solo es la sede del intelecto, sino que se identifica con mando, dominio y posición de liderazgo" ("El cuerpo masculino" 297). El cubrimiento de la cabeza por parte de la mujer musulmana, y por extensión del resto del cuerpo con una indumentaria holgada que cubre los rasgos corporales, no solo la despoja simbólicamente de una feminidad y sexualidad –tal y como desarrollé en secciones previas–, sino que también la anula como intelecto. De esta manera se pone de relieve que visibilidad es sinónimo de sexualidad y que, por tanto, el cubrimiento del cuerpo de la mujer musulmana en público en territorio occidental ha sido pensado como sinónimo de represión sexual, asexualidad y nulidad intelectual. Todo ello conlleva que "los significados corporales no son neutrales o fenómenos objetivos, sino que pueden ser también los fundamentos que legitiman las relaciones de poder (Fuller, "El cuerpo masculino" 297) entre la mujer musulmana y varios grupos sociales. Tales relaciones de poder se encuentran al servicio del patriarcado, ya sea por parte de la comunidad musulmana de origen como de la occidental.

En conjunción con esta idea, las implicaciones del uso del velo en la mujer musulmana y conversa ha conllevado que se haya subordinado a esta políticamente –con leyes que restringen el uso de esta prenda–socialmente–

con una visión de aquella que la aliena de unas normativas socioculturales dominantes–. Así, el cuerpo de la mujer velada y cubierta se encuentra inserto dentro de un sistema social a través del cual se interpreta y juzga una ideología religiosa, pero también se juzgan los comportamientos y los estilos de vida arraigados en el islam. Fuller continúa diciendo que: "el cuerpo, de un lado, es el *locus* del dolor, del placer y de la persona misma; del otro, es el objeto donde se inscriben los sistemas de coerción social" ("El cuerpo masculino" 288). El cuerpo de la mujer velada se convierte, pues, en una alegoría del cuerpo social y de un orden social, en el cual existen tanto fricciones por parte de la sociedad hegemónica, la cual estereotipa a la conversa bajo un concepto de represión y de fanatismo religioso, como por parte de la comunidad islámica que mantiene un control social sobre su cuerpo. Esto es importante, pues se determinan unas relaciones de poder entre la mujer conversa y las diferentes micro sociedades con las que aquella entra en contacto, restándole poder y agencia.

Asimismo, aunque el uso del velo haya adquirido una simbología *especial* y *espacial* en los territorios occidentales donde es empleado con respecto a las representaciones religiosas y políticas que aquel implica, el uso de la indumentaria islámica no es menos controversial con respecto a unas mismas significaciones. Así, el vestido con el que se cubre el cuerpo no es un mero instrumento corporal, sino un producto religioso mediante el cual se llevan a cabo unas normativas coránicas con respecto al principio de modestia; un producto moral, con el cual se establecen límites entre lo *halal* y lo *haram* con respecto a un cuerpo sobre el que se expresan deseos, transformaciones y agencias; y un producto social mediante el cual se mapean unas relaciones, se establecen límites en las interacciones con otros sujetos sociales y se forman categorías sociales entre unos individuos que visten "convencionalmente" y unos que no.

La producción de los cuerpos religiosos, morales y sociales a través de un protocolo de vestimenta determinado ocurre dentro de unas coordenadas *espaciales* determinadas que estipulan normativas que constituyen el punto de referencia mediante el cual se implementan unas relaciones de poder entre el sujeto occidental no musulmán y el converso. Las fricciones que se crean a causa de las discrepancias con respecto a la vestimenta entre ambos grupos no hacen sino alimentar estereotipos sobre la mujer islámica, cuya vestimenta es vislumbrada como una forma de control social, de la misma manera que el velo lo ha hecho en el pasado. No obstante, esta visión discrepa de la ideología de estas mujeres, las cuales reiteran la importancia de "producir modestia", así como de libertad para vestir de la forma como ellas desean.

Ahora bien, y aunque el concepto de modestia es asimismo aplicable en el caso del hombre musulmán mediante el concepto de *awra*, las normativas coránicas menos restringidas para el hombre son sinónimo de una diferencia con respecto a cómo hombre y mujer definen unas identidades de género en conexión con unas prácticas corporales. Tal y como afirma Dolezal, "women's bodies are more frequently a site for shame than men's (7). Por ello mismo, es especialmente importante cómo el concepto de modestia es ejercido, el cual estipula *qué* es cubierto –con respecto a unas partes del cuerpo determinadas–, *cómo* es cubierto –mediante el uso de ropa holgada–, y *dónde* es cubierto – mediante la segregación de sexos, especialmente fuera del ámbito doméstico– (Wagner 6).

En breve, la práctica corporal del cubrimiento del cuerpo no solo tiene como propósito la producción de modestia obligada en el sujeto musulmán, sino de una modestia que impone unos límites religiosos, morales y sociales con respecto a la visibilidad de aquel.

Asimismo, la práctica de la modestia mediante el cubrimiento del cuerpo constituye un símbolo de pertenencia al islam, a la umma y al nuevo grupo de españoles conversos y US latinos conversos respectivamente, los cuales abandonan un viejo estilo de vida que contempla la visibilidad del cuerpo como acto público normalizado. En otras palabras, el uso de la vestimenta "islámica" constituye un nuevo marcador identitario que, especialmente para las mujeres españolas y US latinas que no usan el hiyab, las identifica con una religión estigmática. En unos territorios occidentales donde la religión es considerada un asunto privado (Boulanouar 150), el empleo de tal vestimenta constituye una forma más en cómo los conversos "traicionan" la identidad nacional de un país que ni contempla como valores el cubrimiento del cuerpo, ni vislumbra esta religión como parte del tejido religioso y nacional. Con ello, "Muslim women conceal their femininity behind veiling and thus present the "sacred body" against the "aesthetic" one" (Boulanouar 151), lo cual constituye una afirmación política muy poderosa por sí sola que no requiere de un discurso que lo sostenga.

Conclusiones

Las conclusiones sobre las identidades de género de los hombres y mujeres españoles y US latinos participantes del presente estudio revelan que estos sujetos sostienen una visión de género que tiene su base en la idea de igualdad de géneros en términos de derechos (hombre y mujer son iguales en derechos y responsabilidades), así como de equidad (hombre y mujer no son iguales, pero se complementan). De esta manera, y contrariamente a lo que los feminismos contemporáneos occidentales estipulan, el determinismo biológico al que hombre y mujer están sujetos en base al sexo de nacimiento no es el responsable de que exista un patriarcado, sino que la lectura cultural que se ha hecho de las diferencias biológicas entre hombre y mujer ha sido realmente el responsable de aquel, algo de lo cual las sociedades islámicas son igualmente responsables. Es, pues, el cuerpo, el "locus" de las identidades de género, las cuales no pueden desligarse de las normas coránicas y de lo que este código ideológico estipula con respecto al cuerpo. Asimismo, este cuerpo y la imagen que este transmite mediante la vestimenta y la actitud que aquel transmite, es parte de la visión de género que el converso debe acatar. Así pues, el código de vestimenta pone de relieve la "ambiguous and irreducible relationship that exists between dress and the body" (Hanson 103). Y aunque esto es verdadero para ambos grupos de españoles y US latinos respectivamente, también es verdad que deben tenerse en consideración las diferencias que se producen con respecto a la cosmovisión sociocultural que determina la gestión de este cuerpo, que, aunque no afecte la *performance* religiosa de estos sujetos, sí que crea diferencias en las diferentes manifestaciones de cómo unas mismas normas islámicas son llevadas a cabo. Son, pues, las transformaciones culturales que el converso lleva a cabo, un instrumento más de religiosidad, pero también de culturización.[12]

A raíz de todo ello, la visión del cuerpo y de las prácticas e interpretaciones sobre este cuerpo no son neutrales, sino que a través de aquellas se materializan discrepancias, se crean estereotipos, y se simbolizan diferencias de poder entre los distintos grupos ideológicos implicados, diferencias que son más visibles en la mujer que en el hombre. El hecho de que la indumentaria de la mujer musulmana sea más fácilmente identificable como "islámica" que la del hombre, conlleva que la transmisión de género, la "producción" de modestia y la producción de identidades de género recaiga en aquella más que en el hombre y que, por tanto, esta sea más fácilmente identificable ante una sociedad que la tacha de retrógrada. De la misma manera, los conversos son examinados por parte de la misma comunidad de musulmanes nacidos en el islam por unas posibles transgresiones o desviaciones con respecto a la indumentaria. Zambrini afirma al respecto que:

> Se concluye que la moda y los cambios cíclicos en los modos de vestir no actúan solamente como fenómenos estéticos y de consumo, sino que, además, enmascaran las luchas políticas por las construcciones de sentido en torno a los valores sociales de los cuerpos, las sexualidades y los géneros que suponen un devenir identitario (146).

---

[12] El uso de pantalones por parte de las mujeres conversas es una práctica más normalizada que entre mujeres musulmanas de origen, las cuales visten, no solo según un criterio religioso de *modestia*, sino bajo uno de cultural. En capítulos previos se menciona la vestimenta de la mujer española conversa, la cual constituye uno de los criterios bajo los cuales aquella es cuestionada espiritualmente por parte de la población de musulmanes de origen en el territorio en el que estos últimos han emigrado (España, en este caso).

Y debido al hecho, que la moda ha sido algo más atribuible a la mujer que al hombre, se puede deducir que las prácticas corporales islámicas mediante el código de vestimenta tienen un efecto mayor en la mujer que en el hombre con respecto a la transmisión sobre unas ideas de género a los hijos. De esta manera, la vestimenta y otras prácticas corporales que el converso al islam incorpora en sus prácticas diarias constituye una manera de afirmar que, en definitiva, es el cuerpo el que constituye "una metáfora de lo social y lo social, una metáfora del cuerpo" (LeBreton 105). El cuerpo del converso es tanto unidad biológica como unidad simbólica; objetos sexuales, como objetos espirituales; objetos pecadores, como objetos morales; objetos privados, como objetos públicos; objetos sociales, como objetos políticos; objetos culturales, como objetos económicos. El cuerpo del converso, operante de todas estas dimensiones identitarias, aunque individual, es, asimismo, un cuerpo colectivo, la *umma*, donde todos los conversos mediante las mismas prácticas corporales son parte de una misma ideología. El cuerpo, asimismo, el individual, pero también el colectivo, con sus prácticas de vestimenta, con sus posiciones (postración, durante el rezo), con sus prácticas dietéticas, representa un constante recordatorio del islam, la base identitaria de los musulmanes conversos al islam. A partir de este momento, –el de la conversión–, el cuerpo se convierte en un recordatorio, en una memoria, la memoria de la conversión, pero también de una identidad que se sostiene en el islam.

Finalmente, se pone de relieve que las resignificaciones que se pueden hacer del cuerpo como lugar donde yacen las identidades religiosas de los conversos, revela que los cuerpos no son meros materiales corpóreos, sino que son *cuerpos que importan*.[13]

---

[13] Aquí me refiero al título del libro de Butler *Bodies that matter*, traducido al español como *Cuerpos que importan*, en el cual esta autora examina las convergencias que se producen entre cuerpo biológico y producción de género, argumentando que el sistema sexo-género no se correlaciona necesariamente con el cuerpo biológico en el que se ha nacido, sino con las subjetividades de género que el individuo sostiene con respecto al sexo biológico. Tales subjetividades pueden, muy bien, no correlacionarse con el sexo biológico.

PARTE III:
CIUDADANÍA E ISLAM

Capítulo 5

Yo también soy español/US latino: nación, ciudadanía e identidades político-religiosas en el converso

Introducción

Las diferentes perspectivas bajo las cuales he examinado la conversión como la forma en la que el converso al islam moldea su nueva identidad religiosa en capítulos previos no tiene cabida si no es mediante un componente político que engloba el concepto de ciudadanía, así como de identidad nacional. Ambos, representan el filtro a través del cual las identidades de género adquieren sentido mediante unas leyes y prácticas que las regulan. Los conversos españoles y los US latinos, con unas multiplicidades identitarias indiscutibles, comparten una visión de ciudadanía que es percibida en términos de exclusión, en función a un concepto de minoría religiosa bajo el cual son catalogados.[1] Las relaciones de poder que se van fabricando entre diferentes grupos sociales a raíz de esta perspectiva son incuestionables, no solo con respecto a las interacciones diarias entre aquellos en unas esferas sociales, laborales y educativas, sino con respecto a una ideología que se sostiene de los conversos en términos de ciudadanía y de nación. Tal premisa nos lleva a cuestionarnos sobre el verdadero significado de identidad española y US latina, respectivamente en función de factores históricos, sociales, culturales, raciales y religiosos específicos que no son estáticos. Entre algunos de estos, es importante mencionar que la realidad migratoria que los territorios de España y de los Estados Unidos han experimentado en las últimas décadas como agentes, pero también como recipientes, ha hecho que, de la misma forma, se produjera el desplazamiento de unos paradigmas dominantes con respecto a una esfera de lo social, cultural y religioso, lo que pone en tela de juicio la identidad de la nación y ofrece formas alternativas de ciudadanía para algunos individuos. Un ejemplo de ello son los conversos españoles y US latinos de este estudio.

---

[1] El concepto de *mayoría* y *minoría* es discriminatorio en sí mismo, pero logísticamente necesario a la hora de expresar unas diferencias que se aplican a ciertos grupos poblacionales.

Partiendo de la idea de que el concepto de ciudadanía es aplicado a unos grupos hegemónicos como a unos marginales, me propongo examinar dos objetivos.

Primero, cómo el concepto de ciudadanía representa un parámetro y una estrategia mediante el cual se produce una visión de aceptación u hostilidad respectivamente hacia los españoles y US latinos conversos, los cuales retan la idea de nación y de ciudadanía de los respectivos territorios en los que aquellos residen en conexión a la religión que practican. Especialmente, en el caso de los US latinos, –puesto que los españoles son ciudadanos autóctonos del territorio español–, no me refiero a una ciudadanía en términos legales necesariamente, sino a la visión que se tiene de aquellos como parte del tejido social estadounidense y de la nación a la cual han emigrado.

Segundo, me propongo analizar cómo la idea fija de ciudadanía que se vincula a unos valores nacionales específicos es retada mediante la existencia de múltiples identidades culturales, lingüísticas y por supuesto, religiosas, con las que diferentes grupos como los conversos contribuyen, las cuales contrastan con otras identidades más "convencionales". Asimismo, los diferentes eventos culturales, sociales y políticos que ocurren continuamente en los territorios donde los conversos españoles y US latinos viven, constituyen un elemento sobreañadido a cómo se va creando y moldeando un concepto de ciudadanía y de identidad nacional que nunca es fijo, sino fluido y cambiante, de la misma manera que lo es la identidad del individuo. No obstante, y sobre la base de los desplazamientos, migraciones y globalización, así como a la tendencia de unos micro nacionalismos emergentes (catalanes, gallegos, vascos y estadounidenses), es imperativo que examinemos como los diferentes países se cuestionan el significado de ser español, latino, estadounidense, americano o europeo, y de una forma más integral, que nos preguntemos el significado de la noción de *identidad occidental, identidad europea* e *identidad estadounidense*, si es que estas existen.

Las nuevas ideologías y estilos de vida de los conversos al islam contribuyen a una nueva idea de ciudadanía de los territorios donde residen, lo cual puede entrar en conflicto con algunas visiones dominantes con respecto a tal concepto. La supuesta idea de identidad nacional en unos Estados de derecho en los que estas conversiones tienen lugar debe, en principio, ponerse en tela de juicio, negociarse y definirse, no solo producto de nuevos paradigmas religiosos, sino también de una multiplicidad identitaria en otros ámbitos. De hecho, los españoles conversos no solo son musulmanes, sino también son españoles, vascos, catalanes, andaluces, europeos, etc. Del mismo modo, los US latinos que se convierten, no solo son musulmanes, sino también son estadounidenses, cubanos, mexicanos, peruanos, colombianos o indígenas que viven en los Estados Unidos.

Para poder llevar a cabo un análisis de cómo todo un entramado de identidades en el converso es redefinido, debe tenerse en cuenta dos aspectos fundamentales sobre el islam y los individuos que practican esta religión; una, que el islam es la base ideológica incuestionable e infalible bajo la cual estos individuos coexisten con una población no musulmana; y dos, que el islam afecta todas las áreas de la vida del musulmán. Por esto mismo, y tal como corroboran la mayoría de los conversos al islam a los que pude entrevistar, la idea de ciudadanía y de identidad nacional de estos no puede desvincularse del islam, pues este tiene supremacía a cualquier fuente identitaria. Tal hecho entra en conflicto con la identidad colectiva del grupo dominante en términos de género y cultura, tal y como elaboré en previos capítulos, pero también en términos de nación y de ciudadanía. De esta manera, la competición de identidades nacionales, culturales y religiosas entre individuos que se convierten al islam, y unos que no lo hacen, no solo da lugar a tensiones, sino también a relaciones de poder que se establecen entre unos y otros y que puede desembocar en medidas discriminatorias contra los primeros. A raíz de ello, es importante explorar si la política occidental actual cede un espacio ideológico a los sujetos musulmanes –conversos o no–, los cuales son percibidos, tanto de forma estigmática como también problemática. Es por ello, que una de las pretensiones de este libro es cuestionar la idea del islam como una religión contraria a unos supuestos valores occidentales, pero de forma más importante, cuestionar si el converso musulmán occidental –cuyos valores y creencias se visionan como incompatibles con las sociedades españolas y estadounidenses donde viven y que la política populista de derechas, los nacionalismos radicales cada vez más emergentes en Occidente, y el terrorismo musulmán han ayudado a construir–, responde a una realidad o a un mito.

Una forma de desarmar esta visión del islam (y de los conversos) es mediante el análisis de lo que los medios de comunicación han propagado hacia esta religión y hacia sus fieles, que en su mayor parte ha sido vinculado al terrorismo. La idea de que la conversión está asociada a motivos *yihadistas* no solo es falsa, sino que no es representativa de la mayoría de los aproximadamente cincuenta mil españoles que se han convertido al islam en la España actual y de los casi doscientos mil US latinos conversos en los Estados Unidos que se estima existen en este país, como tampoco es representativa de ninguno de los sujetos participantes de este estudio.

Hacia un concepto de ciudadanía española y de ciudadanía estadounidense

La idea de ciudadanía es un concepto complejo que contempla varias dimensiones y que puede definirse como el sentido de pertenencia a un mismo espacio territorial mediante el vínculo jurídico-legal, cultural y político que todo individuo comparte con otros de un mismo territorio, así como la adquisición de unos derechos y de unas obligaciones. En las siguientes páginas, me propongo examinar la manera en cómo estos tres aspectos afectan a los conversos. La relevancia de tal examen ayudará a entender las intertextualidades que se producen entre ciudadanía y conversión.

Primero, desde una perspectiva de lo jurídico y legal, la irregularidad legal atribuida a muchos de aquellos es un hecho. En el caso de los españoles, la ciudadanía legal de estos en territorio español es puesta en tela de juicio, especialmente en el caso de la mujer velada, la cual es confundida por migrante. Algunos conversos reportaron que habían recibido comentarios islamófobos instigándolos a regresar a sus países, algo imposible, al ser España el país donde han nacido. En el caso de los US latinos, un gran número de ellos posee una ciudadanía legal, ya sea por haber nacido en territorio estadounidense o por haber adquirido aquella a través de sus ascendientes. Asimismo, el hecho de que el estatus legal no sea visible implica, en muchos casos, la creación de unas suposiciones con respecto al estatus legal de estos individuos de ilegalidad. Todo ello es relevante a causa de la estereotipación y discriminación que estos sujetos experimentan.

El caso de los US latinos conversos al islam nacidos en los Estados Unidos coincide con la situación de los españoles conversos en que son autóctonos del país donde residen, y, asimismo, son percibidos como extranjeros. No obstante, los US latinos experimentan una mayor estereotipación al ser vinculados a una extranjería simbólica por un componente racial o cultural que los asocia con el grupo de latinos, y, por tanto, de extranjeros. Dentro de este grupo, la mujer latina, musulmana y velada es la que se encuentra en una escala social de más vulnerabilidad debido a una triple exclusión; la inmediata identificación de aquella con el grupo cultural latino, con el islam, y con el uso del velo –es decir, con un radicalismo islámico (aunque no, con un yihadismo)–.

Segundo, el concepto de ciudadanía en conexión a un elemento sociocultural es, probablemente el más obvio, pero también, el más visible a causa de las prácticas corporales que se manifiestan en el espacio público y que los ubica en una categoría de ciudadanos foráneos (An-na'im 40-41). Las modificaciones culturales que estos conversos llevan a cabo a raíz de la conversión los sitúa en una escala sociocultural inferior a la de una sociedad dominante, pero también los ubica en una categoría de extranjeros. No obstante, las masivas migraciones que España como los Estados Unidos han experimentado requieren de la revisión de ciertos paradigmas culturales mediante la incorporación de nuevos valores y prácticas que son importados de otros sistemas ideológicos como el islam. La coexistencia con sujetos con nuevas cosmovisiones conlleva, pues, que el concepto de ciudadanía tenga que ser cuestionado, mucho más cuando estas nuevas ideologías proceden "desde dentro", por parte de españoles autóctonos y de US latinos que han nacido en el mismo territorio desde donde emergen aquellas. Por tanto, la imagen que se va creando de tales sujetos no es una de cohesión nacional, sino de ruptura. Asimismo, el hecho de que las relaciones entre estado e iglesia han sido vislumbradas desde un contexto protestante y católico mayoritariamente –tanto en España como en los Estados Unidos– no ha ayudado a entender al converso musulmán con respecto a la ciudadanía de aquel, de la misma manera que al sujeto no musulmán, católico, blanco, secular, etc. Por consiguiente, la idea de que todas las religiones son iguales ante la ley y ante la sociedad (y sus practicantes), por muy lucrativa que sea, no es siempre una realidad. La multiplicidad identitaria con la que muchos individuos se identifican en términos de lengua, región, ideología o identidad sexual, no es aplicada al musulmán converso, lo que representa una contradicción a la igualdad de derechos que el siglo veinte trajo a Occidente. Por el contrario, tal visión de igualdad es retada por unas políticas actuales como por unas sociedades cada vez más conservadoras o seculares hostiles al islam que se manifiestan en unos nacionalismos cada vez más emergentes, en políticas de discriminación y en definitiva, en una sociedad que no acepta ni el islam ni al musulmán. Tales políticas no tienen como objetivo el abrazar unos cambios que se visionan como traidores a la idea de identidad nacional del territorio en cuestión, sino la alienación de aquellos que no conforman el prototipo de ciudadano, como es el caso de los conversos. Tal y como afirman Ashcroft y Ahluwalia: "Western cultural institutions are responsible for the creation of those "others" …, whose very difference from the West helps establish that binary opposition by which Europe's own identity can be established" (63). Es, pues, este concepto de diferencia vinculado a las oposiciones binarias según las cuales no se es español porque se es musulmán, o se es católico porque se es latino, que los conversos son relegados a la categoría simbólica de minorías, así como de foráneos. No obstante, en un mundo global en el que existe cada vez más una desterritorialización religiosa, la idea de categorías fijas que ha venido a definir el concepto de *españolidad* y de *latinidad* no puede sostenerse. Asimismo, las múltiples sub identidades con las que estos grupos se identifican hace absurda la misma pregunta y pone de manifiesto las palabras de Homi Bhabbha cuando afirma que: "I have trouble with thinking of all these things as monolithic fixed categories" y de que: "It is in the emergence of the interstices –the overlap and displacement of domains of difference– that the intersubjective and collective experiences of *nationness*, community, interest or cultural value are negotiated (*The location of culture* 4, 2).

El concepto de *diferencia* bajo el cual estos sujetos son percibidos es especialmente experimentado en el caso de los US latinos no solo debido a su afiliación al islam, sino debido a unos factores raciales, culturales y lingüísticos visibles, los cuales representan capas adicionales de otredad. De una forma u otra, estos últimos, como los conversos españoles autóctonos, son percibidos como *migrantes simbólicos*, lo que los ubica en una escala ideológica, social, cultural y política marginal. Última e independientemente de si comparten los mismos factores legales, sociales, raciales y étnicos con la sociedad dominante, como si no los comparten, el concepto de *diferencia* con el que el islam se vincula es lo que viene a caracterizar a estos sujetos bajo un concepto de otredad, marginalidad y extranjería.

Contrariamente a esto, estos conversos, muchos de ellos autóctonos no se perciben a sí mismos como extranjeros, sino que entienden el concepto de ciudadanía de una forma más amplia, desechando la noción de categorías fijas, mencionado anteriormente e incorporando en su idea de ciudadanía, unas obligaciones como unos derechos, de la misma forma que hace el resto de la sociedad. Es, así pues, como estos sujetos se consideran españoles y US latinos/estadounidenses respectivamente, pero también, –y en un mundo en el que es imposible eliminar los rótulos– se perciben como musulmanes, españoles y musulmanes latinos/estadounidenses respectivamente. De esta manera, anteponen el islam a la nación y corroboran la idea de que el islam prevalece ante cualquier fuente identitaria, pero también afirman de esta manera que la noción de ciudadanía no se sostiene si no es en conexión con el elemento religioso. En esta línea de pensamiento, es imperativo entender que, para el converso al islam, la ciudadanía no es exclusivamente una simple práctica de derechos y de responsabilidades que todo ciudadano debe llevar a cabo, sino que aquella se encuentra vinculada al componente moral que implica el ser musulmán. Es decir, ser buen ciudadano y ser buen musulmán son sinónimos y son conceptos que no pueden disociarse el uno del otro.

En países como España, en los que existe un fuerte sentimiento secular en la esfera de lo político y de lo público y del cual emana un concepto de ciudadanía totalmente ajeno a lo religioso, el converso es especialmente alienado de una idea de ciudadanía dominante. Asimismo, las diferentes ramificaciones en las que se manifiesta el concepto de ciudadanía –social, educativo, laboral–, así como las organizaciones sociales, sindicatos y medios de comunicación con un fuerte sentimiento secular, hace que estos conversos sean vislumbrados como entes marginados.

Identidades político-religiosas de exclusión

La diferencia bajo la cual estos conversos son percibidos en términos sociales es asimismo materializada a nivel institucional en la forma de unos nacionalismos que, impulsados a nivel institucional y político, los relega en términos de identidad nacional. Así, la identidad de aquellos no es percibida en términos de nación, sino en términos de religión. Según esta idea, un sujeto musulmán nunca es visto como español, estadounidense o latino respectivamente, sino como musulmán y, por tanto, excluido simbólicamente de la nación donde ha nacido o a la que ha emigrado. De esta forma, los conversos españoles no son españoles (simbólicamente, aunque sí en estatus legal) porque son musulmanes, idea que reside en la incompatibilidad asociada entre este territorio y el islam, más específicamente entre este territorio y los valores con los que esta religión se asocia. No obstante, no es así como estos individuos vislumbran su propia identidad nacional, sino que esta es percibida en términos de multiplicidad. Es decir, la identidad de aquellos como españoles yace tanto en el hecho de compartir con unos homólogos españoles no musulmanes el haber nacido en un mismo territorio, como en la idea de que este territorio no está sujeto a unos valores específicos, concretos y fijos. Las persistentes tensiones que estas divergencias ideológicas generan hacen, a su vez, que estos conversos construyan una identidad nacional que se estructura a través de la diferencia y de la relación con el Otro, –con lo que él no es–, es decir, como lo que se ha denominado su afuera constitutiva (Hall 16, 18). Esto es especialmente cierto en un país como España, en el cual algunas identidades regionales han entrado profundamente en conflicto con la identidad nacional española, y en las que es más difícil alcanzar una cohesión social y política a causa de la diversidad lingüística y cultural que tales regiones aportan. No obstante, el componente de extranjería con el que el islam se asocia constituye la máxima representación de otredad, con la agravante de que aquella es personificada en el mismo converso y ciudadano autóctono. Por consiguiente, este y su identidad nacional es percibida por medio de la exclusión, en una especie de *ser* a expensas de lo que no se *es*.

De la misma forma, y en los Estados Unidos, –un país con una larga historia de migraciones–, no ha sido hasta la llegada masiva de musulmanes que el concepto de identidad nacional se ha puesto a prueba de una forma más acusada y visible, especialmente porque aquellos se asocian con un terrorismo que ataca la nación y los valores ideológicos que tal nación abraza. En el caso de los US latinos conversos al islam se produce un componente sobreañadido de otredad identitaria nacional al ser estos percibidos de otros territorios, con otros valores culturales, racial y étnicamente diferentes, lo que se traduce en un mayor sentimiento de alienación hacia aquellos. No solo esto, sino que el hecho de que la identidad religiosa preceda a la identidad nacional los aliena aún más con respecto a los ciudadanos y a las políticas nacionales impuestas por un gobierno previo *trumpista* cuyo concepto de identidad nacional emanó de su pertenencia a un territorio, los Estados Unidos, y de una religión, el cristianismo.

Las múltiples identidades que los conversos experimentan conllevan que exista una fluidez y un dinamismo identitario, en lo religioso como también en lo cultural, lo que es vislumbrado como una falta de conformismo cultural a la cultura del país, lo que, a su vez, es responsable de que se produzca estereotipación y discriminación social pero también institucional. Por ejemplo, en España, la enseñanza de la religión islámica es una materia optativa en el sistema educativo español público. Sin embargo, solo en seis de las diecinueve comunidades españolas, se ofrecen clases de religión islámica y existen solo cuarenta y siete profesores de religión islámica en todo el país.[2] Esto no concuerda con las negociaciones alcanzadas entre el gobierno y *los Acuerdos de Cooperación de 1992* con la Comisión Islámica de España, según las cuales se iniciaba un proyecto educativo de enseñanza de la religión islámica en este país. Tales iniciativas se han dejado en manos de las autonomías y del interés que estas tienen con respecto a la enseñanza de esta religión en el sistema educativo público de aquellas. A esto debe añadirse la ausencia de autoridad que la *Comisión Islámica de España* tiene con respecto a poder elegir a los profesores que van a enseñar esta materia, gesto que es significativo de la ausencia de autodeterminación para decidir con respecto a la enseñanza de esta religión en el espacio público. Todas estas políticas institucionales dejan clara la discriminación institucional hacia el grupo de musulmanes en este país.

Asimismo, la disparidad ideológica que existe con respecto a la enseñanza y al impacto que la civilización musulmana en España ha tenido mediante la negación de las contribuciones de aquella en la historia española, como en la actualidad, también ha sido otra estrategia mediante la cual se resta autoridad a todo lo que concierne a esta religión, algo que quedó recogido en las narrativas de algunos padres conversos a los que entrevisté para este estudio etnográfico.

En el caso de los Estados Unidos, el *Establishment Clause* de la Primera Enmienda de la Constitución estadounidense prohíbe el trato privilegiado de una religión sobre otra. No obstante, el islam y los musulmanes continúan siendo un grupo estigmatizado a nivel social. A nivel institucional ni estos ni ningún otro grupo religioso tienen acceso a clases de religión como parte del currículum académico del sistema educativo público de este país.

Con base en todo lo mencionado, es importante que nos hagamos la pregunta de si los gobiernos están, asimismo, practicando una *política de minorías* (An-na'im 7) tanto a nivel logístico como simbólico, lo que no puede desvincularse de las imágenes y representaciones que se tiene de aquellos.[3]

---

[2] Estas son Andalucía, País Vasco, Canarias, Aragón y las ciudades autónomas de Ceuta y de Melilla (Estudios Demográficos de la Población Musulmana, 2014, UCIDE).

[3] An-na'im entiende la política de minorías como las prácticas y estrategias políticas dirigidas a excluir la identidad de ciertos grupos, como el grupo religioso de los musulmanes (7).

Autorrepresentaciones y políticas identitarias de grupo

La mayoría de los medios de comunicación actuales en España como en los Estados Unidos han coincidido en ofrecer una visión homogeneizadora de los musulmanes y una representación de estos que responden a los estereotipos con los que son conocidos. Tal representación ha sido diseminada a una sociedad ignorante del islam y del individuo musulmán que, a su vez, ha determinado la creación de unas políticas que han regulado la interacción entre la sociedad dominante no musulmana y el grupo de musulmanes. No obstante, esta imagen discrepa profundamente de la visión que estos últimos tienen de sí mismos, tal y como concuerda con las palabras de Edward Said al afirmar que la cuestión de la representación como algo verdadero es cuestionable (Said, *Orientalism* 272).

Algunas de las aportaciones más relevantes con las que los conversos entrevistados para este estudio etnográfico quisieron contribuir con respecto a tales representaciones sociales fueron: 1) eliminar la imagen de terroristas con la que se asocia a los musulmanes (especialmente a los hombres); 2) derribar estereotipos de los musulmanes como machistas, retrógrados y contrarios a los valores occidentales; y 3) abolir la idea de que los musulmanes son incompatibles con el estilo de vida occidental. El lastre que supone la atribución de tales prejuicios para las mujeres musulmanas es especialmente mayor a causa de la visibilidad que el velo aporta. Independientemente de si es posible materializar los objetivos de estos conversos con respecto a sus representaciones, es importante que nos preguntemos si cada grupo marginal y marginado tiene el poder de la autorrepresentación o si, por el contrario, las sociedades y gobiernos tienen el derecho de representar a aquellos. Según Shohat y Stam, la misma definición de democracia yace en la idea de que somos representados por un gobierno (182-83), de lo que se deriva que tales representaciones puedan o no ajustarse a la verdad. Por consiguiente, es importante examinar cuáles y cómo se producen tales discursos, sean aquellos literales o simbólicos. De la misma manera, es asimismo imperativo que estos mismos grupos puedan expresar sus propias representaciones. Ello nos lleva a hacernos la famosa pregunta de Spivak con respecto a si el subalterno puede hablar. Las entrevistas llevadas a cabo para este estudio fueron para muchos de estos conversos una forma de encauzar unas inquietudes con respecto a unas identidades religiosas y de dar voz a estas. Asimismo, aquellas representaron una forma de discurso indiscutible con respecto a la creación de una imagen y representación que quieren se tenga de ellos. Tal idea concuerda con la idea de que "el relato construye la identidad del personaje" (Ricouer, *Sí mismo para otro* 147), especialmente en el caso de aquellos conversos que prefirieron la libre narración al cuestionario, para los cuales el acto de narrar representó una forma de enfatizar ciertos puntos sobre sus identidades como musulmanes, pero más especialmente, como ciudadanos musulmanes de España y de los Estados Unidos respectivamente. En tales narraciones quedaron patentes que muchos de ellos rechazaron el término de *conversos*, *nuevos conversos* o *españoles musulmanes*, al no identificarse ni con el orden de tales afiliaciones, ni con el término en sí, sino con el término de *regresados*. Todos los sujetos entrevistados o cuestionados se autodenominaron como tal, al creer que todo ser humano nace siendo musulmán y que la conversión es, en realidad, un regreso a la identidad con la que se ha nacido de todas formas.[4]

Harold Morales también recoge en las entrevistas realizadas a conversos US latinos las ideas de estos con respecto al deseo de no ser llamados ni *conversos* ni *nuevos conversos*, sino de *regresados* (Morales, "Latinx Conversions to Islam" 181-82). No obstante, es importante puntualizar que diferentes autores se han referido a los conversos al islam con el nombre de "nuevos conversos" por motivos más pragmáticos que ideológicos, y, aun así, es técnicamente incorrecto a menos que se establezca un marco temporal según el cual se acaba de producir la conversión.

No obstante, a todas estas consideraciones, el hecho de que: primero, muchos de los académicos que investigamos el tema de las conversiones no nos hemos convertido al islam; y segundo, de que se hace necesario mantener una objetividad académica, hace que sea necesario referirnos a este grupo con una etiqueta que toda audiencia pueda entender, tal y como se corresponde con el término de *conversos*.

Integración de los musulmanes y de los conversos

La visión de exclusión que se ha atribuido a los conversos yace en la premisa de que el islam es incompatible con la "identidad occidental" y de que sus practicantes no pueden adaptarse a los valores de la sociedad dominante, mediante la emergencia de lo que se podría llamar un *islam occidental* según el cual y supuestamente, los conversos podrían coexistir bajo un mismo territorio con ciudadanos no musulmanes en Occidente. No obstante, esta premisa constituye una falacia. Primero, porque muchos de aquellos se basan en prejuicios afectivos contra los musulmanes, y, por tanto, ofrecen una visión sesgada de este grupo; y segundo, porque la totalidad de las prácticas islámicas

---

[4] Algunos autores en el campo de las conversiones al islam han utilizado el término de *regresados* al referirse a este colectivo, en parte, porque ellos mismos forman parte de aquel. No obstante, este no es mi caso. Asimismo, he considerado que, en un manuscrito de este tipo, es importante mantener una imparcialidad que solo se consigue con un término más neutral que no implique ningún concepto religioso como el de *regresión* da lugar. Por esto mismo, a lo largo del presente estudio, me refiero a estos sujetos como "conversos", al ser el término más neutral y objetivo.

por parte de estos conversos contradice el marco jurídico y político occidental de libertad religiosa bajo la cual un individuo puede practicar cualquier religión siempre y cuando no desestabilice el orden público. Aunque teóricamente es así, no siempre es la realidad en otros ámbitos de la realidad.

El uso del velo ha constituido un símbolo *in aeternum* de la supuesta incompatibilidad que se atribuye a los musulmanes en Occidente, no solo porque contradice valores sobre el valor y el uso del cuerpo según ideales occidentales (capítulo 4), sino porque constituye, asimismo, un símbolo de faltas de libertades al creer que les es impuesto a las mujeres musulmanas.

Antes de analizar cómo es posible resolver la paradoja sobre lo que parece ser una incompatibilidad entre valores culturales y religiosos islámicos con los de occidentales, es importante referirme a este grupo de conversos como a un grupo que difiere de los musulmanes de origen, a pesar de que ambos grupos son homogeneizados bajo una misma categoría religiosa. Por el contrario, ambos difieren extensamente con respecto a un concepto de ciudadanía en conexión con el territorio donde viven, siendo este especialmente el caso de los españoles. Es decir, mientras que estos últimos conciben el país donde viven como propio y, por tanto, mantienen un vínculo con el territorio y con la visión de ciudadanía de este territorio de una forma mucho más arraigada, los primeros –emigrantes económicos, en su mayoría–, no mantienen el mismo vínculo con aquel debido a su condición de migrantes. No solo esto, sino que mientras que los conversos españoles sostienen un estatus legal con respecto a la ciudadanía española, los inmigrantes musulmanes han tenido que pasar por largos procesos burocráticos regulatorios, así como por una igualmente extensa aculturación social como lingüística. Todos estos constituyen factores que restan cohesión social con los ciudadanos autóctonos no musulmanes, de la misma manera que resta incentivos a la integración. En definitiva, ello se traduce en que la adquisición de ciudadanía se dificulte, ya sea literal como simbólicamente.

En el caso de los US latinos, estos sufren mayores capas de exclusión y experimentan mayores dificultades con respecto a la ruptura de los estereotipos que se tiene de ellos, no con respecto a la noción de incompatibilidad, sino de falta de aculturación. Las diferencias culturales, lingüísticas e históricas de este grupo representan un componente añadido a la idea de que aquellos son iguales en términos de ciudadanía que el resto de la sociedad. Si históricamente, la cultura, la raza y la lengua han representado elementos de cohesión social e identidad nacional, el hecho de que muchos de estos conversos procedan de distintos trasfondos de la misma naturaleza, hace que tales diferencias contribuyan a constituir elementos de alienación. Al mismo tiempo, las políticas de derecha, los nacionalismos y la eterna imagen del islam como religión incompatible con los ideales occidentales, no han permitido, de momento, absorber diferencias entre diferentes grupos sociales, sino que aquellas han representado elementos que han añadido otredad. La amenaza que el islam aporta a Occidente con respecto a la pérdida de identidad nacional de un país no ha conseguido erradicarse ni en un territorio español en el que el islam constituye el fantasma del pasado, ni en los Estados Unidos, país en el cual la imagen del terrorismo con el islam va de la mano. Asimismo, el anterior gobierno *trumpista*, ha relegado, burlado y discriminado a los musulmanes mediante la instigación de un sentimiento anti-migratorio hacia este grupo y mediante políticas de prohibición de entrada a este país. Independientemente de las políticas de libertad religiosa y de separación, iglesia y estado en ambos territorios, la discriminación simbólica que se ha llevado a cabo institucional como socialmente contra este grupo, es algo que todos los participantes denunciaron durante el cuestionario. Todo ello se traduce en una visión de ciudadanía entre musulmanes y no musulmanes que no es compartida a causa de unos estilos de vida que son vistos como incompatibles. No obstante, es necesario que nos preguntemos:

> How do we distinguish between individual rights and collective rights, universal principles and particularistic principles, basic rights and differential treatment, difference and equality, identification with a national political community and identification with a cultural community? (Kastoryano 27).

Tales palabras son importantes porque hacen alusión a la multiplicidad ideológica y a las distintas visiones de ciudadanía entre distintos grupos que viven en un mismo territorio, así como a la idea de que esta misma multiplicidad llama a una cohesión identitaria nacional que solo conlleva beneficios para todos los miembros que residen bajo un mismo territorio.

A pesar de todo esto, las diferencias culturales y dogmáticas que existen dentro de un mismo grupo de musulmanes (conversos o no) especialmente con respecto a la vestimenta y al uso del velo constituyen factores añadidos a cómo los musulmanes son vislumbrados. Por ejemplo, el uso del velo y de la vestimenta islámica no es practicada por todos los musulmanes. Aun así, el velo continúa siendo la "piedra de tropiezo" a cualquier visión de aquellos en términos de compatibilidad con Occidente y con el estilo de vida occidental. Aunque existen otros aspectos –rezo en el ámbito laboral, seguimiento del calendario musulmán en el trabajo, dieta *halal* en los colegios, etc... – que determinan la forma cómo los musulmanes son vislumbrados, el velo parece ser por antonomasia el criterio bajo el cual se atribuye una incompatibilidad del converso con el sistema de creencias occidental.

Adicionalmente, y en términos de integración, la escasa participación a nivel público que los musulmanes ostentan en la vida pública política hace que aquellos, –sean musulmanes de origen o conversos–, no puedan crear suficiente impacto ante una sociedad no musulmana, lo cual conlleva que sea dificultoso derribar los estereotipos que se tienen de ellos.

Ahora bien, y como resultado de las políticas multiculturalistas fallidas, queda por responder de qué manera los musulmanes (y conversos) pueden ser vislumbrados de forma satisfactoria –en términos de convivencia– en las sociedades occidentales, las cuales no ofrecen tregua a aquellos con respecto a la estereotipación y discriminación que experimentan. Aunque no sería correcto generalizar, todos los conversos de este estudio revelaron que habían experimentado prejuicios o discriminación al conocérseles vínculos con el islam.

Identidad en términos de nación y de ciudadanía: los estudios de caso

Las narrativas de los conversos con respecto a cómo estos definen sus identidades en términos de nación y de ciudadanía constituyen la materia prima sobre la que se pueden llevar a cabo conclusiones sobre cómo estos individuos van cimentando y moldeando lazos con la nación donde residen y con los conciudadanos (no musulmanes). Al preguntarles sobre sus identidades en términos de nación y de ciudadanía, hubo una diversidad de opiniones y de aspectos en los que estos individuos se enfocaron, aunque hubo total unanimidad con respecto a la idea de que, aunque el islam discrepa de los valores occidentales asociados a los territorios en cuestión, ello no es sinónimo de que no puedan coexistir con los conciudadanos no musulmanes y no religiosos.

Testimonio de Naim

La respuesta de este primer converso al que llamaré Naim, al preguntarle cómo entendía su identidad en términos de nación fue una respuesta en la que se puso de relieve la ambivalencia y multiplicidad identitaria con las que este sujeto se identificó. Naim afirmó:

> *Cuando pienso en mi nacionalidad como español, no puedo dejar de pensar en mi condición de musulmán. Aunque tengo que decir que primero soy musulmán y luego soy español, también me resisto a abandonar, aunque sea simbólicamente, mi ciudadanía como español. Me gusta mi país, me gusta la comida, me gustan algunas tradiciones culturales y no me gustaría vivir en ningún otro lugar que en mi barrio de toda la vida. No obstante, es difícil ser musulmán y ser español a la vez en este país. Estoy cada día más cansado de ello y he considerado mudarme al país de mi esposa cuando nos jubilemos. Allí podría vivir mi*

fe sin miradas, ni caras largas, ni discusiones inacabables sobre lo que los musulmanes somos o dejamos de ser.
Por otra parte, mi familia de origen aún no ha aceptado mi conversión y mucho menos, que mis hijos sean musulmanes, y esto me duele. Es una lucha diaria, casi una justificación que no tuviera que ocurrir, y que me segrega sin quererlo de los míos y de otros círculos sociales. Pero volviendo a la pregunta, soy musulmán, soy español, soy madrileño, ¡y soy del Real Madrid!! (testimonio de Naim).

Las múltiples identidades a las que Naim hace referencia para expresar cómo se auto percibe él mismo ideológicamente coinciden con las respuestas de muchos otros participantes. Asimismo, la constante renegociación que tiene lugar por parte de estos conversos a nivel diario para reclamar unos lazos con el país con el que se identifican y en el que han nacido representa la forma en cómo estos individuos establecen relaciones e interaccionan con unas sociedades hostiles al islam, pero también con ese mismo territorio. Las largas conversaciones, así como las luchas que tienen lugar constituye la normativa, unas luchas que adquieren connotaciones afectivas de forma muy profunda cuando estas se llevan a cabo con una familia de origen, tal y como afirmó este converso al referirse a la condición de musulmanes de sus hijos. Todo ello constituye la realidad diaria para muchos conversos. El testimonio de Naim se resume en que: "Las identidades se expresan en un campo de luchas y conflictos en el que prevalecen las líneas de fuerza diseñadas por la lógica de la máquina de la sociedad" (Ortiz 92).

Otro aspecto relevante de este testimonio es la forma en cómo este converso entendió la identidad nacional en términos culturales cuando hizo referencia a distintos aspectos sobre su país, como la cocina española y el equipo de fútbol que representa su ciudad. Así, Naim justificó su propia ciudadanía española mediante unos marcadores culturales muy concretos que vienen a definir su identidad como español. En este caso, se pone de manifiesto el vínculo que del Toro (16) hace entre nación y cultura, lo cual es de suma importancia. Según este autor, cualquier reflexión que pueda hacerse sobre lo cultural no puede escapar de las conexiones políticas que configuran el contexto bajo el cual unos parámetros culturales se despliegan, potencian, prohíben y exhiben mediante unas prácticas culturales. Estas, no son solo materializaciones de creencias culturales, sino también cosmovisiones globales dentro de un sistema político de la nación que abarca a toda la sociedad. Es, de esta manera, que tales creencias y prácticas no son exclusivamente culturales, sino políticas, y, por tanto, nacionales.

Testimonio de Juan

La historia, la cultura y la lengua constituyen aspectos territoriales importantes sobre los cuales los conversos han hecho hincapié con respecto a cómo aquellos han dado sentido a su conversión y cómo estos conforman elementos importantes en el forjar la identidad nacional de un país.[5] No obstante, el territorio físico constituye, en última instancia, el último eslabón sobre el cual se sostiene la identidad nacional.

Juan, uno de los US latinos conversos a los que entrevisté de forma presencial, me explicó la importancia que tiene para él la mezquita no solo como acto religioso mediante el cual se llevan a cabo las oraciones corporativas, sino como una forma mediante la cual se socializa con otros conversos y musulmanes, así como una forma de vincular la religión con el territorio en el que se reside, los Estados Unidos. Estas fueron las palabras de Juan:

> *Yo soy de Puerto Rico, y, aunque, técnicamente, sea estadounidense, me costó mucho sentirme de este país cuando me mudé a Florida. La gente me discriminaba por no hablar el inglés bien, o "you know", por ser más morenito. Con los años aprendí a vivir con ello. Después, cuando "regresé" al islam, sentí una discriminación en mi propia comunidad de latinos. Me decían que cómo un puertorriqueño podía ser musulmán. Que "nuestra" religión es el catolicismo y el pernil asado, nuestra cocina. Así que me refugié en la mezquita. Allí iba todo el tiempo que podía, y ese espacio, resultó ser una tierra de nadie y de todos, a la vez. Allí nadie me cuestionaba mi nueva religión, ni por qué no comía carne de cerdo. Al mismo tiempo, el hecho de que hubiera estadounidenses no latinos que acudían a esa misma mezquita, y también musulmanes de origen, así como latinos de otras procedencias que la mía, me hizo sentir arropado. Con el tiempo, el ir a la mezquita se convirtió en una forma de tener un vínculo que nos unía a todos de la misma manera. En este espacio de la mezquita no importa si soy puertorriqueño o estadounidense porque a todos nos une el islam. Al mismo tiempo, aquí puedo expresar mi identidad como puertorriqueño, mi latinidad con otros latinos como yo, mi identidad como estadounidense, y por supuesto, mi condición de musulmán.*
> *Durante algunas fiestas especiales en el islam, cuando nos reunimos para comer, cada latino trae comida de su país (que no sea puerco, por*

---

[5] Se puede leer más sobre cómo estos tres factores establecen conexiones con la conversión en mi libro "Conversiones religiosas e identitarias al islam. Un estudio transatlántico de españoles y US latinos", John Benjamins Pubishing Company, 2023.

supuesto) y es chévere. La mezquita en sí, ese espacio que es la casa de Allah, ha sido el lugar donde he aprendido el islam, donde rezo a Allah, donde interactúo con blancos, negros, hispanos y estadounidenses no hispanos y donde encuentro paz. Aquí, en la mezquita, pero también fuera de esta, primero, soy ciudadano musulmán, después soy puertorriqueño y finalmente soy estadounidense (testimonio de Juan).

Las palabras con las que Juan cierra su narrativa son importantes porque resumen la visión que muchos conversos tienen del concepto de ciudadanía, uno en el que la comunidad religiosa, y no la civil, es la predominante. Aun así, no es que estos conversos estén afirmando que el territorio o país donde viven no sea importante, y que, como musulmanes, no tengan unas responsabilidades civiles, sino que la fuente de ciudadanía ideal se encuentra en el islam. De la misma manera, el territorio, ese espacio donde se practica el islam, adquiere importancia relativa, pues el verdadero territorio es el espiritual, –el paraíso–, uno en el que no se habla ni el español, ni el inglés, sino el árabe, y uno en el que no importa si uno es de una nacionalidad o de otra. A consecuencia de ello, no existen jerarquías territoriales que importen, sino solo espirituales. Una vez más, ello no significa que no consideren el territorio del país donde viven importante, sino que lo relativizan, y de forma mucho más importante, lo vinculan al componente moral del islam del que emanan los valores de justicia social con respecto a los conciudadanos con los que se reside.

Por otra parte, la mezquita no solo adquiere un significado *especial* por su connotación religiosa, sino uno *espacial* en el que todos los miembros se adhieren a las mismas estipulaciones que esta religión prescribe y se reclaman una responsabilidad mutua. La mezquita, de alguna manera, representa una micro sociedad que es, en realidad, un "micro-país" en el que todos practican unos derechos y unas obligaciones como ciudadanos, pero sin experimentar las discrepancias religiosas existentes con la sociedad hegemónica. Por tanto, tiene sentido que la mayoría de las obras sociales que estos conversos inician es a través de la mezquita y de una idea de ciudadanía terrenal que no puede disociarse de una de espiritual.

Finalmente, el espacio de la mezquita es importante en términos físicos porque da cabida a la *umma*, la cual no podría tener cabida en el espacio privado del hogar. Es por esta razón que muchas organizaciones musulmanas en Occidente han reclamado a sus gobiernos espacios de adoración. Las restricciones que estos gobiernos occidentales imponen con respecto a la adquisición de estos espacios han conllevado que este colectivo musulmán haya tomado las calles en algunos países, como forma de protesta al cierre de mezquitas. España y Francia son ejemplos de ello.[6]

Agencias performativas políticas de los conversos españoles y US latinos

El grado de segregación y autoexclusión con el que los musulmanes han sido percibidos constituye una realidad, tanto en España como en los Estados Unidos. No obstante, también es una realidad que los conversos han emprendido proyectos sociales para contrarrestar tales ideas. Estas iniciativas, muy lejos de segregarlos, constituyen estrategias y tácticas mediante las cuales se autorepresentan como musulmanes y a través de las cuales practican un concepto de ciudadanía tal y como ellos lo entienden. El objetivo de aquellas, pues, no es solo cambiar la imagen social que la sociedad *mainstream* tiene de los musulmanes en general, sino la de proyectar a la sociedad la idea de que los musulmanes llevan a cabo acciones que constituyen contribuciones a la sociedad, lo que desbanca la idea de incompatibilidad a la que hice alusión previamente. Este concepto equivale a lo que An-na'im entiende como una comunidad musulmana que es *reimaginada*, (163) concepto que extrae de Benedict Anderson, pues es mediante tales acciones sociales que se llega a cambiar el concepto que se tiene de este grupo, no como sujetos pasivos, sino como sujetos agentes. De nuevo, es importante puntualizar que tal proyecto no se basa en un concepto exclusivamente cívico, sino en uno moral. Queda claro, de esta manera, que lo moral no puede desvincularse de lo social, político y civil, y de que todos estos conceptos se encuentran entrelazados de acuerdo con las prescripciones que el islam estipula con respecto a la práctica de los valores de justicia y moral hacia otros sujetos más vulnerables. Una manera de llevar a la práctica aquellas es mediante el pilar de la limosna (el *zakat*). Otros ejemplos de algunos de estos proyectos sociales que los conversos me reportaron durante las entrevistas son el de trabajar en comedores sociales, limpiar la ciudad o el cuidado infantil en las mezquitas. El doble objetivo que se cumple con estas acciones, –moral con el islam, y social con los conciudadanos– no solo no los segrega, sino que reta la visión que se tiene de este grupo. Aunque no todos los conversos se identifican con estas estrategias, aquellos que sí lo hacen, reportan tener una mayor armonía con el territorio que los estigmatiza, con los conciudadanos no musulmanes, con los cuales interaccionan a diario, y con el islam, por unas acciones de ayuda que eligen practicar. Los sentimientos encontrados que muchos de estos conversos sienten por un territorio que los ha visto nacer, pero que los segrega,

---

[6] https://www.eitb.eus/es/noticias/internacional/videos/detalle/5213645/video-musulmanes-rezan-calle-protesta-cierre-mezquitas/

marginaliza y discrimina por ser musulmanes, son atenuados mediante la práctica de tales acciones de entrega social.

Ciudadanía, género e islam: una cuenta pendiente

El vínculo que existe entre islam y género en Occidente es indiscutible, tal y como elaboré en capítulos previos. La visión orientalista que se sostiene de esta religión y de sus practicantes ha constituido la base para atribuir una imagen de sexismo mediante la cual se rechaza reiteradamente esta religión. Por otra parte, Occidente y los múltiples eventos sociopolíticos que han existido en España con movimientos sociales como la *Movida* tras la caída de la dictadura franquista, o como el movimiento de *Civil rights* liderado por Martin Luther King Jr. en la década de los sesenta en los Estados Unidos representan algunas de las bases históricas a unas transformaciones sociales con respecto a la mujer y a su rol en la sociedad. Asimismo, y hoy en día, el feminismo social y académico han resurgido. Esto significa que religiones como el islam con una alta percepción de sexismo son aún más estigmatizadas que nunca. Debido al hecho de que las relaciones entre los géneros constituye una parte esencial del concepto de ciudadanía en la sociedad occidental, ello implica que la imagen que se tiene de los musulmanes como opresores, los destituye automáticamente de tal concepto de ciudadanía en términos occidentales. Todo ello nos lleva a la pregunta de si los estereotipos que se sostienen con respecto al islam y a los musulmanes son realmente ciertos, porque ello va a moldear las interacciones sociales entre aquellos y unos conciudadanos que no son musulmanes, así como las diferentes políticas culturales sobre un grupo que es percibido como foráneo. La idea de que la indumentaria musulmana invisibiliza a la mujer es un ejemplo de cómo los gobiernos han impulsado una política de minorías (An-nahim 167) y ha representado el *modus operandi* de cómo se ha materializado la prohibición del velo, especialmente en el ámbito laboral. En definitiva, ello ha desembocado en la visión de que estos sujetos no se adhieren al concepto de ciudadanía, tal y como este es entendido en España y en los Estados Unidos respectivamente, sino a un sistema opresor a la mujer. Es, pues, importante que la visión de género en conjunción con un territorio del que emana una identidad nacional y una visión de ciudadanía amplíe sus paradigmas ideológicos, los cuales se alinean a las leyes de libertad religiosa, de relatividad ideológica y a las políticas multiculturalistas creadas por los mismos gobiernos occidentales que demonizan a los musulmanes y sus prácticas. De otra forma, los mismos sistemas democráticos de Occidente no tienen sentido y constituyen falacias políticas.

Capítulo 6

Conclusiones

A lo largo del libro, he pretendido mostrar cómo las identidades de género de los conversos españoles y US latinos del presente estudio constituyen una parte esencial en cómo aquellos construyen sus identidades religiosas. Ello es especialmente importante en el caso de la mujer islámica a causa del nexo intrínseco que se ha atribuido entre islam y patriarcado. Asimismo, he intentado arrojar luz sobre la importancia de estas identidades religiosas alternativas no solo debido a la importancia geopolítica del islam en la esfera global, sino a causa de la imposibilidad de relegar el islam a la esfera privada.

Para ello, he recurrido a dos marcos conceptuales. Uno, la teoría de Judith Butler para entender cómo las prácticas de género de estas mujeres conversas representan actos categóricos –basados en un determinismo biológico, en un concepto de *heterosexualidad forzada*, y en una relación sexo/género que el islam estipula–; representan actos de *performance* –puesto que requieren de unas prácticas de género reiterativas y repetitivas–; representan actos teatrales –puesto que tales actos ocurren ante una sociedad/escenario–; representan actos corporales –puesto que necesitan del cuerpo como vehículo de las prácticas corporales obligadas en el islam–; y, finalmente, representan actos de resistencia –pues tales actos contrastan con los actos y prácticas de género de la sociedad no musulmana, al mismo tiempo que resisten los estereotipos que se crean sobre los conversos–.

Segundo, he recurrido a los feminismos islámicos y a la postura política que aquellos ofrecen mediante todo un aparato intelectual para argumentar una posición de género y unas prácticas de género que las conversas al islam defienden, las cuales tienen su base en el mismo Corán. Tales feminismos islámicos son relevantes porque contrastan con los feminismos occidentales locales, los cuales no contemplan la religión, y mucho menos, el islam como medio ideológico mediante el cual se sostienen paradigmas con respecto a la visión de género y a los roles de género de aquellos.

De la misma forma, he intentado mostrar cómo las masculinidades de los hombres conversos no pueden desligarse de las normativas islámicas que definen, regulan y moldean cómo estos hombres vislumbran "el ser hombre" y unas prácticas de género en concordancia con el sexo en el que han nacido y con respecto a la nueva religión. El resultado de ello es una visión de género para ambos –hombres y mujeres conversos al islam– que emerge del Corán, y que, según aquellos, es anti patriarcal, pues otorga los mismos derechos y obligaciones al hombre y a la mujer, pero que lo hace según un concepto de equidad, al servicio de las necesidades sociales y familiares, así como de las normativas religiosas del islam. Tal concepto de igualdad (con respecto a unas obligaciones), como de equidad (con respecto a las necesidades de cada género) es importante porque no procede del sistema jurídico, económico, social y político que otorga igualdad o equidad a hombre y mujer, sino que lo hace de un sistema religioso, que es, además, estigmático por antonomasia en Occidente. El problema que emerge de este choque de visiones es que ni los musulmanes están dispuestos a privatizar la religión, ni los gobiernos occidentales están dispuestos a incorporar valores y prácticas cuya naturaleza emana de un sistema religioso. Adicionalmente, los millones de musulmanes en territorios occidentales hacen que esta discrepancia sea cada vez más evidente, lo que comporta mayores desacuerdos entre diversos grupos ideológicos en distintas áreas. Algunas de estas fricciones se manifiestan en una ideología de género que no concuerda con las políticas sexuales occidentales. Otras, se ponen de relieve mediante las políticas educativas sexuales que se imparten en los centros educativos públicos de bachillerato. Más ejemplos podrían ser unas políticas muy concretas sobre planificación familiar (de forma más concreta, el aborto); o en contra del uso del velo, del *burka* y del *niqab*, y más recientemente del *burkini* en el espacio público donde estos conversos residen; también la insuficiente construcción de cementerios musulmanes en el Occidente; la existencia de no haber suficientes lugares de culto musulmán; y la ausencia de una educación del islam como materia educativa en las escuelas públicas. Todos ellos asuntos sin resolver completamente. Las diferentes organizaciones islámicas se han hecho eco de ello y han transmitido un inconformismo al respecto. Esto es importante, pues este representa un posicionamiento político. No solo esto, sino que el mayor número de musulmanes en Occidente va a requerir que Occidente tenga en cuenta a estos ciudadanos, a la vez que va a retar la visión que la sociedad tiene de ellos como sujetos pasivos. Y es desde una postura política, y contrariamente con lo que Occidente se encuentra asociado geopolíticamente (el islam), que es importante llegar al fondo de la cuestión y resolver la pregunta sobre si el estilo de vida del sujeto musulmán, y también el del converso a esta religión, es compatible con una ideología política que excluye lo religioso como elemento central de la experiencia humana.

Si a esto añadimos los fuertes nacionalismos que existen hoy en día, el resultado es el resurgir de un concepto similar al *jus sanguini* que España vivió siglos atrás y que países más modernos como los Estados Unidos han experimentado en versiones más modernas del término mediante la idea de "racismo sin razas" de Étienne Balibar. Tal discriminación racial, étnica y cultural solo añade capas adicionales de alienación al ciudadano musulmán.

Conclusiones

La percepción de ciudadanía y de identidad nacional que se aplica al converso al islam es, pues, una visión que no solo incorpora la diferencia religiosa, sino también la social, la cultural y la racial (especialmente en el caso de los US latinos y de los conversos casados con musulmanes de origen). Por tanto, la visión *racializada* que se ha atribuido al islam y a sus practicantes constituye la postura sociopolítica que se sostiene de esta religión como de sus practicantes, independientemente de la aconfesionalidad de un país como España y de los marcos jurídicos que protegen la libertad religiosa en los Estados Unidos.

Todo ello nos lleva a la pregunta postulada al principio del capítulo anterior, la cual es: ¿qué significa ser ciudadano español y US latino, respectivamente? Mientras que, para unos, la idea de ciudadanía en Occidente debe excluir el islam y a los musulmanes, para estos, la religión constituye una capa más en términos identitarios, así como la base ideológica bajo la cual se practica una ciudadanía satisfactoria, igualitaria y justa. De esta manera, ser ciudadano español no implica una incompatibilidad con el islam, sino el filtro a través del cual se lleva a cabo una ciudadanía positiva. No obstante, la historia de estos países –el pasado musulmán en España–, así como los estereotipos creados sobre esta religión que han condenado al islam y a sus practicantes, continúan oponiéndose a una visión de ciudadanía que incluya a los españoles que se convierten a esta religión. De la misma forma, en los Estados Unidos, el islam aún se vincula al terrorismo y constituye para ambos países una huella digital que ha marcado la relación con el islam y la visión orientalista que se ha perpetuado de esta religión y de sus practicantes. No obstante, las cada vez más numerosas conversiones de españoles y de US latinos al islam, y en general de sujetos occidentales convirtiéndose a esta religión, va a retar tal visión.

Las mismas narrativas de los conversos a los que tuve la oportunidad de entrevistar mediante el método entrevista personal o cuestionario afirman que no solo han abrazado una fe de la cual no quieren desprenderse, sino que se consideran cada vez más devotos a esta religión y a que esta se haga visible en sus interacciones diarias en distintas esferas laborales, educativas y familiares.En definitiva, todo ello reitera la idea de que estos conversos, los españoles y los US latinos son cuerpos de género y cuerpos políticos.

Bibliografía

Adlbi Sibai, Sirin. *La cárcel del feminismo. Hacia un pensamiento islámico decolonial.* Akal/Inter Pares, 2017.

Agencia estatal Boletín Oficial del Estado. *Constitución Española*, 1978. ConstitucionCASTELLANO.pdf (boe.es)

Alcoff, Linda. "The Problem of Speaking for Others." *Cultural Critique*, no. 20, invierno 1991-1992, pp. 5-32.

Ali, Zahra. "Feminismos islámicos." *Tabula Rasa*, no. 21, julio-diciembre 2014, pp. 123-37.

Allaudeen, Aquilah. "US Latino Muslims Speak the Language of Shared Cultures." *US News*, 2 de julio, 2020, Numbers of U.S. Latino Muslims Growing Rapidly (usnews.com)

Allievi, Stefano. "The Shifting Significance of the *Halal/Haram* Frontier: Narratives on the *Hiyab* and Other Issues." *Women Embracing Islam*, editado por Karin van Nieuwkerk, University of Texas Press, 2006, pp. 95-120.

Álvarez, Rafael. "Las mujeres en España tienen su primer hijo cinco años más tarde de lo que querrían." *El Mundo*, 4 agosto 2019, https://www.elmundo.es/espana/2019/08/04/5d45c7e7fdddff2f798b463a.html

Amar, Paul. "Middle East Masculinity Studies: Discourse of 'Men in Crisis', Industries of Gender in Revolution." *Journal of Middle East Women's Studies*, vol. 7, number 3, 2011, pp. 36-70.

An-na'im, Abdullahi Ahmed. *Islam and the Secular State. Negotiating the Future of Shari'a.* Harvard University Press, 2008.

Ashcroft, Bill and Pal Ahluwalia. *Edward Said*. Segunda edición, Routledge Critical Thinkers, 2008.

Badawi, Jamal A. "Gender equity in Islam. Basic Principles." *IDM Publications and Research Unit. Division of the Islamic Dawa Movement of Southern Africa (IDM)*, 1995, pp. 1-55.

Badran, Margot. *Feminismo en el islam. Convergencias laicas y religiosas.* Ediciones Cátedra, 2012.

Bainbridge, William Sims, y Rodney Stark. "Cult Formation: Three Compatible Models." *Sociology of Religion*, Vol. 40, Issue 4, Winter 1979, Pages 283–95.

Balibar, Étienne. "Is there a 'neo-racism'?" *Race and Racialization. Essential Readings*, editado por Tania Das Gupta et al., Canadian Scholar's Press Inc., 2007, pp. 83-87.

Barad, Karen. "Posthumanist performativity: Toward an understanding of how matter comes to matter." *Signs: Journal of Women in Culture and Society*, vol. 28, 2003, pp. 801–31.

Barad, Karen. *Meeting the Universe Halfway: Quantum Physics and the Entanglement of Matter and Meaning.* Duke University Press, 2007.

Barlas, Asma. *Believing Women in Islam. Unreading Patriarchal Interpretations of the Qur'an.* Edición revisada, University of Texas Press, 2019.

Barlas, Asma. "Globalizing Equality: Muslim Women, Theology, and Feminisms." *On Shifting Ground: Muslim Women in the Global Era*, editado por Fereshteh Nouraie-Simone, The Feminist Press, 2005, pp. 91-110.

Barlas, Asma. "Engaging Islamic feminism: Provincializing feminism as a master Narrative." *Islamic feminism: current perspectives*, 2008, pp. 15-24.

Baumeister, Roy F. *Meanings of life*. Guilford Press, 1991.

Belleyo Belkasem, Amal. "*El velo islámico, un derecho transgredido: discriminación simbólica y obstáculos a los que se enfrenta la mujer musulmana en el mercado laboral español.*" Grado en Trabajo Social, Universidad de La Laguna, 2018. https://riull.ull.es/xmlui/handle/915/9364

Berger, Peter. *A Rumour of Angels: Modern Society and the Rediscovery of the Supernatural*. Doubleday, 1971.

Bhabbha, Homi. *The Location of Culture. Routledge Classics*, 1994.

Blasco Herranz, Inmaculada. "*Más poderoso que el amor:* Género, familia, piedad y política en el movimiento católico español." *Pasado y memoria. Revista de historia contemporánea*, No. 7, 2008, pp. 79-100.

Blasco Herranz, Inmaculada. "«Sección Femenina» y «Acción Católica»: la movilización de las mujeres durante el franquismo." *Gerónimo de Uztariz*, vol. 21, 2005, pp. 55-66.

Bordo, Susan. "The Slender Body and Other Cultural Forms." *Unbearable Weight. Feminism, Western Culture, and the Body*. Edición actualizada, University of California Press, 2003.

Boris Tarré, Marta. *Conversiones religiosas e identitarias al islam. Un estudio transatlántico de españoles y US latinos*. John Benjamins Publishing, 2023.

Boscán, Antonio. "Propuestas críticas para una concepción no tradicional de la masculinidad." *Opción*, vol. 51, 2006, pp. 26-49.

Boulanouar, Aisha Wood. "The Notion of Modesty in Muslim's Women Clothing: An Islamic Point of View." *New Zeeland Journal of Asian Studies*, vol. 8, no. 2, December 2006, pp. 134-56.

Bourdieu, Pierre. *La dominación masculina*. Traducido por Joaquín Jordá Catalá, Anagrama, 1999.

Bourdieu, Pierre. *La distinción. Criterio y bases sociales del gusto*. Edición actualizada, Taurus, 2002, Taurus.

Bourque, Susan. "Género y estado: perspectivas desde América Latina." *Encrucijadas del saber: los estudios de género en las ciencias sociales*, compilado por Nardia Henríquez, 1996, PUCP, pp. 133-56.

Butler, Judith. *El género en disputa. El feminismo y la subversión de la identidad*. Traducido por María Antonia Muñoz García, Ediciones Paidós, 2007.

Butler, Judith. *Gender Trouble. Feminism and the Subversion of Identity*. Edición aniversario, Routledge, 1999.

Butler, Judith. *Mecanismos psíquicos del poder. Teorías sobre la sujeción*. Traducido por Jacqueline Cruz, Ediciones Cátedra, 1997.

Butler, Judith. *Bodies that Matter: on the Discursive Limits of "Sex"*. Routledge, 1993.

Cadelo, José Ángel. "Chequeo al Islam en España: 200.000 españoles conversos y 1.700 lugares de culto." ECD Confidencial Digital, 2 de noviembre, Chequeo al Islam en España: 200.000 españoles conversos y 1.700 lugares de culto (elconfidencialdigital.com).

Casanova, José. "Rethinking Public Religions." *Rethinking Religion and World Affairs*, editado por Timothy Samuel Shah et al., Oxford University Press, 2012, pp.25-36.

Castells, Manuel y Joan Subirats. *Mujeres y hombres. ¿Un amor imposible?*, Alianza Editorial S.A, 2007.

Chee-Keong, Tong. *Racionalizing Religion: Religious Conversion, Revivalism and Competition in Singapore Society*. Brill, 2007, pp. 77-154.

Connell, Robert. "La organización social de la masculinidad." *Masculinidad/es. Poder y crisis*, editado por Teresa Valdés y José Olavarría, FLACSO, Chile, 1997, pp. 31-48.

Connell, Raewyn y James Messerschmidt. "Hegemonic masculinity. Rethinking the Concept." *Gender & Society*, vol. 19, no. 6, 2005, pp. 829-59.

Corral Salvador, Carlos. "Laicidad, aconfesionalidad, separación. ¿Son lo mismo?", UNISCI discussion papers, Universidad Complutense de Madrid, 2004.

Declaración Universal de Derechos Humanos. spn.pdf (ohchr.org)

De Toro, Alfonso. "Figuras de la hibridez. Fernando Ortiz: transculturación. Roberto Fernández Retamar: Calibán." *Alma cubana: transculturación, mestizaje e hibridismo* ,2006, pp. 15-35.

Dolezal, Luna. *The Body and Shame: Phenomenology, Feminism, and the Socially Shaped Body*. Lexington Books, 2015.

Ebadi, Shirin. "The Nobel Peace Lecture for 2003." *Peace Research*, vol. 36, no. 1, 2004, pp. 19-23.

El Guindi, Fadwa. *Veil: Modesty, Privacy and Resistance*. iUniverse, 1999.

Ezzat, Heba Raouf, and Ahmed Mohammed Abdalla. "Towards an islamically democratic secularism." *Faith and Secularism*, 2004, pp. 33-54.

Fabián García, Leonardo. *Nuevas masculinidades: discursos y prácticas de resistencia al patriarcado*. FLACSO Ecuador, 2015.

Fast Facts: Preventing Intimate Partner Violence, Center for Disease Control and Prevention (CDC), 2 de noviembre 2021,

Fast Facts: Preventing Intimate Partner Violence |Violence Prevention|Injury Center|CDC. Página consultada el 15 de julio 2022.

"First Ammendment and Religion." *United States Courts*. https://www.uscourts.gov/educational-resources/educational-activities/first-amendment-and-religion

Fuller, Norma. "El cuerpo masculino como alegoría y como arena de disputa del orden social y de los géneros." *Difícil ser hombre. Nuevas masculinidades latinoamericanas*. E-book ed., Fondo Editorial PUCP, 2018.

Gallagher, Nancy E. "Islam v. Secularism in Cairo: An Account of the Dar al-Hikma Debate." *Middle Eastern Studies*, vol. 25, no. 2, 1989, pp. 208-15.

García, Carlos y Javier Ruiz. *Masculinidades, hombres y cambios en el poder. Diagnóstico de prácticas patriarcales en organizaciones sociales. Un documento de debate sobre la participación de los hombres en la igualdad de género desde Beijing 1995 hasta el año 2015*. MenEngage, 2009.

Gomáriz, Enrique. *Introducción a los Estudios sobre Masculinidad*. Centro Nacional para el desarrollo de la Mujer y la Familia, 1997.

Gómez Suárez, Águeda et al. *El putero español. Quiénes son y qué buscan los clientes de prostitución.* Catarata, 2015.

Guasch, Oscar. "Ancianos, Guerreros, efebos y afeminados: tipos ideales de masculinidad." *La construcción cultural de las masculinidades*, editado por Valcuende del Río y José María Blanco, Talasa, 2003, pp. 113-24.

Gutmann, Matthew. 1998. "Traficando con Hombres: la antropología de la masculinidad." *La Ventana*, vol. 8, pp. 47-97.

Hall, Stuart. "Introducción: ¿Quién necesita identidad?" *Cuestiones de identidad cultural*, 2003, pp. 13-39.

Hanson, Julie. "Drag Kinging: Embodied Acts and Acts of Embodiment." *Body Society*, vol. 13, 2007, pp. 61–106.

Hanusch, Marek. "Islam and Democracy: A Response." *Public Choice*, vol. 153, 2013, pp. 315-321.

Hefner, Robert W. "Rethinking Islam and Democracy." *Rethinking Religion and World Affairs*, editado por Timothy Samuel Shah et al., Oxford University Press, 2012, pp. 85-104.

Hegel, George Wilhelm Friedrich. *Fenomenología del Espíritu.* Edición actualizada, FCE: México, 1978.

Hernández Samipieri, Roberto. "Ampliación y fundamentación de los métodos mixtos." *Método de la investigación*, 5ª Edición, Mc Graw Hill, 2010, Material de CD, cut.edu.mx/Microsoft-Word-12cap-MI5aCD.doc

Hui, Harry C., et al. "In search of the psychological antecedents and consequences of Christian conversion: A three-year prospective study." *Psychology of Religion and Spirituality*, vol. 9, no. 2, 2017, pp. 220–30.

Jacobs, Janet. "The Economy of Love in Religious Commitment: The Deconversion of Women from Nontraditional Religious Movements." *Journal for the Scientific Study of Religion*, vol. 23, no. 3, 1984, pp. 155-71.

Jagger, Gill. *Judith Butler. Sexual politics, social change, and the power of the performative.* Routledge, 2008.

James, William. *El significado de la verdad. Una escuela de pragmatism.* Traducido por Ramón Vilá Vernis, Marbot ediciones, 2011.

James, William. *Pragmatismo: un nuevo nombre para viejas maneras de pensar.* Traducido por Ramón del Castillo, Alianza, 2016.

Jansen, Willy. Foreword. *Women embracing Islam*, editado por Karin van Nieuwkerk, University of Texas Press, 2006, pp. 1-15.

Jawad, Haifaa. "Female Conversion to Islam. The Sufi Paradigm." *Women Embracing Islam*, editado por Karin Van Nieuwkerk, University of Texas Press, 2006, pp. 153-69.

Jociles Rubio, María Isabel. "El estudio sobre las masculinidades. Panorámica general." *Revista Gaceta de Antropología*, N°17, Artículo 27, 2001, pp. 1-15.

Kandiyoti, Deniz. *Women, Islam, and the State.* Temple University Press, 1991.

Karam, Azza M. *Women, Islamisms, and the State: Contemporary Feminisms in Egypt.* St. Martin's Press, 1998.

Kastoryano, Riva, editor. "Quelle identité pour l'Europe? Le multiculturalisme à l'épreuve." Presses de Sciences Po, 2005.

Kimmel, Michael. "Homofobia, temor, vergüenza y silencio en la identidad masculina." *Masculinidad/es. Poder y crisis*, vol. 24, 1997, pp. 49-62.

Kurz, Christopher J., et al. "Are Millennials Different?" *Handbook of US Consumer Economics*, editado por Andrew Haughwout y Benjamin Mandel, Academic Press, 2019, pp. 193-232.

Kynsilehto, Anitta, editora. *Islamic Feminism: Current Perspectives*, University of Tampere, Finland, Peace Research Institute Occasional Paper, no. 96, 2008, pp. 9-15.

LeBreton, David. *La sociología del cuerpo*. Nueva Visión, 2002.

Levitt, Peggy. "Rezar por encima de las fronteras: cómo los inmigrantes están cambiando el panorama religioso." *Migración y Desarrollo*, vol. 8, primer semestre 2007, pp. 66-88.

Levitt, Peggy. "Redefining the Boundaries of Belonging: The Institutional Character of Transnational Religious Life." *Sociology of Religion*, vol 65, 2004, pp. 1-18.

Lloyd, Moya. "Performativity, Parody, Politics." *Theory, Culture & Society*, vol. 16, no. 2, 1999, pp.195-213.

Lofland, John y Norman Skonovd. "Conversion motifs." *Journal for the Scientific Study of Religion*, vol. 20, no. 4, 1981, pp. 373-85.

Lofland, John and Rodney Stark. "Becoming a world-saver: A theory of conversion to a deviant perspective." *American Sociological Review*, vol. 30, 1965, pp. 862-74.

Londono, Stephanie. "Immigrant Latinas and their *Shahada* in Miami." *Report for Latin American and Caribbean Center*, FIU, 2014, pp. 1-38.

Mandaville, Peter. *Transnational Muslim Politics: Reimagining the Umma*. Routledge, 2001.

Martín, Jessica. "52 asesinadas, 43 huérfanos y más de 80.000 denuncias, las dramáticas cifras de la violencia de género en 2019." *RTVE noticias*, 25 de noviembre 2019, https://www.rtve.es/noticias/20191125/51-asesinadas-43-huerfanos-mas-80000-denuncias-dramaticas-cifras-violencia-genero-2019/1992281.shtml.

Martín, Sara. "Los estudios de la masculinidad. Una nueva mirada al hombre a partir del feminismo." *Cuerpo e identidad. Estudios de género y sexualidad*, editado por Meri Torras, Universitat Autònoma de Barcelona, 2007, pp. 89-116.

Martínez, Alejandra. "La crisis del héroe: una auto etnografía sobre la pérdida de la masculinidad hegemónica." *Aposta. Revista de Ciencias Sociales*, N.º 80, 2019, pp. 98-108.

Martínez Díaz, María. "El transexual en *El Lugar sin Límites*: monstruosidad, norma y castigo." *Revista Humanidades*, 2011, vol. 1, pp. 1-15.

Martínez-Vázquez, Hjamil A. *Latina/o y musulmán. The Construction of Latina/o Identity among Latina/o Muslims in the United States*. Pickwick Publications, 2010.

Medina, Miguel Ángel. "El feminismo islámico es una redundancia, el islam es igualitario." *El País*, 1 febrero 2017, http://elpais.com/elpais/2017/01/30/mujeres/1485795896_922432.html

Medina, Arely. *Islam-latino. Identidades étnico-religiosas. Un estudio de caso sobre los mexicanos musulmanes en Estados Unidos*. El Colegio de Jalisco. El Colegio de la Frontera Norte, 2019.

Minello, Nelson. "Masculinidades: un concepto en construcción." *Nueva Antropología*, vol 61, 2002, pp. 11-30.

Moghissi, Haideh y Halley Ghorashi, editores. *Muslim Diaspora in the West. Negotiating Gender, Home and Belonging*. Routledge, 2016.

Mohanty, Chandra Talpade. "Bajo los ojos de Occidente: academia feminista y discursos Coloniales." *Descolonizando el feminismo: teorías y prácticas desde los márgenes*, editado por L. Suárez Navaz y R. Hernández Castillo, Cátedra-Universitat de Valencia-Instituto de la Mujer, 2008, pp. 117-63.

Mohanty, Chandra Talpade. "Under Western Eyes: Feminist Scholarship and Colonial Discourses." *Boundary 2*, Vol. 12. No. 3, Spring- Autumn 1984, pp. 333-58.

Morales, Harold. "Latinx Conversions to Islam." *The Oxford Handbook of Latinx Christianities in the United States*. Oxford University Press, 2022.

Núñez, Guillermo. "'Los "hombres' y el conocimiento. Reflexiones epistemológicas para el estudio de 'los hombres' como sujetos genéricos." *Desacatos*, vol. 16, 2004, pp. 13-32.

Nussbaum, Martha. *Upheveals of Thought. The intelligence of emotions*. Cambridge University Press, 2001.

Olavarría, José. "Hombres e identidad de género: algunos elementos sobre los recursos de poder y violencia masculina." *Debates sobre masculinidades. Poder y desarrollo, políticas públicas y ciudadanía*, coordinado por Gloria Careaga y Salvador Cruz, PUEG/UNAM, 2006, pp. 115-31.

Ortiz, Renato. *Otro territorio. Ensayos sobre el mundo contemporáneo*. Universidad Nacional de Quilmes, 1996.

Ouzgane, Lahoucine, editor. *Islamic Masculinities*. Zed Books, 2006.

Palomino, Rafael. "El laicismo como religión oficial." *Religión, Derecho, y Sociedad*, Proyecto de investigación del Ministerio de Ciencia e Innovación español DER2008-05283, Universidad Complutense de Madrid, 9 de septiembre, 2010, http://bibliotecanonica.net/docsae/btcaeg.pdf. Consultado 2 de abril, 2023.

Palomino, Rafael. "Religion and Neutrality: Myth, Principle, and Meaning." *BYU Law Review*, vol. 5, no. 3, 2011, pp. 657-88.

Palomino, Rafael. "Legal Dimensions of Secularism: Challenges and Problems." *Contemporary Readings in Law and Social Justice*, vol. 4, no. 2, 2012, pp. 208-25.

Paloutzian, Raymond F. and Crystal L. Park. "Integrative Themes in the Current Science of the Psychology of Religion." *Handbook of the Psychology of Religion and Spirituality*, editado por Paloutzian, Raymond F. y Crystal L. Park, 2005, pp. 3-21.

Pateman, Carole. *The Sexual Contract*. Polity Press, 1988.

Patti, Chris. "Split Shadows: Myths of a Lost Father and Son." *Qualitative Inquiry*, vol. 18, no. 2, 2012, pp. 153-61.

Peña Velasco, Elizabeth. "La relación contemporánea entre el islam y Occidente: percepciones de conflicto y coexistencia." *El islam y Occidente desde América Latina*, editado por Manuel Ruiz Figueroa, El Colegio de México, Centro de Estudios de Asia y África, 2007.

Pérez Díaz, Víctor, et al. *La immigració musulmana a Europa. Turcs a Alemanya, argelins a França i marroquís a Espanya*. Fundació La Caixa, 2004.

Preciado, Beatriz. *Manifiesto contra-sexual*. Editorial Ópera Prima, 2002.

Pujadas, Juan José. *El método biográfico: el uso de las historias de vida en las ciencias sociales*. Centro de Investigaciones Sociales, 1002.

Reparaz, Nerea. "Musulmanes rezan en la calle como protesta de cierre de mezquitas." *Eitb.eus*, 15 noviembre, 2017, Vídeo: Musulmanes rezan en la calle como protesta de cierre de mezquitas (eitb.eus)

Ricouer, Paul. *Sí mismo como otro*. Siglo xxi editores, 1996.

Ricouer, Paul. *La memoria, la historia, el olvido*. Trotta, 2003.

Ríos, Pere. "El imam de Fuengirola justifica pegar a las mujeres amparándose en el Corán." *El País*, 11 abril 2002, https://elpais.com/diario/2002/04/12/sociedad/1018562402_850215.html

Roald, Anne Sofie. *Women in Islam: The Western Experience*. Routledge, 2001.

Roigé, Xavier et al. *Tèqniques d'Investigació en antropología social*. Universitat de Barcelona, 1999.

Rosaldo, Michelle. "The Use and Abuse of Anthropology: reflections on feminism and cross-cultural understanding." *Signs: Journal of Women in Culture and Society*, vol. 5, no.3, 1980, pp. 389-417.

Rubin, Gayle. "El tráfico de mujeres: notas sobre la economía política del sexo." *Género. Conceptos básicos*, Pontificia Universidad Católica del Perú, Programa de Estudios de Género de la Facultad de Ciencias Sociales, 1997, pp. 41-64.

Ruiz, Javier. *Nuevas masculinidades, nuevas feminidades. Una experiencia de ciudadanía en género*. Colectivo Hombres y Masculinidades-UNPD, 2012.

Saeed, Abdullah. "Secularism, state, neutrality, and Islam." *The Oxford Handbook of Secularism*, editado por Phil Zuckerman y John R. Shook, Oxford University Press, 2017, pp. 188-200.

Said, Edward. *Orientalismo*. Traducido por María Luisa Fuentes, Debate, 2002.

Said, Edward. *Orientalism*. Pantheon Books, 1978.

Sánchez, Carla María y Gabriela Dalla Corte. "Claves para comprender el carácter de lo femenino dentro del discurso católico." *Poder local, poder global en AMÉRICA LATINA*, Edicions Universitat Barcelona, 2008.

Sanfélix, Joan y Anastasia Téllez Infantes. "Masculinity and Privileges: Acknowledge as a Potencial Articulator of Change." *MCS- Masculinities and Social Change*, vol. 10, N°1, February 2021, pp. 1-24.

Saroglou, Vassilis. "Religion and the five factors of personality: A meta-analytic review." *Personality and Individual Differences*, vol. 32, Issue 1, 2002, pp. 15-25.

Shohat, Ella y Robert Stam. *Unthinking Eurocentrism. Multiculturalism and the Media*. 2nd ed., Taylor & Francis, 2014.

Spivak, Gayatri Chakravorty. *A critique of postcolonial reason: Toward a history of the vanishing present*. Harvard University Press, 1999.

Starbuck, E. D. *The Psychology of Religion*. London, 1899.

Taylor, Charles. *A Secular Age*. The Belknap Press of Harvard University Press, 2007.

Téllez Infantes, Anastasia y Ana Dolores Verdú Delgado. "El significado de la masculinidad para el análisis social." *Revista Nuevas Tendencias en Antropología*, vol. 2, 2011, pp. 80-103.

Téllez, Anastasia. *La investigación antropológica*. Editorial Club Universitario, 2007.

Van Nieuwkerk, Karin, editora. *Women Embracing Islam. Conversion and Gender in the West*. University of Texas Press, 2006.

Wohlrab-Sahr, Monika. "Symbolizing Distance: Conversion to Islam in Germany and the United States." *Women Embracing Islam*, editado por Karin van Nieuwkerk, University of Texas Press, 2006, pp. 71-92.

Valcuende del Río, José María y Juan Blanco López. "Hombres y masculinidad ¿un cambio de modelo?" *Maskana*, vol. 6, no. 1, 2015, pp. 1-17.

Van Nieuwkerk, Karin, editora. *Women embracing Islam: gender and conversion in the West*. University of Texas Press, 2006.

Vicente Algueró, José Felipe de. *El catolicismo liberal en España*. Encuentro, 2012.

Viveros Vigoya, Mara. "El machismo latinoamericano, un persistente malentendido." *De mujeres, hombres y otras ficciones: género y sexualidad en América Latina*, compilado por Mará Viveros, et al., Tercer Mundo, 2006, pp. 11-28.

Viveros Vigoya, Mara. "Teorías feministas y estudios sobre varones y masculinidades. Dilemas y desafíos recientes." *La Manzana de la Discordia*, vol. 2, no. 4, 2007, pp. 25-36.

Viveros Vigoya, Mara. *De quebradores y cumplidores: sobre hombres masculinidades y relaciones de género en Colombia*. Editorial Universidad Nacional de Colombia, 2002.

Wadud, Amina. *Inside the Gender Jihad: Women's Reform in Islam*. Oneworld Publications, 2006.

Wadud, Amina. *Qur'ān and Woman: Rereading the Sacred Text from a Woman's Perspective*. 2ª ed., Oxford UP, 1999.

Wadud, Amina. "Alternative Qur'anic Interpretation and the Status of Muslim Women." *Windows of Faith. Muslim Women Scholar-Activists in North America*, editado por Gisela Webb, Syracuse University Press, 2000, pp. 3-22.

Wagner, Lauren B. "Mattering Moralities: Learning Corporeal Modesty Through Muslim Diasporic Clothing Practices." *Social Sciences*, vol 6, no. 97, 2017, pp. 1-17.

Wee Vivienne. "Religion and Ritual Among the Chinese of Singapore: An Ethnographic Study." Master of Social Science, National University of Singapore, 1977.

Zambrini, Laura. "Modos de vestir e identidades de género. Reflexiones sobre las marcas culturales en el cuerpo." *Nomadías*, julio 2011, pp. 130-146.

Lecturas adicionales

Acha, Omar y Paula Halperin. *Cuerpos, Géneros e Identidades: Estudios de Historia de Género en Argentina*. Ediciones del Signo, 2000.

Ahmed, Leila. *Women and Gender in Islam: Historical Roots of a Modern Debate*. Yale University Press, 1992.

Al-Ghazali. *Ihya Ulum al-Din*. Traducido por T.J. Winter. Cambridge Islamic Texts Series, Cambridge University Press, 1990.

Allievi, Stefano. *Les convertís à l' Islam: les nouveaux musulmans d' Europe*. L' Harmattan, 1999.

Allievi, Stefano. "Converts and the Making of European Islam." *International Institute for the Study of Islam in the Modern World (ISIM), Newsletter II*. Universiteit Leiden, The Netherlands, 2002, pp. 1-2.

Allievi, Stefano. "Pour une sociologies des conversions: lors que des Européens deviennent Musulmans." *Social Compass*, vol. 46, no. 3, 1999, pp. 283-300.

Althusser, Louis. *On ideology*. Edición actualizada, Verso, 2008.

Anderson, Benedict. *Imagined Communities. Reflections on the Origin and Spread of Nationalism*. Revised Edition. Verso, 2006.

Alvárez, Pilar. "Igualdad prevee la autodeterminación de género sin informe médico a partir de los 16 años." *El País*, 2 de febrero 2021, http://elpais.com/sociedad/2021-02-02/igualdad-preve-el-cambio-de-sexo-legal-sin-informe-medico-y-los-tratamientos-hormonales-desde-los-16-anos.html.

Al-Qaradawi, Yusuf. *The Lawful and the Prohibited in Islam*. Traducido por Kamal El-Helbawy, American Trust Publications, 1985.

Barad, Karen. "Posthumanist performativity: Toward an understanding of how matter comes to matter." *Signs: Journal of Women in Culture and Society*, vol. 28, 2003, pp. 801–31.

Barad, Karen. *Meeting the Universe Halfway: Quantum Physics and the Entanglement of Matter and Meaning*. Duke University Press, 2007.

Bourque, Nicole. "How Deborah Became Aisha: The Converion Process and the Creation of Female Muslim Identity." *Women Embracing Islam*, editado por Karin van Nieuwkerk, University of Texas Press, 2006, pp. 233-49.

Brunet, Clemence. *Islam in the Age of Terror: Post 9/11 Representations of Islam and Muslims in the United States and Personal Stories of American Converts*. Lehigh University, 2013.

Connerton, Paul. *How societies remember*. Cambridge University Press, 1989.

Coole, Diana. "The inertia of matter and the generativity of flesh." *New Materialisms: Ontology, Agency, and Politics*, editado por Diana Coole and Samantha Frost, Duke University Press, 2010, pp. 92–115.

Csordas, Thomas J., editor. *Embodiment and Experience. The Existential Ground of Culture and Self*. Cambridge University Press, 1994.

Espinosa, Gastón et al. "Latino Muslims in the United States: reversion, politics, and islamidad." *Journal of race, ethnicity and religión*, vol. 8, no.1, 2017, pp. 1-48.

Espinosa, Gaston. *Rethinking Latino Religions and Identity*. Pilgrim, 2006.

Faist, Thomas. *The Volume and Dynamics of International Migration and Transnational Social Spaces*. Clarendon Press, 2000.

Fuller, Norma. *Identidades Masculinas*. Universidad Católica del Perú, 1997.

Galvan, Juan. *Latino Muslims: Our Journeys to Islam*, editado por Juan Galvan, LatinoMuslims.net, 2017.

Grosz, Elizabeth. *Volatile Bodies: Toward a Corporeal Feminism*. Indiana University Press, 1994.

Hermansen, Marcia. "Keeping the Faith: Convert Muslim Mothers and the Transmission of Female Muslim Identity in the West." *Women Embracing Islam*, editado por Karin van Nieuwkerk, University of Texas Press, 2006, pp. 250-75.

Levitt, Peggy. *The transnational villagers*. University of California Press, 2001.

Lopes Louro, Guaciera. *O Corpo Educado: Pedagogías da Sexualidade*. Auténtica, 2000.

Martínez-Vázquez, Hjamil A. *Latina/o y musulmán. The Construction of Latina/o Identity among Latina/o Muslims in the United States*. Pickwick Publications, 2010.

Mellor, Philip y Chris Shilling. *Re-forming the Body: Religion, Community and Modernity*. Sage, 1997.

Mernissi, Fatima. *Beyond the Veil: Male-Female Dynamics in Modern Muslim Society*. Edición revisada, Indiana University Press, 1987.

Morales, Harold D. *Latino and Muslim in America: race, religion, and the making of a new minority*. Oxford University Press, 2019.

Observatorio Andalusí (2015). "Estudio demográfico de la población musulmana. Explotación estadística del censo de ciudadanos musulmanes en España referido a fecha 31/12/2014." [en línea], *UCIDE*. Disponible en: <http://observatorio.hispanomuslim.es/estademograf.pdf>

Özyürek, Esra. *Being German, Becoming Muslim*. Princeton University Press, 2014.

Paloutzian, Raymond F., y Craig W. Ellison. "Manual for the spiritual well-being scale." *Nyack, Life Advance*, 1991.

Park, Crystal L. "Religion and meaning." *Handbook of the Pshychology of religion and spirituality*, editado por Raymond Paloutzian y Crystal Park, The Guilford Press, 2013, pp. 357-79.

Portes, Alejandro, et al. "The study of transnationalism: pitfalls and promise of an emergent research field." *Ethnic and racial studies*, vol. 22, no. 2, 1999, pp. 217-37.

Rambo, Lewis R. *Understanding Religious Conversion*. Yale University Press, 1993.

Ríos, Pere. "El imam de Fuengirola justifica pegar a las mujeres amparándose en el Corán." *El País*, 11 de abril, 2002, El imam de Fuengirola justifica pegar a las mujeres amparándose en el Corán | Sociedad | EL PAÍS (elpais.com)

Rogozen-Soltar, Mikaela H. *Spain unmoored: migration, conversion, and the politics of Islam*. Indiana University Press, 2017.

Schiller, Nina Glick y Georges Eugene Fouron. *Georges Woke up Laughing: Long-Distance Nationalism and the Search for Home*. Duke University Press, 2001.

Silverman, David J. *Faith and Boundaries: Colonists, Christianity, and Community among the Wampanoag Indians of Martha's Vineyard, 1600–1871*. Cambridge University Press, 2005.

Stark, Rodney y William Sims Bainbridge. "Networks of Faith: Interpersonal Bonds and Recruitment to Cults and Sects." *American Journal of Sociology*, Vol. 85, no. 6, May 1980, pp. 1376-395.

Tarrés Chamorro, Sol. "Religión y genero en contextos de inmigración: las conversiones femeninas al islam (1995-2006)." *Investigaciones antropológicas sobre genero: De miradas y enfoques*, Universidad Miguel Hernández de Elche, 2008, pp. 97-123.

Taymiyyah, Ibn, y Taqiyyuddin Ahmad bin Taymiyyah. *Majmu 'ah al-Fatawa*. Al-Sunnah al-Muhammdiyyah, 2005.

Torre, Miguel, de la. y Gastón Espinosa, editores. *Rethinking Latino(a) religions and identity*. Pilgrim Press, 2006.

Traversa, Oscar. *Cuerpos de Papel: Figuraciones del Cuerpo en la Prensa 1918-1940*. Gedisa, 1997.

Ullman, Chana. "The transformed self." *The Transformed Self. Emotions, Personality, and Pshychotherapy*. Springer, 1989, pp. 189-95.

United States. Dept. of Health and Human Services. Centers for Disease Control and Prevention.

Warner, Marina. *Monuments and Maidens: The Allegory of the Female Form*. University of California Press, 2000.

Weitz, Rose. *The Politics of Women's Bodies: Sexuality, Appearance, and Behavior*. Oxford University Press, 1998.

Yazbeck Haddad, Yvone. "The Quest for Peace in Submission: Reflections on the Journey of American Women Converts to Islam." *Women Embracing Islam*, editado por Karin van Nieuwkerk, University of Texas Press, 2006, pp. 19-48.

Índice

A

abandono del catolicismo, 14
aconfesionalidad, 163
actos corporales, 161
actos de género, xxvii
actos performativos, 67
adhesión al islam, 21
afinidades históricas, culturales y lingüísticas, xvii
agencias, xxvii
agentes políticos de cambio, xvii
Al-Andalus, 15
anti-patriarcal, 90
Arely Medina, xiv

B

bienestar emocional, 29
búsqueda espiritual, xiii, 38
Butler, 41

C

cambio de paradigmas, xxviii
categorías de género, 60
católicos, 14
ciudadanía, 163
código de vestimenta, xvii
colonialismo cultural, 49
complementariedad de roles, 53
componente emocional, 36
compromiso con la nueva religión, 15
comunidades islámicas, 37
condición migratoria, 13
condiciones biográficas, 80
construcción del sujeto femenino, 97
contribuciones ideológicas, xxviii
conversión, 3
conversiones *afectivas*, 26
conversiones racionales, 19
conversiones relacionales, 19
cristianismo, 15
cubrimiento del cuerpo, 137
cuerpo, 77, 139
cuestionario, xix

D

desconversión, 38
desterritorialización de la religión, xv
dictadura franquista, 160
diferencia religiosa, 163
diferencia sexual, 53, 64
discriminación, 3

E

equidad de género, 52
esfera privada, xvii
espacio privado, 158
espacio público, xxviii
españolidad, 147
Estado y religión, 17
estereotipación, 3
estigma, 21
estigmatización, xxvii, 3
estilo de vida secular, 13
estudio etnográfico, 5, 82
estudio transatlántico, xvi
exclusión social, 22
experiencias vitales, 4

F

facilitadores de la conversión al islam, xv
factores culturales, 124
factores históricos, 15
factores subyacentes a la conversión, 4
familias de origen, 13
feminismo, 41, 110, 160
feminismo islámico, ix, 59

feminización del islam, 3, 78
flujos migratorios, xiii
franquismo, 15

G

Gaston Espinosa, xiv
género e identidad, 60
género y nación, xxviii
geopolítica del islam, xiv

H

halal, xxviii, 136
Hamil A. Martínez-Vázquez, xiv
haram, xxviii, 136
Harold Morales, xiv
heterogeneidad, 4
heterosexualidad forzada, 60, 161
hipersexualización, 115
hiyab, 162

I

identidad de género, 41
identidad nacional, 163
igualdad, 57
igualdad de derechos, 147
incentivos, 38
incompatibilidad con el islam, 163
indumentaria musulmana, 160
información demográfica, xx
institución matrimonial, 85
islam y género, xvii
islamidad, 5, 21, 44
islamofobia, 75, 119

J

Judith Butler, xxvii
justicia social, 57

K

Karin van Neuwkerk, xiv

L

latinidad, 147

lectura patriarcal cultural, 85

M

marcador identitario, 137
masculinidad hegemónica, 132
masculinidades, xxvii
mezquita, 158
Mikaela H. Rogozen-Soltar, xiv
minoría, xxviii
modelo de masculinidad, 90
modelo de masculinidad
    hegemónico, 96
motivos de la conversión, 18
mujeres tercermundistas, 73
multiplicidades identitarias, 143

N

nacionalismos, xxviii, 162
nacionalismos radicales, 145
narrativas, 163
negociación, 38
nociones de género, 79
Norman Skonovd, xiv

O

objeto histórico, 49
opresión, 115

P

paradigmas feministas
    occidentales, 43
parámetros identitarios, 91
participantes, 13
patriarcado, 73, 135
patriarcal, xxvii
Peggy Levitt, xv
performance, 60, 138
performatividad, 60
periodo franquista, 13
perspectiva histórica, 15
perspectiva transatlántica, xv
políticas sexuales, ix
políticas sociales, xxviii
posición de género, 161

práctica endógena del matrimonio, 19
prácticas corporales, 85
prácticas de género, 161
pragmatismo, 28
praxis de género, 96
predisposición psicológica a la conversión, 25
presencia musulmana, 15
prototipo de converso, 3, 5
pueblo musulmán, 15

Q

queer, 42

R

racionalidad, 35
reclutamiento de miembros, 20
recogida de datos, xx
relaciones de poder, 143
relatividad moral, 38
religiosidad, 17, 75
representaciones, 133
resistencias, 41
rol reproductivo, 62
roles de género, 42

S

secularismo, 37, 87
sexualidad,, 135
Shahada, 3, 15, 66
sistema de significado, 28
sistema opresor, 160

sistema sexo-género, 129
sociedad secular, 57
sociedades occidentales, 5, 38
sociedades occidentales seculares, 19
Sol Tarrés Chamorro, xiv
sujeto *generizado*, 69
sujeto histórico, 49
sujetos de género, ix

T

Tafsir, 48
tema de género, xxi
teoría *butleriana*, 42, 71
teoría de beneficios/costos, 30
teorías de género, 41
terrorismo, 163
texto coránico, 54
trabajo etnográfico, 91
transformaciones ideológicas, xiv
trasfondo religioso, 14

U

umma o comunidad musulmana global, 21

V

vacío espiritual, 16
vacío moral y existencial, xiv
velo, 76
visibilidad del cuerpo, 137
visión orientalista, 163